中国下一代教育基金会家长学校发展专项基金资助项目

当代家庭建设与家庭教育理论丛书

# 家庭发展学

汪卫东 主编　　单志艳 副主编

广西师范大学出版社
·桂林·

**图书在版编目(CIP)数据**

家庭发展学/汪卫东主编.—桂林:广西师范大学出版社,2021.2

(当代家庭建设与家庭教育理论丛书/单志艳主编)

ISBN 978-7-5598-3309-9

Ⅰ.①家… Ⅱ.①汪… Ⅲ.①家庭问题-研究-中国 Ⅳ.①D669.1

中国版本图书馆CIP数据核字(2020)第194388号

家庭发展学
JIATING FAZHANXUE

出 品 人:刘广汉
责任编辑:刘美文
装帧设计:李婷婷

广西师范大学出版社出版发行
(广西桂林市五里店路9号 邮政编码:541004
网址:http://www.bbtpress.com)
出版人:黄轩庄
全国新华书店经销
销售热线:021-65200318 021-31260822-898
山东韵杰文化科技有限公司印刷
(山东省淄博市桓台县桓台大道西首 邮政编码:256401)
开本:787mm×1 092mm 1/16
印张:12.5 字数:265千字
2021年2月第1版 2021年2月第1次印刷
定价:45.00元

# 当代家庭建设与家庭教育理论丛书
## 学术委员会

# 本书编委会

主　　任：汪卫东

副 主 任：田国秀

编委会成员（按姓氏拼音排列）：

陈晓莉　杜会新　贾惠雯　李慧芳

李天天　刘巧利　单志艳　孙建辉

孙玉梅　伊林娜

本书主编：汪卫东

本书副主编：单志艳

# 序 一

赵忠心

我们中华民族在长期的家庭教育实践中，总结、积累了非常丰富的教育子女的经验，已经形成了重视家庭教育的优良传统。

我国实行改革开放、发展市场经济以来，人们从社会发展趋势上看到，在竞争日趋激烈的社会生活中，要使子女将来能够立足于社会，在事业上有所作为，有所成就，除了让子女接受良好的学校教育、社会教育以外，还必须要高度重视家庭教育，充分发挥家庭教育的职能作用。在许多家庭里，做父母的都把子女教育作为家里的头等大事来对待。一个崭新的蓬勃发展的社会主义家庭教育局面，正在我国形成。

繁荣的家庭教育实践，给家庭教育的理论研究提出了迫切要求；丰富的家庭教育实践经验，给家庭教育的理论研究提供了坚实的实践基础。

然而，我们的家庭教育理论研究，还远远不能适应迅速发展的家庭教育实践的需要。

恩格斯说过："社会一旦有技术上的需要，则这种需要就会比十所大学更能把科学推向前进！"

我国欣欣向荣的家庭教育局面，不仅给家庭教育理论提出了要求，而且也提供了非常有利的条件，是推动我们进行家庭教育理论研究的巨大动力。

记得20世纪80年代初期，我率先开始进行家庭教育理论研究的时候，这个学术领域还是一片未被开垦的"处女地"，1949年以来没有人对这个方面的问题进行过研究和探讨。对于我的这一选择，不少人持有异议，认为家庭教育没有什么可研究的，管教孩子还不就是"婆婆妈妈"的事，没有什么规律可循。言下之意，这个领域没有什么学问，研究这个问题不会有什么作为。

我却坚定地认为，既然家庭教育作为一个独立的教育形态存在着，没有被当今社会发达的学校教育、社会教育所取代，那就说明家庭教育这个过程本身是存在着特殊性的，有它特殊的规律性。只不过是没有人专门进行探讨和研究，其客观存在的规律性还没有被人们所揭示出来，而不是不存在规律性。

我没有听从别人的规劝，一意孤行，一直坚守在家庭教育理论研究领域，在这个"处女地"耕耘长达四十年之久。

多年来，我们家庭教育科学普及工作搞得有声有色，轰轰烈烈，而理论研究却是冷冷清清。特别是对基础理论的研究，很少有人问津。甚至还有人说，基础理论研究过多，没有必要，认为基础理论对于家庭教育实践指导意义不大。因此，多年来，尽管我是兢兢业业地从事家庭教育基本理论的研究，但总是有一种“孤军奋战”的感觉，很少遇到知音。

使我非常欣喜与赞赏的是，单志艳博士要组织、出版这套《当代家庭建设与家庭教育理论丛书》。

我深信，这套丛书的问世，势必对我国家庭教育基础理论研究学科建设起到很大的推动、促进作用，会促使、吸引更多的有识之士投身到家庭教育基础理论研究的队伍中来。

我始终认为，没有理论的指导，家庭教育实践将会是盲目的。没有基础理论的研究，家庭教育知识的科学普及也会出现盲目性，会出现方向性的偏差，弄不好会走向邪路。家庭教育基础理论的研究，千万不能忽视。

单志艳博士组织、出版这套丛书是很有远见的。我对这套丛书的出版，寄予很高的期望。

要把这套丛书组织好，推出有价值、有影响的家庭教育学术著作，我提出几个建议，供家庭教育理论工作者参考。

**要高度重视家庭教育和社会生活之间的关系。**

家庭教育有方法问题，也有教育思想观念的问题；有操作问题，也有方向性的问题。不管教育方向如何，只掌握具体的教育方式方法，重视实地操作，没有正确的教育思想观念，也不会发挥应有的作用，培养出来的子女将来也很难适应社会发展的需要。

特别是在当前，我们国家正处在社会经济急剧而深刻的变革时代，忽视家庭教育基础理论的研究，将会给我们的家庭教育事业造成损失。

家庭教育是在家庭这个比较封闭的社会组织形式中实施的一种教育。但它从来没有，也不可能与社会生活相隔绝，它总是与社会生活息息相通。社会政治、经济、文化的变革，肯定会对家庭教育产生影响，家庭教育肯定要受到社会政治、经济发展的制约。这是不容许我们忽略的。

家庭教育的任务是向社会输送适合社会需要的人才，家长要把子女培养成材，不能不了解社会生活的变化。因为青少年儿童将来究竟是不是人才，不是家长说了就算的，唯一权威的衡量、检验的标准是社会生活，是社会实践。

因此，我们的家庭教育理论工作者，就不能不认真研究我国市场经济社会的发展和家庭教育的关系。这应当成为我们家庭教育理论研究工作者所面临的一个非常紧迫的任务。

**要坚持家庭教育的动态研究。**

世界无非是运动的物质。宇宙间千姿百态的物质运动是绝对的，静态是相对的。

社会在不停地向前发展。家庭生活与社会生活息息相通。社会的政治、经济、文化的种种变革，必然会通过各种渠道渗透到家庭中，影响家庭生活，影响家庭教育。

家庭是一种继承性很强的社会组织形式。现代家庭教育是在传统家庭教育的基础上发展、演变而来的，既继承了我国优秀的家庭教育文化传统，同时，在新的社会环境的影响下，在传统家庭教育的基础上又有许多新的发展变化。这种从传统到现代的发展变化，实际上就是一种文化的“遗传变异”。

中国的家庭教育从传统到现代，究竟有了哪些发展变化？这个发展变化是怎样的一个过程？现代的家庭教育正面临着、即将面临哪些新情况和新问题？这些发展变化和新情况、新问题的出现，是受到哪些因素的影响和推动？对此，应该进行回顾、研究和思考，以便从中摸索一些带有规律性的东西。

什么叫“规律”？规律就是事物之间的内在的必然的联系。这种联系重复出现，在一定条件下经常起作用，并且规定着某种趋向发展。探索家庭教育规律，简而言之，就是揭示家庭教育与相关事物之间内在的必然的联系。

研究家庭教育从传统到现代的发展变化和影响这些发展变化的因素，就是为了预测现代家庭教育发展的趋势，使我们的家庭教育指导工作做到“与时俱进”，既要适应现代家庭教育发展的需要，又不脱离中国的国情。

社会继续向前发展，新情况、新问题层出不穷。研究家庭教育的变革，研究变革中的家庭教育，这是我们家庭教育理论研究者永恒的课题。

**要重点研究家庭教育的特殊规律。**

有的人在学校是优秀教师，却教育不好自己的孩子；有的是有威信的领导，“振臂一呼，应者云集”，在自己孩子面前却没有威信；有的是高级将领，能统帅千军万马，在子女面前却束手无策，管不了自己的孩子。

这是为什么？表明家庭教育有它特殊的规律。

“研究”就是“认识”。研究家庭教育就是认识家庭教育，首先要确定家庭教育研究对象。按照毛泽东的《矛盾论》的思想，科学研究的区分就是根据科学对象所具有的矛盾的特殊性。毛泽东说：“对于物质的每一种运动形式，必须注意它和其他各种运动形式的共同点。但是，成为我们认识事物的基础的东西，则是必须注意它和其他运动形式的质的区别。只有注意了这一点，才有可能区别事物。”才能辨别事物，才能区分科学研究的领域，才能发现事物发展运动的特殊原因。

要探索家庭教育的本质和规律，不仅要研究其与“相邻”“同类”的事物——学校教育、社会教育的共同点，更重要的是研究家庭教育与学校教育、社会教育的不同点。从而，揭示家庭教育的性质、意义（对人个体发展的意义和对社会发展的意义）、特点（包括优势和局限），家庭教育发展的历史，影响家庭教育效果的诸因素（包括家庭内部和外部诸因素），家庭教育的原则，家庭教育方法和艺术，家长的教养态度，家长的教育素养等。这是认识家庭教育本质和规律的出发点和归宿点。

**要运用多种学科理论知识参与家庭教育理论研究。**

毛泽东在《矛盾论》中指出：“研究问题，忌带主观性、片面性和表面性。”所谓“主观性”，就是不知道客观地、辩证地看问题。所谓“片面性”，就是只见树木不见森林，不知道全面地看问题。所谓“表面性”，就是看问题肤浅，只看事物的表面，不研究事物内在的本质。

家庭教育实践活动看似简单，实际上家庭教育实践是“立体”的、“复合”的，具有多面性，是一个相当复杂的过程，不是哪一个学科的理论知识可以全面说明、解释，做出周延判断的。要切实避免理论研究的主观性、片面性和表面性，根据《矛盾论》“不同质的矛盾，只有用不同质的方法才能解决”的思想，复杂的矛盾运动过程，必须用复杂的方法去解决。

家庭教育复杂的过程，必须综合运用多种相关的学科理论，从多侧面观察、多角度介入，进行分析、论证、说明、解释。企图以任何单独的一个学科理论“包打天下”，是人为地把复杂的问题简单化，一定不能得出可靠的结论。

家庭教育是一种教育行为，必须运用教育学理论进行研究；家庭教育是一种心理行为，必须运用心理学理论进行研究；家庭教育是一种伦理行为，必须运用伦理学理论进行研究；家庭教育是一种社会行为，必须运用社会学理论进行研究；家庭教育是一种文化传递行为，必须运用文化原理进行研究；家庭教育是培养人才的渠道，必须运用人才学的伦理进行研究；家庭教育是在家庭范畴实施的一种教育，必须运用婚姻家庭理论进行研究；家庭教育是人类特有的社会活动，必须运用人类学理论进行研究；家庭教育是人们改造主观世界和客观世界的过程，必须运用哲学理论进行研究；家庭教育不是抽象的，是具体的，任何家庭教育都是一定历史阶段的产物，必须运用历史学理论进行研究，等等。

不仅要从多角度、多侧面进行家庭教育研究，还要运用控制论、系统论、信息论的理论和方法进行研究。

只有坚持运用多种学科理论知识，进行综合性的研究，才能研究得比较深入、透彻，我们的研究结论才不会出现主观性、片面性和表面性。

**要坚持多种研究并举。**

*一是宏观研究和微观研究相结合。*

宏观研究是对国家和地区家庭教育发展方向、进程进行全局性的总体研究，从社会结构的大系统出发，研究社会政治、经济、文化发展对家庭教育的影响和需求，为确定家庭教育发展的总体目标、基本方针和政策、措施提供理论依据。

微观研究则是对各种类型的家庭子女教育、具体的教育内容和方式方法进行个别研究，以指导家庭教育实践。两者齐头并进，相辅而行。

*二是应用研究和基础研究相结合。*

家庭教育科学分为应用家庭教育学和理论家庭教育学。家庭教育科学研究分为应用研究和基础研究。

应用研究主要是解决家庭教育方式方法、策略、指导、服务和管理问题。基础研究是揭示家庭教育规律，探讨新的原理。

基础研究和应用研究的关系，就像根叶和果实的关系。科学发现的历史一再重复着这样一个事实：许多伟大的发现来自对科学基本问题的追寻。在进行应用研究的同时，必须把眼光放长远，重视基础研究，努力做到应用研究和基础研究并驾齐驱，相得益彰。

*三是家庭教育现状研究和家庭教育历史研究相结合。*

所谓“研究”就是探求事物的真相、性质和规律。简言之，就是认识事物。要认识得清楚、全面，就得像解剖一个实体那样，从多角度入手，多侧面观察。

现状研究就是进行横切面“解剖”，了解当前家庭教育的方方面面以及方方面面之间的联系；历史研究就是纵切面“解剖”，了解家庭教育发展、演变的过程。这样纵横交错进行解剖，既能做到对我国家庭教育现状心中有数，也能通过了解家庭教育的来龙去脉、前因后果，古为今用，预测未来，增强指导工作的前瞻性，做到与时俱进。

四是中国家庭教育研究和外国家庭教育研究相结合。

家庭不仅是生产单位、生活单位，也是文化载体。家庭教育本身就是一种文化，家庭教育历来也是传承文化的重要渠道，具有强烈的民族性、传统性。要以研究中国家庭教育为主，努力构建具有中国特色的家庭教育理论体系。数典忘祖是不应该的，全盘否定文化传统那是武断；但全面复古不能不说也是一种偏颇。

一切好的东西都是人类的共同财富。外国先进的文化要大胆借鉴，拒绝借鉴那是狭隘，但要认真咀嚼、消化、改造、吸收，囫囵吞枣，生搬硬套，会“水土不服”；生吞活剥，会食而不化。要批判地吸收外国家庭教育文化中有益的东西，有选择取舍地、不卑不亢地借鉴，为我所用，并努力使之本土化，融入中国家庭教育文化，进一步丰富中国家庭教育文化。

2020 年 8 月 28 日于京师园

（赵忠心，中国家庭教育学会原副会长，中国教育学会家庭教育<br>专业委员会名誉理事长，北京师范大学教授）

# 序 二

田慧生

家庭，是人类社会生活的基本单位。每个人都来自家庭，并在家庭中成长和发展。家庭教育是一切教育的基础。对未成年人来说，家庭是他们的第一所学校，父母是他们的第一任老师。教育家蔡元培说："家庭者，人生最初之学校也。"教育家苏霍姆林斯基指出："社会教育是从家庭教育开始的。形象地说，家庭教育好比树木的根须，供养着教育的树干、枝叶和花果。"

中华民族历来重视家庭，正所谓"天下之本在国，国之本在家"。《大学》提出："欲治其国者，先齐其家。""家齐而后国治。""其家不可教，而能教人者，无之。"司马光把"齐家"作为"治国""平天下"的基础，认为其关系到国家和社会兴亡。重视家庭教育是中华优秀传统文化的重要特征。在普遍设立学校之前，家庭是最主要的教育场所。

党和国家高度重视家庭教育。习近平总书记多次强调："没有千千万万家庭幸福美满，就没有国家繁荣发展。""要注重家庭，注重家教，注重家风。"在2018年全国教育大会上，习近平总书记再次强调："家庭是人生的第一所学校，家长是孩子的第一任老师，要给孩子讲好'人生第一课'，帮助扣好人生第一粒扣子。"

《当代家庭建设与家庭教育理论丛书》立足中华文化传统，顺应时代发展特点，对家庭教育的理论与实践做了很好的梳理与研究，并努力尝试从多学科视野来建构家庭教育理论研究体系。

**一、丰富了家庭教育研究哲学观**

这套丛书将家庭教育研究的相关学科进行有机结合，必然需要一个统整的思路引领丛书的创作方向。从这一点上看，丛书将系统整体观、辩证统一观、动态平衡观，以及过程发展观等哲学观很好地体现在写作之中，既体现了鲜明的中华文化传统特征，又吸收了西方有益的家庭教育观点。

**二、拓展了本土化理论研究思路**

这套丛书在运用多学科视野开展家庭教育研究的同时，还特别注意运用心理发展与人格形成的系统发展理论和实践，深化对本土化家庭教育理论研究的思考，探索建立系统性的本土化家庭建设与家庭教育理论，形成更加适合中国人的本土化家庭建设与家庭教育理论体系。

### 三、体现了传统文化与现代文化的融合统一

扎根中华文化传统是建构中国家庭教育理论的基本前提，顺应时代发展新形势是中国家庭教育理论保持活力的关键所在。这套丛书既立足中华文化传统，又充分吸收现代文化的优秀成果，是植根于中国传统文化土壤，在新时代开出的家庭教育研究学术之花。

衷心祝愿这套根植历史悠久、文明辉煌的中华大地的家庭教育理论研究丛书，在众多家庭教育研究者共同努力下，开展跨学科的家庭教育理论研究，为形成中国特色的家庭教育理论体系尽一己之力！

（田慧生，教育部教材局局长，教育部课程教材研究所所长，
教育部基础教育课程教材发展中心主任）

# 序 三

汪卫东

关于家庭建设与家庭教育问题，我应该算是门外汉。严格地讲，我不应该在这个领域说话。我大学毕业于中医专业，读研时研究方向是针灸与气功，主要研究气功（涉及一些催眠与心理学知识）。进入临床以后，才慢慢涉猎催眠、精神分析、认知行为方面的知识。如何面对患者？如何建立关系？如何进行催眠治疗、精神分析或其他心理治疗？如何取得疗效？我那个时候只知道精神分析主要分析“童年创伤”和“性的问题”，几乎不了解其中更深的理论，更不知还有其他各种心理学理论流派。

那时，我不知道如何跟患者建立关系。就让患者在进行心理治疗之前，做一个提纲式作业，即：按从小到大的时间顺序，以年龄为每段回忆开头，回忆自己所经历过的：1. 伤心的、委屈的、痛苦的事。2. 恐惧的、害怕的、担心的事。3. 情感与性方面遇到过的、看到过的或者亲身经历的那些难以启齿的事。这个提纲式作业，是在弗洛伊德精神分析理论启示下设计的，当然也结合了中国传统文化与中国的临床实践。正是这份当时并不起眼的“提纲式作业”，让我了解患者得病之前经历过的重要事件，以此切入进行心理治疗。有了这个作业，我进行催眠治疗和精神分析治疗就轻松多了。我的一万多份临床心理治疗资料就是从那个时候开始积累的。人格发展理论体系的提炼也是基于这些活生生的病例。我记得，我治疗的第一个阳痿患者，患病过程是因为其父亲基于某种传统文化中关于性生活容易引起“肾虚”的理论，建议儿子与儿媳适当分居，有意识地控制或者减少儿子性生活的数量，导致患者发生阳痿。

我后来对这些提纲式作业进行质性分析时发现，家庭教养方式成为这些临床精神与心理病例中的重要影响因素。

带着这些问题，我们花了近七年时间研制了忆溯性人格发展量表（WMPI）。量表结构以患者的“提纲式作业”内容为基础。通过质性分析，提炼相关内容，再结合中国优秀传统文化、中医思维和测量理论研制而成。忆溯性人格发展量表常模研究过程中的数据证实：精神与心理疾病的形成与发展，生活事件的影响大约只占 40%，而家庭教养方式的影响度占到了 60%。这个结果完全证实了我们的假说：早期弗洛伊德发现的“童年创伤”或者“性的问题”并不是精神与心理疾病发生的主要原因，家庭教养方式才是主要原因，这是基于中国临床心理治疗实践得出的结论。当然这不能否定弗洛伊德当年的理论假说。或许只能认为，当年弗洛伊德精神分析理论形成过程中，并没有经历当今中国人的个体发展过程，更没有现在这些临床案例与临床研究数据的总结，因而精神分析学说可能不能完全说明个体异常发展过程或者精神与心理疾病的形成与发展过程，似乎更不可能解释近现代中国人的精神世界。因此可以认为，要研究当今中国人的个体心理发展过程特别是异常心理发展过程，或者中国的发展心理学，或者中国人精神与心理疾病后天发生发展的原因和心理病理机制，那么，研究中国目前的家庭发展状况，是一个绕不过去的点。

责任与使命都提示我们，要从家庭建设与家庭教育的角度来写一本有关家庭建设方面的书——《家庭发展学》。有一次，我与原国家卫生计生委员会家庭发展司王海东司长谈到了国家卫生计生委员会家庭发展司的机构形成过程。我突然眼前一亮，豁然开朗。家庭建设，家庭教育，目标都是为了促进家庭发展，家庭发展的终极目标是社会发展。因此，有了关于家庭建设理论思考的《家庭发展学》。个体发展是微观问题，家庭发展是中观问题，社会发展是宏观问题。个体发展是家庭发展的基础，家庭发展是社会发展的基础。从这个意义上讲，家庭教育也好，家庭建设也罢，都是在研究家庭发展！

把家庭发展也作为一门学问来研究，面临的挑战是非常大的。我们是战战兢兢，如履薄冰啊！我们按照学科构成的一般规律，尽量厘清家庭发展学科建设的相关问题，也请各位专家指正。同时，基于我们对于家庭建设和家庭教育的理解，结合以前学者的研究，我们又完成了《家庭教育学》。

基于以上认识，我们注意到，我国很长一段时间家庭教育的重点在于引导各类家庭在新时期社会发展中进行家庭建设，促进家庭发展。我们认识到家庭的文化或氛围，不应该是竞争文化，而恰恰应该是和谐文化。个体成长的目标，不应该仅仅是工作成就，而应该是个体身心健康基础上学习、生活、情趣、两性、情感、恋爱、婚姻、家庭、工作、事业等多方面的平衡发展。从弗洛伊德人格理论来看，个体心理健康是本我、自我与超我的相对平衡过程；从个体成长的内外健康关系来看，则是个体、家庭与社会三者之间关系的相对平衡过程。因此，家庭教育的过程，是每一个家庭成员人格趋于完善的过程，是家庭成员之间和谐关系的建立过程，是家庭成员内外关系亦即个体、家庭与社会三者关系的健康发展过程。

在完成《家庭发展学》与《家庭教育学》之后，我们逐渐形成了一支有志于从事家庭发展与家庭教育研究的中青年研究团队，也吸收家庭教育相关领域的工作者。我们开始系统思考家庭建设、家庭教育与家庭发展问题，形成了目前的丛书目录。家庭教育本身就是跨学科的研究领域，因此，教育学、心理学、医学、哲学、文化学、历史学、美学等这些学科的有机结合，就构成了家庭教育研究的百花园。

这套《当代家庭建设与家庭教育理论丛书》虽然经过几年的酝酿和思考，但是我们水平所限，问题在所难免。希望读者对这套丛书多提批评意见，来帮助我们进一步思考事关中国社会未来发展的家庭教育与家庭发展问题。

2020 年 6 月 8 日于徽州祁门

（汪卫东，中国中医科学院广安门医院首席研究员，

中国中医科学院广安门医院原副院长）

# 目录

# 第一章 家庭发展学概述

家庭是社会的基本细胞，是人生的第一所学校。家庭在中国文化中具有非常重要的地位，“家庭—家族—国家”，构成了中国“家国同构”的社会政治模式。正所谓“家国天下”“家是最小国，国是千万家”，也反映了“家”与“国”之间这种同质联系。因此，无论是传统中国，还是现代中国，家庭建设都是国家建设、社会建设的基石，是民族文化传承的重要基础，是社会和谐发展的稳定剂。家庭教育是家庭建设的重要组成部分，是与学校教育、社会教育并重的个体成长的重要教育形式，因为人的行为习惯、个性特点、世界观、人生观等都是在家庭中初步形成的。只有做好家庭建设，促进家庭教育，推动家庭发展，才能实现社会和谐、国家兴旺、民族进步！

近些年来，随着世界政治、经济形势的不断变化，“家庭教育”开始变成公共议题，“家庭”的需求纳入未来国家发展计划中，我国对家庭建设与家庭教育也日益重视。2015年春节团拜会上，习近平总书记发表重要讲话时提出，要“重视家庭建设，注重家庭、注重家教、注重家风……使千千万万个家庭成为国家发展、民族进步、社会和谐的重要基点”。2018年春节团拜会上，习近平总书记又提出，“中华民族历来重视家庭，正所谓‘天下之本在国，国之本在家’，家和万事兴”。建设健康和谐家庭，是更好实现家庭教育的基础和保障。

目前，我国家庭建设与教育方面的理论与实践研究比较薄弱，还不能满足社会广大群众对家庭建设和教育指导的迫切需求。因此，建立家庭发展学，系统、深入研究家庭发展的诸多问题，很有必要。

## 一、研究意义

个人是家庭的细胞，家庭是社会的细胞。国家的发展有赖于国民整体素质的提升，而家庭是个体实现自我提升的重要场所。改革开放四十年来，我国经济发展和各项社会事业取得了举世瞩目的伟大成就，家庭发展模式也经历着一系列的变化。根据 1982—2010 年历次人口普查数据的研究分析，中国的家庭发展呈现出这样的趋势：首先，家庭模式小型化、简单化，特殊家庭多样化；其次，家庭人口老龄化趋势明显；最后，城乡家庭劳动模式、社会公共服务设施等社会因素差异化较大。目前，中国家庭面临人口与家庭模式的双重变迁，家庭规模的改变、非传统家庭模式的出现、人口老龄化等问题，都是中国家庭发展过程中需要面对和解决的。

家庭作为社会活动的主要参与者，不论是对人类生存还是对社会发展，都起着非常重要的作用。家庭会随着社会的进步而发展变化，家庭建设和家庭教育则会影响家庭发展。

中国社会的根基在家庭，中国家庭与国家是“家庭—家族—国家”的关系，形成了“家国同构”的社会政治模式。《礼记 · 大学》曰：“一家仁，一国兴仁，一家让，一国兴让。”家庭发展，不仅涉及家庭和睦与子女成才，而且关系社会和谐与国家稳定，是事关国家兴衰的大事。

因此，立足中国文化传统，建立家庭发展学，通过对中外家庭现状和趋势的分析，探索家庭发展规律，研究家庭发展的方法，建立家庭发展学学科体系，指导家庭发展实践，对于实现家庭健康、社会和谐、国家兴旺、民族进步，具有十分重要的理论价值和现实意义。

## 二、学科特点

明确家庭发展学的学科特点，是进行家庭发展理论研究、政策研究和实践研究的前提和基础。

### （一）家庭发展学是一门新兴学科

从研究内容来看，家庭发展学包括教育学、心理学、人类学、社会学、医学、康复学、生物学、护理学、卫生学、营养学、经济学、家政学、法学、文化学等相关研究内容。家庭发展学研究家庭环境、婚姻关系、家庭内外人际关系、家庭文化、社会适应、个体成长、家庭理财、育儿、保健、养老、康复等问题，既有社会科学的研究内容，也有自然科学的研究内容。同时，家庭发展学研究家庭建设、家庭发展，也研究家庭教育，即人与人之间的教育和影响，考察成年人对未成年人的影响，家庭所有成员之间的相互影响，以及家庭中教育和影响的手段、方法和途径，因此具有教育学的性质。

从研究方法来看，家庭发展学完全可以运用社会科学的研究方法进行研究。因此，家庭发展学首先是教育学和社会学交叉融合的产物，具有明显的交叉学科性质。

### （二）家庭发展学具有跨学科的综合性质

家庭发展学既研究作为个体的人，也研究作为群体的家庭。因为作为群体的家庭是由人及其相互关系构成的统一体。人，既是文化的、历史的，也是社会的，涉及文化人类学、社会学、历史学的范畴；人与人之间的互动涉及社会学、管理学等范畴；人的生理、心理、健康发展又涉及哲学、生理学、医学、心理学范畴；因此，家庭发展学是跨学科的综合性学科。在进行家庭发展研究时，我们可以发挥跨学科的优势，立足本土，放眼国际，开展多向协同研究。

### （三）家庭发展学具有理论与实践相统一的性质

家庭建设、家庭发展、家庭教育本身具有实践性。与家庭有关的社会学、人类学、心理学、教育学等学科的理论研究是家庭建设、家庭发展实践的现实要求。同时，家庭发展的成功实践和失败经验，以及就此展开的深入研究，都可以为家庭发展理论研究提供实践支持。家庭发展这种理论研究与实践相辅相成、互为因果的关系，使家庭发展学具有集理论性与实践性于一体的性质。

另外，家庭发展是与卫生、教育、妇联、民政、关工委、文明办等多个部门的职能相关联的管理范畴，有赖于多个部门协同合作，共同推动。

## 三、基本概念

我们每个人都来自家庭，并作为家庭的一分子参与社会活动。家庭发展学涉及几个重要的概念，家庭、婚姻、发展、家庭发展、家庭建设、家庭教育。明确这些概念的内涵与外延，有助于我们完整地把握这门学科。

## （一）家庭

著名社会学家费孝通指出："父母子女形成的团体，我们称作家庭。"① 家庭是因为婚姻关系的形成构建起来的，在此基础上衍生出了亲子关系，"因此，婚姻和血缘是家庭的基础和纽带"。② 黄河清在《家庭教育学》一书中，对家庭成员之间的分工做了明确说明："婚姻契约的要旨在于：保证婚姻中男女必须永久地、共同承担起抚育子女的责任。"③ 那么，在家庭发展的过程中就派生出来两个概念，一个是围绕婚姻关系产生一系列关系的家庭建设，如父母与子女之间、兄弟姐妹之间、祖父母与父母之间的关系等；另一个是围绕亲子关系构建起来的以子女身心发展为中心、家长承担主要责任的家庭教育。

作为一种社会组织，家庭与其他社会组织有不同之处，中国台湾社会学者龙冠海，归纳出了以下十点：④

1. 家庭是人类所有社会组织中最普遍的一种。
2. 家庭是可以满足我们多种需要的组织。
3. 家庭是人类最早最久的社会环境。
4. 家庭是各种社会团体中最小的一个。
5. 家庭是最亲密的团体。
6. 家庭是唯一为人类负起保护任务的团体。
7. 家庭是社会组织的核心，是其他社会结构的基础。
8. 家庭对其成员的要求比任何团体都要迫切而重大。
9. 家庭严格地受着社会风俗和法律条规的限制，在各种行为上所受的限制比任何其他社会团体所受的多。
10. 家庭制度是永久的，但家庭的结合或个别的家庭团体却是暂时的，普遍只有几十年的生存期，不像城市或国家那样长久。

虽然进入全球化时代，社会价值多元化，个人选择也多元化，但是家庭这一最重要的社会组织却不会消失。

## （二）婚姻

婚姻是最常见的社会现象之一，是男女两性之间一种特定的社会关系。在《婚姻和家庭的起源》一书中，苏联学者 Ю. И. 谢苗诺夫认为："婚姻是两性关系的一定社会组

① 费孝通. 生育制度［M］. 天津：天津教育出版社，1981：70.
②③ 黄河清. 家庭教育学［M］. 上海：华东师范大学出版社，2014：5.
④ 龙冠海. 社会学（第 7 版）［M］. 台北：三民出版社，1976.

织。它必须以结婚双方负有一定的为社会承认的权利和义务为前提。凡未经社会核准的两性关系都不是婚姻，即使这种关系具有长久的性质亦一样。”① 西方则把婚姻关系看作一种契约关系。

通常给婚姻下定义是从个体婚制，特别是一夫一妻制婚姻开始的。首先，它强调婚姻必须取得社会的认可；其次，婚姻还必须有长期同居、组织家庭的目的，必须承担因结婚产生的义务（其中一方对另一方的义务）；最后，个体也享受因结婚而产生的权利（其中一方对另一方的权利）。

在传统中国，婚姻着眼的是两个家族或家庭的利益，而不是当事人的幸福。这与小生产社会② 的生产方式（即以家庭为组织生产的单位）是一致的。婚姻之所以重要，因为一是密切了两个家族的关系；二是传宗接代，保证财产的家内继承。因此，婚姻的目的就在于产生这样的合法子嗣，保证“香火”延续不绝，同时解决产业的家内继承。这种宗法社会传统今天依然存在。比如不把夫妻关系放在家庭的第一位，更看重亲子关系；漠视夫妻情感，不注重婚姻中的性关系等。在中西文化碰撞与融合的全球化时代，宗法社会的传统与西方文化的婚姻习俗正在发生碰撞，中国需要保留中国传统文化中注重人际关系、重视家族的优良传统，吸收西方婚姻与家庭文化中的有益成分，创造新时期的婚姻文化。

## （三）发展

讲家庭发展，首先要讲什么是发展。

对于发展，各学科都有自己独特的理解视角。列宁在《谈谈辩证法》中，对发展问题的解释是：“有两种基本的发展（进化）观点：认为发展是减少和增加，是重复；以及认为发展是对立面的统一（统一物之分为两个互相排斥的对立面以及它们之间的互相关联）。”辩证法不是把发展看成简单的增长，看作单纯的量变，而是看作从低级到高级，从简单到复杂，从量变到质变的变化完善过程。

发展泛指某种事物的增长、变化和进步。在心理学者和教育学者看来，一般认为发展指一种持续的系列变化，特别是有机体在整个生命期的持续变化，这种变化更多是环境或学习的结果，变化既可以是量变，也可以是质变。人出生以后，随着年龄的增长，心理和生理经历由简单到复杂、由低级到高级、由旧质到新质的不断变化。不同年龄阶段有不同的生理和心理特点。生理发展是心理发展的物质基础，在一定程度上制约着心理发展，但生理发展不是心理发展的唯一决定因素。个体发展除了依靠生理功能外，更

① ［苏］Ю. И. 谢苗诺夫. 婚姻和家庭的起源［M］. 北京：中国社会科学出版社，1983.

② 李风华. 论秦汉至明清中国社会为小生产社会——兼论封建社会论的内在逻辑矛盾［J］. 史学月刊，2013（8）：5—25.

重要的是受到社会生活条件的制约，如果教育等外部因素影响不利，可能会出现偏移性异常发展和缺失性异常发展，即发展过程中个体心理发展偏移正常发展轨道或发展要素缺失（情感发展缺失、“第二反抗期”发展缺失）。如不及时调节与改变，将会导致个体人格和社会性异常发展，从而形成心理疾病。

## （四）家庭发展

家庭发展就是通过家庭建设和家庭教育，形成健康和谐、自主平等的家庭文化，使得家庭成员内外关系和谐稳定、个体身心健康发展的过程。

对于家庭发展，我们要把握以下几个要点：

第一，家庭发展是个体发展和家庭整体发展的统一。单纯强调个体发展而不考虑家庭整体发展，或者只考虑家庭整体发展而不考虑家庭中个体的发展，都是片面的。家庭是由家庭成员构成的，家庭中个体的发展是家庭发展学首要考虑的课题。促进家庭成员健康发展，使每个人都成为与自我和谐、与自然和谐、与社会和谐的人，处事通达，适应良好，是家庭发展学的第一要务。同时，家庭是社会的基本单元。创造具有和谐家庭文化、家庭内外关系良好、家庭功能良好的家庭，更具建设性意义。

第二，家庭发展是内外系统综合作用的结果。首先，家庭处于历史发展的特定阶段，必然带着某一历史时期的文化烙印，政治、经济的发展状况也反映在家庭发展中；其次，家庭成员之间的内部人际关系（如夫妻关系、亲子关系、隔代关系），家庭成员的外部人际关系（如亲戚关系、同事关系）都影响着家庭的发展；最后，社会的政治、经济、文化也处于不断发展中，家庭必然也随之不断发展。

第三，家庭发展是辩证、平衡的发展。家庭发展是家庭成员个体发展与整体发展的平衡、家庭内外关系的平衡、家庭发展与社会发展的平衡，表现为家庭发展与内外部相关因素之间的一种动态平衡状态。

第四，家庭发展是终身的。作为社会的基本单元，只要家庭存在，哪怕只有一位家庭成员，家庭发展的进程都不会停止。对于家庭中的个体来说，发展是毕生的课题。对于家庭整体而言，家庭发展是持续性的。

## （五）家庭建设

家庭建设是指家庭成员内外关系的再调整以及自我教育，即围绕着家庭健康、和谐发展目标，进行的家庭内外关系稳定、持久、和谐以及家庭成员身心健康成长的系统管理过程。此概念强调个体发展和家庭整体发展相统一。

婚姻关系是家庭建设的第一对关系，在此基础上还衍生出家庭关系、亲子关系等。

各种关系相互影响，构成了家庭建设的基本内容。家庭成员内部关系的稳定和谐是家庭建设的核心。同时，家庭还有内部关系和外部关系这一对范畴，其中内部关系是核心，内部关系的状况直接影响外部关系的质量。在家庭建设过程中，首先家庭成员要具备高尚品德，培育健全人格。家庭不只是人们身体的住处，更是人们心灵的归宿。“积善之家，必有余庆；积不善之家，必有余殃。”家风是社会风气的重要组成部分。家风好，则家庭和谐美满，日益兴盛；家风不好，则家庭内外不睦，祸及子孙，贻害社会。

### （六）家庭教育

家庭教育是以个体人格与身心健康发展为目的的教育过程，本质是自我教育。它可以从广义和狭义两个方面来阐述。广义的家庭教育指家庭成员以实现个体人格完善、家庭关系和谐、家庭健康发展为目标的家庭成员之间积极影响、相互作用过程。狭义的家庭教育指由家长（主要是父母）对未成年人实施的积极引导和影响。

家庭教育以家庭建设为基础。只有家庭成员身心健康，才能建设一个和谐家庭，才能提及对孩子的引导和影响。在家庭教育中，家长和孩子相互学习、相互影响。家庭教育要重视文化传承对家庭发展、社会发展的影响，以中华传统文化的家庭建设和家庭教育思想为指导，吸收融合现代教育理念，有效提升个体素质水平，进而全面提升国民素质。

## 四、研究任务

汪卫东教授提出的系统发展理论认为，个体教育的目标应该体现人自身的和谐，个体与自然、社会系统的整体平稳与和谐，个体发展的过程应该是学习、生活、兴趣、工作、两性、情感、恋爱、婚姻、家庭、人际关系等多个维度的动态平衡发展。

家庭发展就是继承中国传统文化中有关家庭建设与家庭教育的思想，吸收融合国内外先进的教育理念与方法，构建我国新型的家庭发展模式，实现人人相互影响，家家相互影响，家庭、学校与社会相互影响，实现个体发展、家庭发展、社会发展的目标。

家庭发展学应该立足于当代中国社会变迁，研究中国家庭发展的现状，发现中国家庭发展的问题，揭示中国家庭发展的规律，把握中国家庭发展的脉络，预测中国家庭发展的趋势。

家庭发展学的研究任务包括三个方面：

一是收集、梳理、总结和提炼古今中外家庭发展的经验。

从古到今，无论是中国还是其他文化背景的国家，都积累了丰富的家庭发展实践经验，形成了独具特色的关于家庭发展的理论和学说。这些都是新的历史条件下进行家庭发展理论研究、实践研究和政策研究的基础。因此，收集、梳理、总结和提炼古今中外家庭建设和家庭发展的经验，是家庭发展学的一项重要任务。

二是建立和发展本土化家庭发展理论体系。

家庭发展实践性的特质使其对家庭发展的理论研究提出了更多要求。家庭发展需要理论指导与专业支持。家庭文化建设、夫妻关系和家庭关系处理、婴幼儿养育、个体身心健康发展、家庭重大事件应对……都需要专业的家庭教育指导专业人员提供支持和帮助。家庭发展的指导实践要求有理论基础、实践框架、指导方法、结果评估等，需要在理论指导下建构实践框架，提出指导方法和评估策略。

家庭发展有悠久的历史，家庭发展的实践也非常丰富。但是，中国家庭发展的理论建设比较薄弱，不能满足人们的指导需求。目前，中国处在转型期，同时又处于世界多极化、经济全球化、文化多样化、社会信息化的时代，家庭发展面临的问题比以往任何一个时期都更为复杂，面临的形势也更加严峻。基于西方文化背景下的教育学、社会学和心理学等理论不能直接指导中国家庭发展实践。因此，建立和发展具有本土特色的家庭发展学理论体系，指导中国家庭发展实践，成为当前一项非常紧迫的任务。

三是为制定家庭发展政策提供研究保障。

家庭发展的实践需要在政府的政策框架下进行，政府各部门的支持是家庭发展工作得以顺利进行的重要保障。在中国，家庭发展涉及全国妇联、教育部、国家卫生健康委、民政部、关工委、文明办等多个部门的工作，家庭发展学的跨学科性质使其研究成果可以为多个部门制定家庭发展政策提供研究保障。

# 五、研究内容

一个家庭有良好的家庭文化，夫妻关系和谐，家庭内外成员关系融洽，才能给子女提供安全、温馨的成长环境。在此基础上进行家庭教育、个人自我教育，才能真正促进个体身心健康成长。由此可知，家庭建设与家庭教育的最终目标是促进家庭发展。

## （一）家庭建设的内容

家庭建设围绕家庭和谐展开，目标是家庭构建以及家庭内外关系的稳定、持久、和谐。因此构建和谐的家庭内外关系是家庭建设的核心内容。家庭建设包括以下几个方面内容：

### 1. 健康家庭文化构建与管理

家庭文化是社会文化在家庭中的反映，包括人们在家庭生活的过程中创造并孕育出来的人文环境、行为模式、伦理关系、物质文化生活及家庭生活方式等。如家庭信仰、价值观念、家庭伦理规范、家庭情趣、行为规范、文化娱乐活动、学习方式等。家庭文化建设涉及家风建设，而家风建设是家庭建设的重要内容。构建健康家庭文化，需要家庭成员之间相互学习、相互影响，共同成长。

### 2. 婚姻前后男女情感关系构建与管理

家庭作为社会的细胞，是人类最早的社会关系。婚姻关系的建立标志着一个家庭的组建。除了夫妻双方自愿外，还受到法律的保护。我们把结婚以前的男女交往过程称为恋爱，恋爱的质量会影响婚姻的质量。人是社会中的人，是社会化的产物，单纯的男女朋友关系满足不了人在社会发展过程中的多种需求，很多男女从友情发展为爱情，最后组建家庭。当然，也有一些情侣的亲密关系最终画上句号。随着社会发展，大龄男女数量逐渐增加，男女情感关系指导愈加重要。

男女关系从爱情到婚姻的发展过程，不仅涉及男女双方，还涉及两个家庭。双方的世界观、价值观、恋爱观大体相当，更容易建立比较稳固的婚姻关系。

婚姻关系建立后，随着生活推移，夫妻之间的情感也会发生变化，逐渐完成从爱情向亲情的转变。在婚姻中，大多夫妻都会经历这样几个过程：初婚的激情与浪漫、孕期的生理缺失和情感补偿、生产期的付出与回报感、哺乳期的责任与担当以及夫妻双方对彼此的尊重与忠诚。有时，婚姻中会出现第三者，如何处理婚外情也是对夫妻情感与婚姻智慧的考验。

### 3. 婚姻前后健康性关系构建与管理

随着社会发展，人们对性的态度也不断发生变化。2012 年《小康》杂志调查显示：71.4% 的受访者在结婚前发生了首次性行为，比 1994 年提高了 30%。[①] 因此，研究婚前性关系，指导青年男女如何应对和处理不能进入婚姻的性关系，也很重要。

对于夫妻而言，性生活是夫妻正常生理需求，健康和谐的性生活有利于夫妻关系的健康发展。婚姻是性与爱情的产物，和谐的性生活是伴侣之间的亲密互动，会增加夫妻生活的默契。随着婚姻生活的推进，夫妻性生活可能会越来越少。对于性生活互动的减少，夫妻双方要有正确的认识。如注意调节婚姻过程中的性冷淡时期，增强情感互动等。

### 4. 婚姻前后物质财产与情感关系构建与管理

2020 年 5 月 28 日通过的《中华人民共和国民法典》对于财产属于夫妻双方还是夫妻一方有着明确的规定。夫妻可以约定婚姻关系存续期间所得的财产以及婚前财产归各

① 郭军. 最新婚前性行为调查结果惊人［OL］. http://realth.sina.com.cn/hc/s/2014-7-30/1015144514.shtml.2014-7-30.

自所有、共同所有或部分各自所有，部分共同所有。约定应当采用书面形式。这样男女双方必须在婚前思考婚姻中物质财产关系的处理问题。

关于婚前财产的认定方法，主要是感性的约定式认定和理性的司法式认定。感性的约定式认定主要是通过口头的约定，对于婚前财产归属做一个简单的分配。理性的司法式认定是基于法律的基础完成的，具有法律效力。

对于婚后的财产管理，大体分为以下模式：夫妻一方管理、夫妻各自管理、夫妻共同管理和混合管理。合理的财产管理模式可以增进夫妻间的感情。

除了物质基础，男女的情感关系也是婚姻生活的重要组成部分。如何在婚姻前后，建设性地平衡好“物质”与“情感”之间的关系，也是男女双方必须面对的课题。

### 5. 婚姻前后男女与双方原生家庭间健康关系构建与管理

婚姻不仅是夫妻双方的结合，还是两个家庭的结合。原生家庭成员间关系的构建会影响夫妻婚后生活。妥善处理好男女与双方原生家庭成员之间的关系是促进恋爱与婚姻生活的重要保障。

处理婚姻前后男女与双方原生家庭间的关系，涉及双方父母对子女的控制与放手情况、男女人格独立情况、男女双方的信任度与男女人际关系处理能力等。

### 6. 婚姻前后男女与双方亲友间健康关系构建与管理

亲戚和朋友对家庭关系影响是比较大的，因此男女双方亲友间健康关系的构建与管理非常重要。第一，婚姻前后亲戚朋友在多大程度上参与双方的生活要把握好尺度；第二，婚姻前后都要积极维护好亲朋好友之间的关系；第三，要确定好伴侣的位置，把伴侣的情感与需求放在首位。以中华优秀传统文化为基础，营造健康向上、和谐幸福、互相支持、共同学习的家庭文化。

### 7. 女性特殊时期夫妻关系构建与管理

经历了初婚的喜悦，女性随之而来的就是升级为母亲的喜悦。女性在孕期、产后与哺乳期等特殊时期，夫妻关系要经历一定的考验。孕期的典型特征就是敏感、脆弱，容易情绪化。因此，丈夫需要在情感上补偿妻子孕期生理反应上的不适。

有的女性生产后甚至可能会得产后忧郁症。所以，生产前后丈夫应该多鼓励、多支持，帮助妻子度过这一重要时期。

进入哺乳期之后，母亲和孩子的互动增多，大多数女性可能会把大量的精力转移到孩子身上，丈夫会有被冷落的感觉，如不适度调适可能导致夫妻情感疏离。在这期间，丈夫应该欣赏与尊重“母亲”这个角色，并且调整好自己成为“父亲”的角色。

### 8. 和谐亲子关系构建与管理

亲子关系作为夫妻关系的衍生品，有着不同于其他社会关系的特点。除了法律的确认和保护外，亲子关系作用于直系血缘关系中，因此具有不可选择性。同时，亲子关系一经产生，就具有永久性、不可替代性。英国哲学家洛克在《家庭学校》一书中指出：

“每个人都不是他（她）自己要出生的，父母的一次欢愉，使他（她）偶然来到这个世界，来到了一个他（她）自己无法选择的家庭，有了一对永远不能变换的父母。”① “亲子关系之间有着天然的骨肉联系，包含着生命传承的深刻内容。”② 亲子关系伴随着子女的诞生而产生，却不会因为一方的死亡而终止。

构建和谐亲子关系，涉及如何做好父母和如何做好子女的议题。家长要学会做父母，子女要学会做好儿子和女儿，然后才能谈到亲密亲子关系的建立。

作为家庭关系中的一员，成人在亲子关系中扮演着不同的角色，有时候是父母的子女，有时候是子女的父母，总之每个人都脱离不了亲子关系。“即使是孤儿，也有过合法或者非法的父母。”③ 亲子关系具有很强的情感亲密性。因为血缘关系，其情感亲密性是其他关系所没有的。血缘关系作为父母与子女之间的纽带，致使父母会对子女不求回报地无私奉献。同时，子女因此对父母产生了极为强烈的依恋和信任感。

家长要做好自己的角色，并引导子女做好儿女角色。在此基础上，才能建立和谐亲子关系，家庭才会温暖幸福。

### 9. 家长自我教育与教育子女

家庭教育的主要目的是让孩子能够身心健康并且能够完成自我学习。父母不会跟随孩子一辈子。因此，父母不仅要学会自我教育，自我成长，也要学会科学引导孩子，从而实现家庭教育的最终目的——自我教育。

我们把家庭教育分为三个阶段：第一阶段是家长自我教育、自我成长，这是个体发展的终身课题，也是家长之所以成为家长的重要前提；第二阶段是家长教育或影响孩子，同时家长也会受孩子的影响；第三阶段是孩子的自我教育、自我成长。

家长要进行自我教育，不断提升自己的综合素质，提高解决家庭问题的能力。同时，家庭教育还需要社会支持，需要政府、社会和学校的共同推动。

## （二）家庭教育的内容

家庭教育主要围绕家庭成员特别是未成年人身心健康发展进行。基于此目的进行的教育、咨询、指导和管理活动都是家庭教育的内容。

家长和未成年人都是家庭教育的重要参与者。在家庭教育的过程中，他们相互影响、相互学习。

家长，尤其是父母，是家庭教育过程中的主要施教者，所以家长的自我教育、自我完善是首要任务。只有家长人格完善、心身健康，才可能教育出人格健康的孩子。作为

---

① ［英］约翰·洛克．张小茅译．家庭学校．北京：京华出版社，2001：1.v.
② 关颖．社会学视野中的家庭教育［M］.天津：天津社会科学院出版社，2000：75.
③ 吴奇程，袁元．家庭教育学［M］.广州：广东高等教育出版社，2009：103.

孩子成长的“第一面镜子”，家长需要不断自我反思、自我教育、自我完善，不断提升自身的整体素质。

未成年个体是家庭教育主要的被影响者，因此要重视未成年人的人格发展、身心健康，注重培养德、智、体、美、劳全面发展的人。

此外，特殊人群、特殊家庭以及特殊情况下的家庭教育也是我们研究的范畴。

原国家卫生计生委家庭司发布的《中国家庭发展报告（2016）》表明，“单亲家庭、农村留守家庭、老年独居家庭、失能老人家庭等不断增多”①，还有空巢家庭、丁克家庭、流动家庭、失独家庭等，就人群来说，单亲儿童、留守儿童、流动儿童、鳏寡孤独者、智力障碍者、听力障碍者、残疾者、危机事件经历者……这些家庭和人群的家庭教育也必须进行深入研究。

## （三）家庭建设和家庭教育的关系

一个家庭中，夫妻关系和谐，家庭内外成员关系融洽，才能给子女提供安全、温馨的成长环境。在此基础上进行的家庭教育、自我教育才能真正促进个体身心健康发展。

家庭建设和家庭教育的关系如下：

### 1. 构建关系是家庭建设的核心，积极影响是家庭教育的核心

家庭是由两个具有血缘（亲子关系）、婚姻或收养关系的个体组成的最基础的社会单位。家庭建设的主要内容是构建关系，有家庭内部关系（夫妻关系、亲子关系、祖辈关系、婆媳关系等）、家庭外部关系（邻里关系、同事关系、亲戚关系等）。一个和谐幸福的家庭，家庭内外关系都和谐；而一个问题家庭，家庭内外关系也问题重重。所以，构建关系是家庭建设的核心。

家庭教育是家庭成员之间双向互动、相互教育的活动。成人之间、亲子之间、兄弟姐妹之间、祖辈之间都是相互影响的。最好的家庭教育就是家庭成员都以积极、向上的精神面貌出现在家人面前。这种积极影响会形成巨大的力量，推动被影响者的积极改变。因此，积极的正向影响是家庭教育的核心。

### 2. 家庭建设是家庭教育的基础和保障，家庭教育是家庭建设的发展

健康的家庭文化、和谐的家庭关系提供了家庭教育的基础。家庭的存在能满足人的多种需求，使人身心愉悦，和乐生活。家庭最原始的功能是繁衍后代。随着社会的变迁，家庭的功能已经不仅于此，还包括情爱功能、性的功能、经济功能、保护功能、教育功能以及娱乐功能等。教育功能既是家庭建设的重要内容，也是在家庭建设基础上的发展，是家庭发展的重要一环。

① 国家卫生计生委家庭司. 中国家庭发展报告（2016）[M]. 北京：中国人口出版社，2016：11.

### 3. 家庭建设是个体实现美好生活的基础条件，家庭教育是文化传承和社会发展的基本保障

近年来，中国的家庭建设发生了很大变化。家庭规模变小、非传统家庭模式的出现、人口老龄化等都影响着家庭建设。离异家庭、留守家庭、失独家庭不断增加。这些家庭面临的问题处理不好，不仅影响个人幸福，也影响社会和谐。建设和谐美好家庭，才能实现个人生活幸福。有了这个重要基础，才能谈及家庭教育。

家庭教育要引导未成年人适应社会，这是逐步实现社会化的重要环节。通过教育，将一个国家的历史和文化传承下去，如此推动国家发展、社会进步。

### 4. 家庭关系构建是社会关系构建的前提和基础，家庭和谐是社会和谐的前提和基础

“家国同构”是中国的社会政治模式。家庭是保证个体身心健康发展的重要场所，家庭建设还关系国家稳定、社会发展。家庭内部和谐，那么以家庭为中心的外部关系才会和谐，家庭内外关系的和谐是社会关系和谐构建的前提和基础，只有家庭和谐，才能实现社会和谐。

### 5. 家庭教育是基础，学校教育是发展，社会教育是保障

家庭教育、学校教育和社会教育构成一个完整的教育体系。家庭是孩子接受教育的第一场所。俗话说“三岁看大，七岁看老”，家庭教育奠定了个体人格发展的基础。学校教育是在家庭教育的基础上，继续完成人格发展，逐步完成社会化。社会教育提供了个体发展的大背景与文化、政治、经济环境，为家庭教育和学校教育保驾护航。因此，家庭教育是基础，学校教育是发展，社会教育是保障。

## 思考题

1. 如何理解家庭建设与家庭发展的关系？
2. 如何理解家庭建设与家庭教育的关系？
3. 如何理解家庭发展学的学科建设？
4. 当代家庭建设的核心问题是什么？
5. 当代家庭教育的核心问题是什么？

# 第二章
# 中华传统文化与家庭发展

家庭在我国悠久的历史长河中一直拥有特别重要的地位。传统的中国家庭多是由家族和核心家庭共同构成的大家庭。在古代几千年自然经济状态下，中国家庭不仅是一个生活单位，也是一个生产单位，它同整个社会有紧密的关系。古人深深懂得这个道理，因此极重视家庭内部的关系，从而推及调整社会和国家的关系，即家是立身成事之本，是荣誉通达之基。古人总结出治国必先齐家的理念，历经数千年，我们如今仍能够看到大量的治家文献。北齐颜之推的《颜氏家训》是至今保存最为完好的一部家训著作。唐人所撰《太公家教》，宋代司马光《家范》，明代姚儒《家教要略》、庄元臣《治家条约》，清代李元春《教家训言》，以及民国初年屈风竹《治家要义》和邬庆时《齐家浅说》，都是专门的治家著作。此外，还有大量的家族规范、宗谱、族谱，如《郑氏规范》《王氏规范》《库川胡氏宗谱》等。虽然这些多是以宗法制度、男尊女卑和男女异教为基础，但其中也包含着家庭建设、家庭教育的一般原则与方法。

研究家庭发展学，旨在揭示家庭建设和家庭教育的规律，从而形成健康和谐、自主平等的家庭文化，使得家庭成员内外关系稳定和谐、个体身心健康发展。这与中国传统的“治家理念”有着很多契合之处。家庭发展有两方面含义：一是家庭对于家庭成员和社会的作用，家庭要维护家庭成员个体身心健康的持久发展，维护家庭成员之间以及与家庭之外人际关系的协调，促进社会和谐，推动社会进步；二是通过家庭教育和家庭建设，在实现家庭成员和社会发展的同时，实现家庭作为一个组织的自身发展。

下面就中华优秀传统文化对家庭发展的意义和内容进行探讨。

# 一、中华传统文化对家庭发展的认识

中国自古就重视家庭建设和家庭教育，人们把家庭的盛衰寄托在子孙身上，“子孙贤则家道昌盛，子孙不贤则家道消败”。子孙是贤是愚，则“由乎蒙养”。“蒙以养正”，可以保家。家教的作用，不仅能保家扩业，而且有助于安国。中华文化何以有如此的特点？恰如历史学家许倬云所言，发源于“中原”的中华文化，由于黄土并不天然肥沃，有赖人为的努力，有一分力气下去出一分东西，放两分生出两分，不放就什么都没有。耕作也像尼罗河流域一样，要长期地保持一块耕地才能有好的收获。长期改良耕种地区，稳定性很强，于是造成地缘的土著和亲缘的结合，同一地点的乡亲住在一起久了就变成一家人，使得在土著之外也有亲缘上紧密的结合①。中国先民以血缘和地缘来结合人群。“中国以亲缘来带动扩张的需求”，这是其他文明所没有的特色，“表现在社会关系上就是亲缘关系是所有关系里的基因”。②

基于此，可以说中华文化是“家本位”文化：以血缘为基础的个人与家族的关系决定了中华文化是家族至上，因而也是集体主义的。家庭是中国人最基本的存在处境。人格的完善和生活的幸福都要在家庭中实现，治国平天下更要立足于家庭伦理。家庭也是个人生活的根本意义。亚圣孟子认为，君子的人生有三大乐事，而称王统治天下不在其中。这三大乐事，排在首位的便是家庭成员的健康安好：父母俱存、兄弟无故。③家庭结构的完整和家庭内外关系的和谐，向来被认为是人生幸福的重要内容。而一个人如果遭遇家庭重要成员的变故，则是莫大的不幸。

在传统社会中，鳏寡孤独者一直是人们同情的对象。一些学者研究发现，中国人“把人当成家庭生活的存在，将人与家庭的关系当作人的基本属性，并在这个基础上谈论人性”。④人性是和生存境遇相关的，与西方的人与城邦、人与上帝的关系不同，中国人的基本生存境遇首先是人与家庭的关系。家庭在任何社会都很重要，但任何社会的家庭都没有像中国这样重要。在中国家庭中，孝悌是道德的出发点和回归点。人们既在家庭中获得赖以生存的物质，也产生情感联结，获得情感发育，亲密感、安全感、归属感、成就感、“光宗耀祖”式的荣耀感乃至于愧疚感、愤怒感都在不同情形下得以反复地体验，最终形成一个人的道德认知和道德体验，形成他（她）在面临选择、需要行动时的深层动机。当我们看待中国家庭的时候，“也不能简单地把它当作一种社会组织。即，

① 许倬云.中国古代文化的特质［M］.厦门：鹭江出版社，2016：16—17.

② 许倬云.中国古代文化的特质［M］.厦门：鹭江出版社，2016：18.

③《孟子·尽心上》记载：“君子有三乐，而王天下不与存焉。父母俱存，兄弟无故，一乐也；仰不愧于天，俯不怍于人，二乐也；得天下英才而教育之，三乐也。”

④ 吴飞.论“过日子”［J］.社会学研究，2007（6）：70.

并不是已经有自身的定义的人组成家庭，而是由家庭生活规定了其基本属性的人在社会中活动”①。家本位文化具有以下特点：第一，在家庭成员与作为整体的家庭的关系方面，强调家庭高于个人，个人利益应服从家庭利益；第二，强调每个家庭成员对家庭所负有的责任，并且认为这种责任应伴随家庭成员生命的始终；第三，家本位既包含家庭本位，也包含家族本位，即所有的家庭成员都负有对家庭所归属的家族的责任与义务，“光宗耀祖”即为此义②。

由此，我国素有重视家庭建设和家庭教育的传统。家族香火能否得以延续，家庭能否享有较高的社会地位，和家庭建设、家庭教育成功与否直接相关。家庭建设和教育成为家族能否在整个国家和社会生活中占有一席之地的重要决定因素。治理家庭，进行家庭教育就成为族长、父母不可推卸的责任，是家庭巩固和兴盛的需要。同时，我国自古强调“家国同构”的社会政治模式，孟子说：“天下之本在国，国之本在家。”《大学》则更明确地概括了二者的关系，“欲治其国者，先齐其家”“家齐而后国治”，并认为“其家不可教，而能教人者，无之”。司马光把“齐家”作为“治国”“平天下”的基础，认为其关系到国家兴亡和社会兴衰，这也形成了中国人的人生意义与目标：修身、齐家、治国、平天下。

数千年来，无数的士大夫们都认识到践行家庭建设的重要性。颜之推、范仲淹、司马光、曾国藩等是杰出的代表人物。曾国藩曾清醒地认识到，真正能够持久地保证家道不衰的最重要因素不是官职和财富，而是对子弟严格的家庭教育，教他们读书、修身、齐家、治国、平天下的道理。他在论及家道兴衰时指出：“凡家道所以可久者，不恃一时之官爵，而恃长远之家规；不恃一二人之骤发，而恃大众之维持。”③“家中要得兴旺，全靠出贤子弟。若子弟不贤不才，虽多积银积钱，积谷积产，积衣积书，总是枉然。子弟之贤否，六分本于天生，四分由于家教。”④曾国藩非常重视培养人才，并不仅仅只是为了一已之家，也是为振兴儒风、扭转社会之风气，实现治国、平天下的胸怀和远大抱负。在地方家族中，也是如此。林氏家庙中的楹联也体现了林氏家族教育重视伦理传承和家族延续的思想：“南渡千百载秉忠孝传承子孙能荣远祖，东植五十春霑雨露润泽枝繁叶茂固根本”“仰先人代出宦贤匡时济世德望长昭万古，期后辈重展志业兴邦利民勋猷遍播四方”。此外，林氏的昭穆（昭穆是我国古代的宗法制度，指宗庙、墓地或神主的辈次排列）也有所体现，《乾隆丙寅谱谱例》记载：“先世命名以金木水火土相生为序；命字以‘元亨利贞，天道之常；仁义礼智，人性之纲’十六字为序。兹采众议，将末改为‘恒秉斯章’四字。”后世又续增八字“立修齐志，为邦家光”。今又续十六字“展志

① 吴飞.论“过日子”[J].社会学研究，2007（6）：71.
② 杨善华，孙飞宇.“社会底蕴”：田野经验与思考［J].社会学，2015（1）.
③④ 曾国藩.曾文正公家书［M].呼和浩特：内蒙古人民出版社，2000：7585，7593.

平学，启大同端；传经衍庆，积德流芳”。[①] 家庭建设与家庭教育，既决定着家庭家族的生存发展，也关系着国家政治稳定和社会的发展，家庭建设和家庭教育的社会意义得以凸显。

中国古代家庭建设与教育内容丰富，主要是关于修身养性，齐家训子，在外交游、处事，在国忠君、报国等方面。重视家庭中人际关系建设，如夫妇和顺、父慈子孝、兄友弟恭等。曾国藩教导诸子弟：“吾辈读书，只有两事：一者进德之事，讲求乎诚正修齐之道，以图无忝所生；一者修业之事，操习记诵词章之术，以图自卫其身。”“古之君子之所以尽其心养其性者，不可得而见。其修身、齐家、治国、平天下，则一秉乎礼。自内焉者言之，舍礼无所谓道德；自外焉者言之，舍礼无所谓政事。”“自其弱齿，已立制防，洒扫沃盥有常仪，羹食肴胾有定位，緌缨绅佩有恒度。既长，则教之冠礼，以责成人之道；教之昏礼，以明厚别之义；教之丧祭，以笃终而报本……人无不出于学，学无不衷于礼也。”

## 二、中华传统家庭文化的特点

家庭文化是家庭发展的持久动力，也是家庭建设的灵魂和家庭教育的基础。家庭文化和社会文化总体上具有一致性，家庭文化是社会文化的有机部分。中华传统文化非常重视家庭，具有“家本位”文化的特点，因此在丰富的理论和实践中，形成了中华传统家庭文化的一些特点。而文化是个有着非常丰富内涵和外延概念，考察国内外现存文化概念，定义多达上百种，概括起来，文化定义有广义、狭义及多义兼容说。1986 年庞朴先生提出了文化结构三层次说：广义文化的结构包括物质、心理和心物结合三个层面，“文化的物质层是最活跃的因素，它变动不居，交流方便；而理论、制度层，是最权威的因素，它规定着文化的整体性质；心理层次则最保守，它是文化成为类型的灵魂”。文化结构三层次的提法普遍为理论界所接受，并不断地完善为物质文化、制度文化（社会规范文化）和精神文化。其中，精神文化是文化的内核部分，也就是“深层文化”。“深层文化被称为‘精神文化’或‘观念文化’；中层文化只保留制度和政治组织部分而被称为‘制度文化’或‘社会规范文化’或‘关系文化’或‘方式文化’等。”[②] 这一洋葱式的文化概念结构，以立体的方式较好地解释了文化所对应的外延。精神文化是核心，对民族、社会影响力最大，它通过制度规范文化和物质文化得以体现。中国传统家庭文化也很清晰地体现了这三种文化并彼此支撑。精神文化是核心、灵魂，居于统领的地位，制度文

① 林立柽，林伟功. 林瀚暨廉江林氏先贤文选［M］. 福州：福建省姓氏源流研究会林氏委员会，1997：107.
② 邵汉明. 中国文化研究二十年（修订本）［M］. 北京：人民出版社，2006：434.

化保证精神文化，物质文化体现精神文化。我们研究中华传统家庭文化的重点是探讨精神层面的文化问题，主要是研究能够体现其精神特征的思想观念、价值体系及其相应的制度规范文化和物质文化。

## （一）父慈子孝，兄友弟恭

孝敬父母、尊重长辈不仅是中华传统家庭文化的基本内容，而且形成了蕴含精神、规范和物质三个层面的相当完整、深厚的“孝文化”。这也是家庭、家族得以稳定发展的关键因素。“父慈子孝”，一方面强调做父亲、做长辈的人要有做长辈的样子，履行长者的职责，做到爱护晚辈。所谓“子不孝，父之过”，父亲还要孩子接受教育，不能生而不养、不教。《郑氏规范》中“家长”一词出现多次，标明了家长的众多职责。如“家长总治一家大小之务”，要谨守礼法；要“专以至公无私为本，不得简私。”如其有失，可“举家随而谏之”，要“以诚待下，一言不可妄发，一行不可妄为”，要求家长以身示范，严格要求自己。古人还总结出一些具体的做法来。如在孩子犯错时，父母长辈不能不问青红皂白地批评，有“七不责”：一是在众人面前不责备；二是在孩子已有惭愧心理，很后悔时不责备；三是在夜晚时不去责备；四是吃饭时不责备；五是孩子正在欢喜开心时不责备；六是孩子正处于悲伤忧愁时不责备；七是孩子正生病时不责备。古人往往也会亲自教导孩子读书习字，学各种各样的本领。当然，在这对关系中，更重要的是对子辈的要求与希冀。

另一方面，父慈子孝更强调“孝”。因为“慈”所体现的父母之爱更具有天然性，而“孝”所体现的晚辈对长辈的态度、行为，更具有后天的文化特点。“孝”首先是基于人的亲子情感的，在对亲子情感体认的基础上，发展出关于孝的价值观念、孝的礼制规范。《诗经》《尚书》《周易》《论语》等经典中，都表现了中华先人孝的情感、孝的行为、孝的思想。《诗经》中既有上层贵族歌唱孝悌的乐章，也有下层百姓怀念父母的民歌。《诗经·蓼莪》表达了孝子不得终养父母的哀思：“哀哀父母，生我劬劳”“无父何怙，无母何恃”“父兮生我，母兮鞠我。拊我畜我，长我育我。顾我复我，出入腹我”。“父母生我养我，经受了多么大的痛苦，又费了多少的心血……他们爱护我、教育我、出入都怀抱着我。”“欲报之德，昊天罔极”，我的悲痛比这无边的苍天还要无限！树欲静而风不止，子欲养而亲不待，是一种无法弥补的人生遗憾。“不读诗，无以言”，在吟诵《诗经》中，人们受到了孝文化尤其是情感的涵养。《尚书》极力称赞舜以德报怨的孝行。作为儒家最重要的典籍《论语》，强调了修身之本在于孝。孔子讲“弟子入则孝，出则弟，谨而信，泛爱众，而亲仁。行有余力，则以学文。”“夫孝，德之本也，教之所由生也。”也就是说孩子首先要做到孝敬父母，对父母要符合礼，要以礼事之、以礼葬之、以礼祭之，顺从兄长，然后推广到仁爱社会大众，能做到这些后，才去学习文化知识。孝，是道德的根本，是教化的本源。由于孝的独特地位，最终形成了专门的《孝经》，将孝伦理系统化。《孝经》共十八章，除了对孝的价值、意义、作用的阐述外，对人们的行为也提出了总体要求，从《天子章》到《庶人章》，分别列出了对天子、诸侯、卿大夫、士、庶人这五种不同类型家庭的孝规范。以孝治天下、以孝长富贵、以孝养父母。

后世的人们也不断地丰富、实践着孝文化。司马光说“治身莫先于孝”。曾国藩在家训中写道，“孝友为家庭之祥瑞，凡所称因果报应，他事或不尽验，独孝友则立获吉庆，反是则立获殃祸，无不验者。”①曾国藩对历史和自己的经验进行总结，认识到孝悌友爱的确是家庭兴旺的法宝。就因果报应而言，他认为别的事情可能并没有那么直接的因果关系，而唯独孝悌友爱不同，当人能够做到孝悌友爱时，就立刻会获得吉祥喜庆。而不孝不悌不友不爱，则往往很快会遭遇祸殃。“吾细思凡天下官宦之家，多只一代享用便尽。其子孙始而骄佚，继而流荡，终而沟壑，能庆延一二代者鲜矣。商贾之家，勤俭者能延三四代；耕读之家，谨朴者能延五六代；孝友之家，则可以绵延十代八代。”②在比较官宦之家、商贾之家、耕读之家和孝友之家在家族绵延上的区别时，他发现讲求孝友之家绵延最长。这些都使得他认为孝友是家庭能兴旺发达的根本。福建林氏家族就强调贤达多有示范。对待长辈，即使贵为尚书，林濂仍然相当敬重、礼貌相待。林家孝悌家风相传，林瀚的孙子林燫也很孝顺，侍奉父亲很是尽心，父亲每每离家时，他都在数十里外迎送，不忍别离，长跪在那儿，抱着父亲的膝盖不忍起来。林瀚孙林燫“宗伯（林燫字）性尤笃孝，其侍荣禄公于馆局，蒸蒸色养。既荣禄公官南部，数以公事如都下，宗伯迎送必数十里外。长跽而泣，抱膝不忍起。”③林缪在临终前，叮嘱子孙要做到孝悌，家庭和顺，他也就可以安心地离世了：“吾病殆不可延，汝辈惟和顺，惟读书，惟守分循理，以无玷祖宗。吾瞑目地下矣！”④民间众多宗谱、家训，也明确地把“孝悌”作为家族的重要规矩。如《库川胡氏宗谱》：万恶淫为首，百善孝为先，子孙敢有忤逆父母，气凌尊长者，亲房不得徇情。为人者须知屋檐滴水从上落，点点滴滴不差移。为人妇者，需修妇德，事舅姑以孝顺，奉丈夫以恭敬，待姊姑子孙以慈爱。《华溪胡氏宗谱》：恩莫大于父母，情莫切于兄弟。从情感、道理上入手，数以规矩榜样，又加以硬性的违规惩罚，以最终使子弟能够成为孝悌之人，家庭能够成为孝悌之家。

古人重视兴修祠堂、祭祀先祖、修撰族谱、沿用昭穆等，这些宗族活动与家族和睦、重根重节、道德教化的教育思想密不可分。通过这些活动将“慎终追远”“敦亲睦族”“血亲同源”的意识根植于家人的内心。“国有国法，加有家规”，在北齐有“重罪十条”，第五条是“恶逆”，第八条就是“不孝”。犯了“不孝”罪的，就是王公大臣也得不到宽恕。

① 曾国藩. 曾国藩全书［M］. 呼和浩特：内蒙古大学出版社，2009：574.
② 邓云生点校. 曾国藩全集·家书（卷一）［M］. 长沙：岳麓书社，1990：67.
③《廉江林氏族谱》理事会. 廉江林氏族谱（文献卷）［M］. 香港：香港文学报社出版公司，2009：334.
④ 林立柽，林伟功. 林瀚暨林氏先贤文选［M］. 福建省姓氏源流研究会林氏委员会，1999：224.

隋朝继承了北齐的刑罚，并把“重罪十条”改为“十恶”，作为封建立法中的一项最基本、最重要的制度而在历代法典中，历经一千三百年不改，是谓“十恶不赦”。而其中的“恶逆”“不孝”“不睦”的三不赦，只不过是不孝的情节轻重问题。在家规中，也定有更为具体的规范，精神核心是使父母心里高兴，外在形式是对父母有“礼”。具体表现为敬养、志养、色养——孝子要做到使父母一点难受的脸色都不表现出来。

古代的蒙养教材流传最广的是《三字经》《百家姓》和《千字文》，还有《弟子规》《小学》《幼学琼林》等，把一些重要的人生伦理教给孩子们，教育孩子们从小孝敬父母，顺从兄长。在当代，我们要继承和发扬孝文化中的积极因素，摒弃不适应时代精神的相关内容。

## （二）勤俭持家，戒骄戒奢

在农业文明中，大家庭要兴旺发达，家庭成员需养成勤劳节俭的生活习惯。因此，勤俭历来是中华民族的传统美德。北宋司马光在写给儿子的《训俭示康》中道：“然人之常情，由俭入奢易，由奢入俭难。吾今日之体，岂能常有？身岂能常存？一旦异于今日，家人习奢已久，不能顿俭，必致失所。岂若吾居位、去位、身在、身亡，常如一日乎？呜呼，大贤之深谋远虑，岂庸人所及哉！”他把所思所想写给儿子，告诉儿子他的忧思：由俭入奢易，由奢入俭难，这是世人的常情。父亲如今的官位哪能一直有呢？即使官运顺利，人也总有撒手人寰的一天。一旦情况出现了变化，没有了官差俸禄，但若家人久已习惯了奢华的生活，没有办法立刻适应俭朴的生活，就会逐步地走到流离失所的地步。如此，还不如家里人的生活，能做到我居位、去位、身在、身亡一样地俭朴平实！司马光认为能够考虑到这些的是有大智慧的人，那些平庸之人，只会看到眼前，没有大智大贤者的深谋远虑。曾国藩不厌其烦地告诫子孙“凡一家之中，勤敬二字能守得几分，未有不兴；若全无一分，未有不败”①，苦口婆心地教导子弟，家里人若能做到勤勉有为、谦虚容人，家族就会兴旺发达；如果不能做到，则会败落。他还教导子弟自己动手种菜摘菜，要求他们“凡菜茹手植而手撷者，其味弥甘；凡物亲历艰苦而得者，食之弥安也。”②吃自己种、自己摘的菜会格外好吃，吃自己辛苦劳动得来的食物，吃着也安心。并教导子弟“凡仕宦之家，由俭入奢易，由奢返俭难。无论大家小家，士农工商，勤苦俭约，未有不兴，骄奢倦怠，未有不败”③。“历览有国有家之兴，皆由克勤克俭所致”。总结历史上和身边的人和事，当官的人家，由俭朴到奢侈容易，由奢侈返回俭朴则困难。无论是世家大族、平民小户，还是士农工商，如能做到勤奋做事、俭省节

① 曾国藩. 曾国藩治家全书［M］. 长沙：岳麓书社，1997：29.
② 邓立勋. 曾国藩自述.（上）［M］. 海口：海南出版社，1996：3.
③ 曾国藩. 曾国藩家训［M］. 长沙：岳麓书社，1999：148.

约，没有不兴旺发达的。如果生活骄奢浮夸且做事倦怠，没有不败落的。无论是国家还是家庭家族的兴旺发达，往往是既能勤劳地开源，又能节俭地节流。林瀚在家书中对子孙置办产业时提出了节俭的要求："宜购一小馆居止，日逐节俭用度，不可浪费。吾家素无厚积，汝岂不知。"教育子弟要克勤克俭，在日常生活中注意节俭用度，不可浪费。林家也确是如此做的。林瀚子林庭机"一室萧然，无异寒士"。林瀚的儿子林庭机的屋内没有什么陈设装饰，和普通贫寒之人的居室没有什么差别。林瀚孙林烃"在官时，布衣粗食，归家只图书数簏，乡居生活俭朴，无所请求。"林瀚的孙子林烃在外做官时，穿的是俭朴的布衣而不是绫罗绸缎的华服，吃的是粗茶淡饭而不是山珍海味。辞官回家时，只带回了几箱图书。在老家生活时，生活依然俭朴，从来没有要求朝廷给予过什么照顾。

官员的勤俭持家，延伸的是要求清正廉洁。中华优秀传统文化以天人合一参悟天道而立人道，向来反对骄奢而尚清廉，成由清廉败由奢。曾国藩认为："盖达官之子弟，听惯高议论，见惯大场面，往往轻慢师长，讥弹人短，所谓骄也。由骄而奢，而淫，而佚，以至于无恶不作，皆从骄字生出之弊。""世家子弟最易犯一奢字、傲字。不必锦衣玉食而后谓之奢也，但使皮袍呢褂俯拾即是，舆马仆从习惯为常，此即日趋于奢矣。见乡人则嗤其朴陋，见雇工则颐指气使，此即日习于傲矣。《书》称'世禄之家，鲜克由礼'，《传》称'骄奢淫佚，宠禄过也'。京师子弟之坏，未有不由骄、奢二字者，尔与诸弟其诫之。"他还总结了家之四败："妇女奢淫者败，子弟骄怠者败，兄弟不和者败，侮师慢客者败。"首先就是"奢败"。他在家训中强调："天地间惟谦谨是载福之道，骄则满，满则倾矣。凡动口动笔，厌人之俗，嫌人之鄙，议人之短，发人之覆，皆骄也。无论所指未必果当，即使一一切当，已为天道所不许。吾家子弟满腔骄傲之气，开口便道人短长，笑人鄙陋，均非好气象……欲去骄字，总以不轻非笑人为第一义；欲去惰字，总以不晏起为第一义。"与此相应，是尚清廉。林氏先贤为官期间，克己奉公，为官清廉。林氏第一代尚书林瀚为后人树立了良好的榜样。在给子孙的家书中强调："居官须要清慎勤劳，脩举职业，思振家声为可。""当尽心竭力图报朝廷，增光先代，惟我与尔皆所当勉。"在先人的教诲和勉励下，林氏后人将为官清正、清廉直守的高尚品格不断延续。林燫"家居时屋为火焚，地方官欲为修建，林燫辞谢不受"，林烃"断事敏决，以原告与被告，不必久等，止费一升米之用，人民称为'林一升'。"林家人前后相继，在尚勤勉、清廉的家风熏陶下，潜移默化地受到影响，终至名门。

## （三）立志向善，爱国爱家

中华文化对于人的理解，除了道德修养外，还注重自身的提升，重视"立志"。孔子讲，"吾十有五而志于学"，俗语讲"人贵有志""三军可夺帅也，匹夫不可夺志也""穷且弥坚，不坠青云之志”……立志，是家庭教育中的重要内容。“耕读传家久，诗书继世长”。曾国藩讲：“凡将相无种，圣贤豪杰亦无种，只要人肯立志，都可做得到。”他教诲子弟要立大志：“欲求变之之法，总须先立坚卓之志。”“君子之立志也，有民胞物与之量，有内圣外王之业，而后不忝于父母之生，不愧为天地之完人。”“士人读书，第一要有志，第二要有识，第三要有恒。有志则断不甘为下流；有识则知学问无尽，不敢以一得自足，如河伯之观海，如井蛙之窥天，皆无识者也；有恒则断无不成之事。此三者缺一不可。”明代王阳明写有教子立志的《书扇示正宪》，推心置腹地教导儿子说：“汝自冬春来，颇解学文义，吾心岂不喜？顾此枝叶事，如树不植根，暂荣终必瘁。植根可如何？愿汝且立志！”[①]集学问事功于一身的王阳明，看到儿子用功于科举考试，便告诫他，这些是小事，就如一棵大树的枝叶，重要的是培植树根，也就是要立大志。中华文化中，立志和读书是密切相关、相辅相成的。春秋之后，虽仍分士农工商四民，但文化下移，有教无类，阶层之间有狭窄而明确的通道。这通道就是通过为学、读圣贤书实现“学而优则仕”。不甘为人下者，就要立志读书。《库川胡氏宗谱》曰：“为人者至乐莫如读书，至要莫如教子。子孙虽愚，经书不可不读，即使冥顽，纵有开悟之时。夫何但知争讼奢靡为事，而不教子读书，此有家者之大患也。当以争讼之心，为教子之心，以奢靡之费，为读书之费。读书志在圣贤，为官心存君国。穷则独善其身，达则兼济天下。”认为人最大的快乐是读书，人最要紧的事情是教育孩子。即使子孙天分不高，书还是不可不读。坚持读书，立志做圣贤，就是再愚钝无知的人，也总有开悟的时候。

立志的核心是爱国爱民，人生最高价值在于为社会、为他人做出贡献。“不为良相，便为良医”，反映的正是为国为民的初心。“良相”是从国家治理的层面上，能够为民请命、能够利国利民；“良医”是能够用自己的技术技能和劳动，切身地直接为广大的人民服务。岳母在岳飞背上刺字“精忠报国”；但悲不见九州同的陆游，深感时日不多时叮嘱儿孙“王师北定中原日，家祭无忘告乃翁”。这些古圣先贤或明确地通过著书立说、家书、家训、家规来表达爱国爱民的要求；或通过身体力行、言行举止来为儿孙们做示范。“天下兴亡，匹夫有责”“穷则独善其身，达则兼济天下”“四海之内皆兄弟”“为天地立心，为生民立命，为往圣继绝学，为万世开太平”的价值观念，也是家庭文化建设立志向善的核心价值。

总之，古人重视家庭文化建设，并以此形成父慈子孝、兄友弟恭、勤俭持家、戒骄戒奢、立志向善、爱国爱家的文化传统，实现家庭不断发展，中华民族因此也得以绵延不绝。

---

① 王阳明．静心录之八・外集二．

# 三、中华传统文化对婚恋关系的认识

夫妇伦常被认为是“五伦”中的重要一伦。在解释、建构社会关系的过程中，儒、法、道诸家以及儒家内部思孟学派、荀卿学派之间的论难和互渗，逐渐形成关于宗法社会几组基本的人际关系：父子、兄弟、君臣、夫妇、朋友间的伦常规范。其具体内容为：“父慈子孝、兄友弟恭、君明臣忠、夫和妇顺、朋谊友信。”这些关系的伦理要求都是双向而非单边的。夫和妇顺也是如此，女性要知道如何做个好妻子、好媳妇、好嫂子，男性也要知道怎么做个合格的好丈夫、好女婿、好哥哥。在天地万物之中，在阴阳平衡的观念之下，夫妇伦常历来被认为是人之大伦。《荀子・大略篇》还记载着另一种人伦关系的排列次序，他把“夫妇之道”提到了“君臣父子之本”的高度。天地之间，目之所及，都是有雌雄两性而得以绵延。人类同样如此，有了夫妇，才有家庭的发展。而只有正确的婚姻观才能使家庭生活和睦持久。“夫妇之道，天地之象，人之大伦也。”① 婚姻不仅是个人一生中的重大事件，也是大家庭的大事。

中华先人有着自然清新的婚恋观念和实践，最早的诗歌总集《诗经》中有大量的记载。开篇便是表现男子思慕心仪女子的《关雎》：“关关雎鸠，在河之洲。窈窕淑女，君子好逑。”思慕女子而不得，使得男子辗转反侧，难以入眠。再如《蒹葭》《桃夭》等篇中的“所谓伊人，在水一方”“投我以桃，报之以李”。《诗经》作为“五经”之首，数千年来滋润着中华儿女。中华文化的早期，显示出男女恋爱的热烈、美好。

即便是到了封建社会，人们的门第观念仍然很重，嫁女娶妇要求门当户对，男婚女嫁多是父母之命、媒妁之言。还有一些家庭为了家族利益，或者贪人钱财、权势而造成无数对怨偶。尤其是到了封建社会晚期，更是如此，如《红楼梦》中所揭示的宝黛悲剧。但仍不乏在如今看来有重要价值的对婚恋的认识和实践。在《朱子家训》中，朱柏庐就认为婚姻首先应该看重男女两方的人品，不应该仅仅看重物质、门第。正所谓“嫁女择佳婿，毋索重聘；娶媳求淑女，勿计厚奁”。嫁女儿时要选择品行好的男人，不能光顾着索要贵重的彩礼；娶媳妇要追求知书达理的女子，不应该计较她有多少嫁妆。

历史上，一个家族累世聚居被朝廷旌表，称为“义门”。历朝表彰的“义门”中，一般五世就属难能可贵。而郑义门，其合众生活的热闹场景，却足足延续了十五世。这得益于郑氏的治家方略，《郑氏规范》是郑氏家族管家治家的法宝。它将儒家理念转换成操作性极强的行为规范。历经几代人创制、修订、增删，最终定格为 168 条，涉及家政管理、子孙教育、冠婚丧祭、生活学习、为人处世等方方面面，堪称当时中国最齐全的家庭管理规范。从其第七十二条至第八十条，很详细地讲了婚姻的意义、原则、具体过程。

---

① 李觏，王国轩校点. 李觏集［M］. 中华书局，1981：73.

在婚姻的意义上，认为“婚姻乃人道之本”，即婚姻是人生在世的根本。“婚嫁必须择温良有家法者，不可慕富贵以亏择配之义。其豪强、逆乱、世有恶疾者，毋得与议。”婚嫁对象必须选择那些温良而有家法的人家，不能贪慕富贵，看谁家有钱有势而结婚，这是违背了选择配偶的原则的，是绝对不允许的。为了能够很好地执行这些原则，郑氏家族设立了一些具体的规范加以保障：“立嘉礼庄一所，拨田一千五百亩，世远逐增，别储其租，令廉干子弟掌之，专充婚嫁诸费。男女各以谷一百五十石为则。”首先，从物质上进行保障，专门设立“嘉礼庄”，划拨专项田产一千五百亩，并逐步地增加。专门找清廉有才干的子弟来管理其田产收益，专款专用，用以婚嫁所需的费用，原则上结婚的男女给予一百五十石的米补贴。一石米大约相当于现在的125斤，一百五十石相当于现在的18 750斤。这是一个家庭坚实的物质基础。其次，婚嫁有明确的规矩要求。嫁娶不能铺张浪费，违反的人要接受惩罚。“娶媳须以嗣亲为重，不得享宾，不得用乐，违者罚之。”结婚后有明确的礼数。“娶妇三日，妇则见于祠堂，男则拜于中堂，行受家规之礼。先拜四拜，家长以家规授之，嘱其谨守勿失；复四拜而去。又以房匾授之，使其揭于房闼之外，以为出入观省，会茶而退。”“入门四日，婿妇同往妇家，行谒见之礼。”在这些基础上，为了防止一些父母出于钱财等目的将女子曲嫁，特立规矩：“女子议亲，须谋于众，其或父母于幼年妄自许人者，公堂不与妆奁。”郑氏家族每年任命专人管理戴冠礼、婚嫁、丧事、祭祀及饮食类事务。

《郑氏规范》所反映的婚姻价值观在民间普遍存在。民间男女订婚前的“打听”风俗可以说是这一价值观指导下的实践行为。“打听”，通常是在媒人牵线后，初步有意向的男女双方家长前往对方的居住地，对其街坊邻居或是其他知情者进行的访谈。“打听”的主题便是对方是否适合结亲。对男方的“打听”，主要内容是该男子德行如何，是否勤劳端正，是否有不良嗜好，其家长是否明理讲礼等。对女方的打听，包含女子的德行及其家庭情况，尤其是家长是否明理讲礼。通过“打听”等途径，尽可能地为子女找到好配偶，从而也为大家庭的健康发展做好保障。

《朱子家训》的婚恋生活观仍带有古代社会的特点：男性有着崇高地位，其伦理思想中确有重男轻女的封建观念。但我们也能从中窥探到对男子忠于夫妻感情、规避离散风险的教育：“三姑六婆，实淫盗之媒；婢美妾娇，非闺房之福。”物质生活朴实的夫妻可能并不算富有，但只要共同爱护家庭、经营家庭，就会是幸福家庭。“器具质而洁，瓦缶胜金玉；饮食约而精，园蔬愈珍馐。勿营华屋，勿谋良田。”锅碗瓢盆这些器具只要洁净，普通的瓦瓷材质也胜过金玉材质。饮食简单却精当，普通蔬菜瓜果也胜过山珍海味，无须太注重物质享受。家庭“宜未雨而绸缪，毋临渴而掘井”。古代讲究人丁兴旺，一个普通的大家庭也有几十口人。如何能使一个大家庭运转自如且繁荣昌盛下去，就要有规划、有预算、有目标，不能得过且过，必须有相应的规矩。“黎明即起，洒扫庭除，要内外整洁；既昏便息，关锁门户，必亲自检点。”

值得注意的是，成婚后，也并非是夫妇双方间的简单关系，而是夫妇双方要承担起作为家庭成员的责任。其中最基本的就是要尽孝道，尤其是女子。孝道是古代女子所必须具有的品德，必须恪守的规范。就文献而言，自东汉《女诫》开始，唐代有《女孝经》《女论语》，明代有《内训》《女小儿语》《闺范》《闺戒》等，大都是言男尊女卑、三从四德；在家孝父母，嫁后孝公婆，内容详细具体。如《女论语·事父母章》讲："女子在堂，敬重爹娘。每朝早起，先问安康。寒则烘火，热则扇凉……父母有疾，身莫离床。衣不解带，汤药先尝……"《女论语·事舅姑章》讲，对待公婆要敬养，就如同对亲生父母。而《女二十四孝》《孝妇传》《列女传》等则是以事例教人。此外，在封建社会，丈夫休妻（也叫出妻）也和孝道的内容有关联。传统上有"七出""七不出"，如果公婆对儿媳妇是满意的，即使丈夫再不满意，也不许休妻；反之，即使夫妇感情再好，如果公婆坚持要休，也必须休。这一文化现象造成了许多像《孔雀东南飞》所描述的状况，而女子被休则代表着耻辱。因此，在娘家时，父母对女儿的教育在事公婆上是很严格的。

在许多大家族，这些要求会被反复灌输。如郑氏家族，每天会带领男子和妇女们齐讼《男训》和《女训》："每旦，击钟二十四声，家众俱兴。四声咸盥漱，八声入有序堂。家长中坐，男女分坐左右，令未冠子弟朗诵男女训诫之辞。"每天早晨，击钟二十四下，家里众人都开始一天的活动。钟敲四下时，大家都开始洗漱，敲八下时，则已经洗漱完毕整齐有序地进入大堂。在大堂中，家长坐在正当中，其余家人分男女坐在两侧，然后听还没有成年的子弟们朗诵男女训诫之辞。《男训》的内容是如何能够维系家庭和谐兴旺的道德训诫，如："人家盛衰，皆系乎积善与积恶而已。何谓积善？居家则孝悌，处事则仁恕，凡所以济人者皆是也；何谓积恶？恃己之势以自强，克人之财以自富，凡所以欺心者皆是也。是故能爱子孙者遗之善，不爱子孙者遗之恶。《传》曰：'积善之家必有余庆，积不善之家必有余殃。'天理昭然，各宜深省。"《男训》认为，积善与积恶是导致家庭盛衰的根本原因。积善，也就是为人处世要符合道德要求，在家要孝悌，做事待人要能够做到仁爱宽恕，能够为别人着想、对别人有益处。如果仗着自己的势力而欺负别人，窃取别人的财富，做违背良心的事情，都算是积恶。因此，真正爱子孙的人会培养他们的善良德行，那些使得子孙做坏事的人是没有真正付出爱的人。善有善报，恶有恶报，天理昭明得很，大家都要铭记，深刻地反省自己。《女训》则主要讲女子应该有的德行，认为女子在家里起着非常重要的作用，女子好不好，直接关系到家庭是否和睦。《女训》云："家之和与不和，皆系妇人之贤否。何谓贤？事舅姑以孝顺，奉丈夫以恭敬，待娣姒以温和，接子孙以慈爱，如此之类是也；何谓不贤？淫狎妒忌，恃强凌弱，摇鼓是非，纵意徇私，如此之类是也。天道甚近，福善祸淫，为妇人者不可不畏。"《女训》讲女子的德行要求。有德行的女子，对公公婆婆要孝顺，对丈夫要恭敬，对姐妹妯娌要温和，对子孙后辈要慈爱等。做事没有分寸，妒忌他人，恃强凌弱，无事生非，东家长西家短地散播流言闲语，随性自私，像这样不顾他人的行为都是不允许的。子弟们诵读完毕，分坐两侧的男女起身，向家长作揖施礼，然后又分成左右两行，会揖而退。敲钟九声时，男会膳于同心堂，女会膳于安贞堂。“三时并同”，三餐都是这样同吃的。“其不至者，家长规之。”每天清晨洒扫之后，齐聚厅堂，男子们诵读《男训》，女子们诵读《女训》，如此反复，烂熟于心。

## 四、中华传统文化对亲朋邻里关系的认识

中华文化重“和”，所谓“礼之用，和为贵，先王之道，斯为美”。在家庭教育和家庭建设中，和为贵主要包括家庭和睦、乡邻友好。

家庭和睦首先是用“礼”来让大家各安其分，并在此基础上能够相互体谅。曾国藩认为，“和气致祥”“凡一家之中……和字能守得几分，未有不兴，不和未有不败者”。家庭和睦主要指兄弟、夫妻、叔侄、姑嫂、妯娌等和睦相处。“夫家和则福自生。若一家之中，兄有言，弟无不从，弟有请，兄无不应，和气蒸蒸，而家不兴者，未之有也。”“居家诫争讼，讼则终凶；处世诫多言，言多必失。”一大家族的人在一起生活难免会磕磕绊绊，这时要站在对方的立场上思考，做些沟通，各退一步。为了琐事、利益争吵甚至吵出官司，结果将是亲情不在，难以弥补。“兄弟叔侄，须分多润寡；长幼内外，宜法肃辞严。”一个家族内部成员要想做到和睦相处，一定得宽厚互助，少争吵，多为他人考虑，这样才能家门和顺，家庭成员关系融洽有序。在《朱子家训》中，朱柏庐认为，“家门和顺，虽饔飧不济，亦有余欢。”正所谓“家和万事兴”，家门和顺，虽然说日子并不富裕，但同样感到快乐幸福。朱柏庐这样劝诫其家人：“听妇言，乖骨肉，岂是丈夫。”由于轻信妇人之言而破坏骨肉亲情，实在非大丈夫所为。而要让家庭和睦，就不能太过看中小家庭的财富。“重资财，薄父母，不成人子。”在数个小家庭构成的大家庭中，最忌各个小家庭单单为自己的利益着想而使纷争不断。郑氏家族在践行中总结出了大家长如若有不当不妥之处，家人可以提出意见来，但也要“然必起敬起孝，毋妨和气”。

宗族乡邻和睦也很重要，相互周济、相互帮忙是和睦相处的重要内容。郑板桥出任范县县令后，便写信给堂弟郑墨，讲家乡族邻里，都是辛苦劳作仍处于贫困的境地，“每一念及，真含泪欲落也”。他让弟弟郑墨把自己的俸钱带回老家，“挨家比户，逐一散给”。“其余邻里乡党，相周相恤，汝自为之，务在金尽而止。”① 他让郑墨把自己的工资带回家乡，扶助家族邻里，更提到要照顾孤儿。他还更具体地谈到，“天寒冰冻时，穷亲戚朋友到门，先泡一大碗炒米送手中，佐以酱姜一小碟，最是暖老温贫之具”。② 从郑板

① 卞孝萱，卞岐编. 郑板桥全集（增补本）[M]. 南京：凤凰出版社，2012：241.
② 卞孝萱，卞岐编. 郑板桥全集（增补本）[M]. 南京：凤凰出版社，2012：244.

桥的信中，感受到的是和睦，以关心体谅为核心。曾国藩在家信中写道："凡亲族邻里来家，无不恭敬款接，有急必周济之，有讼必排解之，有喜必庆贺之，有疾必问，有丧必吊。"他认为待亲族邻里之道，态度要恭敬，礼数要周到；在人家来家里时，恭敬款接，有急事的时候要周济，有纷争的时候要主动为之调解、排除烦恼。亲族邻里有婚娶生子等喜庆事，要前去送礼祝贺；生病的时候，要去慰问；有丧事的时候，必前往吊唁。如此，亲族邻里多会和睦相处、互帮互助。

邻里和睦也是林氏家族教育和建设中的重要内容。林瀚在其日常生活中友乡民、帮同族，明代杨廷和撰文记载："岁尝饥，公（林瀚）家无厚储，倒廪以赈不较其值。每春月疫气流行，必市药以给病者，多所全活。"每遇饥荒之年，林瀚家里虽然也不是那么丰厚，也会不做计算地把家里的粮食全拿出来周济邻里。在瘟疫流行的时候，会买药给大家服用，使很多人得以活下来。林氏家族教育中，对于尊敬长辈、邻里和睦等道德教育内容在日常生活中通过儒家典籍、长辈的教诲以及身体力行的示范，使林氏家族子弟对孝、友有深刻的理解。

在《郑氏规范》168 条规范中，"和"出现多次。有正面的要求规劝，也有反面的教训劝诫。"子孙当以和待乡曲，宁我容人，毋使人容我。切不可先操忿人之心；若累相凌逼，进退不已者，当理直之。"它讲明了和邻里乡人的相处原则：和，怎么能做到呢？也就是儒家一贯主张的"严于律己，宽以待人"。就是宁可我来包容别人，而不要想着让别人来包容自己，万万不能自己先有对人的愤恨之心；如果有人反复地欺负自己，进退都没有路时，则应该据理力争。《郑氏规范》吸收了《朱子家训》的训诫："轻听发言，安知非人之谮诉，当忍耐三思；因事相争，焉知非我之不是，须平心再想。"更具体地，在日常生活中，有人来讲家长里短是是非非，不可以轻信，应该先忍住自己的恼怒，反思分析是不是对方故意来说坏话诬蔑人的。要作明白人，不为流言蜚语所惑。古人讲"流言止于智者""来说是非者，必是是非人"，对此要有清醒的认识，不可轻信人言，做出后悔的事。与别人因一些事情发生争执了，需要静下心来，想一想事情的来龙去脉，平心静气去考虑、反省，是否自己也有不对的地方。

现代心理学和脑科学揭示，人的情绪是由原始脑区域来产生的，在漫长的生物进化中，情绪对于物种的生存起着重要的应激作用；而理智则是由大脑皮层来控制的，这也正是人区别于别的生物的部分。情绪，尤其是激烈的负面情绪，往往会屏蔽人的理性，从而造成冲动，形成冲突。人与人之所以起冲突，往往都觉得是对方错，自己没有错。因此，此时冷静下来，理智回归，新的场就会形成，从而化解冲突。"与肩挑贸易，毋占便宜；见贫苦亲邻，须加温恤。"对于那些小商小贩，不能占人家的便宜，对于贫苦的亲戚邻居，要多多关心和周济。"施惠勿念，受恩莫忘。"给予别人的帮助，不能放在心里。而受过别人的帮助，则念念不忘。"刻薄成家，理无久享；伦常乖舛，立见消亡。""凡事当留余地，得意不宜再往。人有喜庆，不可生妒忌心；人有祸患，不可生喜幸心。"从大的原则到生活中可能的具体情境，都做了指导。

《王氏祖训》共有 18 条，其中特别强调：“居乡里閈相亲非比胡南粤北也。何至动有构隙而私则逞忿，公则讦讼乖违，若此也，故须礼让相先义同和洽。而一鼓舌剑舐伤于人，我往彼来何时已乎，最宜慎之。”王氏认为，乡邻之亲不比天南地北的陌生人，没有什么事是足以弄得关系破裂的，更不至于要弄到对簿公堂的地步。因此，要礼让相先、义同和洽，不能唇枪舌剑，伤了和气，影响生活。乡邻作为乡土中国的重要关系，一直被先人们重视，几乎所有的家训、规范都对此做了关照。

正如习近平总书记所指出的，中华民族自古以来就重视家庭，重视亲情。“周虽旧邦，其命维新”“不论时代发生多大变化，不论生活格局发生多大变化，我们都要重视家庭建设，注重家庭、注重家教、注重家风。”

## 思考题

1. 中华优秀传统文化中的家庭建设思想如何在新的历史时期发扬光大？
2. 如何理解中华传统文化与家庭发展的关系？
3. 如何将中西方家庭建设思想有机融合，开展新时期家庭建设研究？

# 第三章 家庭发展的理论基础

家庭作为社会的基本单元，是所有个体存在与发展的重要微观环境。在社会发展中，家庭在社会变迁与转型中的应对速度相对较为迅速。随着社会发展的多元化，家庭在享有社会发展带来的众多好处的同时，也需要面对社会迅速发展产生的挑战。自20世纪七八十年代以来，家庭功能、家庭发展等问题逐渐变成全球范围内人口会议中所有专家和学者研究的课题。家庭结构的变化、家庭功能的优化及家庭变迁都对家庭建设产生重要影响。

## 一、国内有关家庭发展的论述

我国“十二五”规划纲要中明确地提出要“完善计划生育家庭优先优惠政策体系，提高家庭发展能力”“建立和完善提高家庭发展能力的政策体系”等，使得家庭发展成为学界研究的一个重点话题。实际上，家庭发展是新近出现的名词，在各个研究领域，如人口学、社会学、教育学等尚未形成较为一致或统一的定义。当下围绕家庭发展的研究，主要集中在家庭发展能力提升、家庭发展周期优化及家庭发展政策变迁等层面，取得了一定的成果，对加强家庭建设能力与家庭教育水平，促进家庭良性发展具有一定的促进作用。

### （一）家庭发展能力

上海市闵行区人口和计划生育委员会课题组（2013）依据家庭生命周期理论认为，家庭发展能力指的是家庭促进自身功能不断优化升级、有效满足其成员合理需要，以及实现自身结构稳定与生命周期可持续演进的各种手段方式的总和。提高家庭发展能力，就要改善家庭经济条件，丰富文化娱乐活动，提高教育水平，保障个体及家庭的健康情况，优化居住环境，解决养老难题，实现家庭全面可持续的发展，提升家庭自我供养能力。① 南开大学教授吴帆与李建民（2012）指出，家庭发展能力指的是家庭凭借其所获取的资源满足每一个家庭成员生活与发展需要的能力。所以，要想提高家庭发展能力，就要提升家庭的经济能力、保障与支持能力、学习能力、社会交往能力和风险应对能力。② 中南财经政法大学博士石智雷（2013）认为，家庭发展能力就是指家庭根据所处的不同生命周期阶段和发展任务，利用自身拥有的禀赋、权利和可能的策略，去追求更高生活水平和家庭发展可持续性的综合能力。③ 魏慧静（2014）指出，家庭发展能力指的是家庭作为行为主体，通过自身的协调和外部的支持，获得家庭发展所必需的包括财富、声望、权力等资源，充分满足家庭在不同发展阶段的需要，并实现家庭成员的发展的能力，包括家庭自身协调的能力和获得外界资源的能力。④ 穆光宗（2016）指出，家庭发展能力指的是处在生命周期不同阶段的家庭成员健康、家庭社会关系和家庭人口结构耦合集成的功能水平，也就是说，满足家庭成员基本需要的家庭结构和功能状况，包括以下几种能力，如健康发展、生育养育、团结互助、学习工作、抵御风险、道德自律、自我保障等。⑤

上述几种有关家庭发展能力的定义表述从不同视角提出要将家庭看作整体，按照家庭成员的发展需求进行调整与优化，以满足家庭及其成员的不同需求，从而达成家庭和经济、社会的同步发展，形成全面协调可持续发展的局面。

专家与学者也研究了家庭发展能力的指标体系或家庭发展能力的维度。例如，上海市闵行区人口和计划生育委员会课题组运用德尔菲法，认为家庭发展能力应包括以下 7 个维度，即生活供给（供应家庭成员的基本生活需要）、优生优育（孩子身心健康且能够受到良好家庭教育等）、健康长寿（预防疾病、促进健康、延长寿命等）、接受教育（参加国民教育体系、职业技能培训、学习知识和技能等）、劳动致富（家庭成员通过自身劳动技能提升家庭收入水平）、抵御风险（抵抗来自内外部的风险，保持家庭结构稳定）、资源整合（整合内外部资源，确保本身结构稳定、功能完备，满足家庭成员的不同需求，达成其可持续发展）。

此外，吴帆和李建民教授将家庭发展能力的评价指标体系分为一级指标、二级指标和三级指标。其中，一级指标有 1 个，即家庭发展能力综合指数；二级指标有 5 个，包

① 上海市闵行区人口和计划生育委员会课题组. 家庭发展能力建设的实践探索与指标体系建设［J］. 上海党史与党建，2013（3）.

② 吴帆，李建民. 家庭发展能力建设的政策路径分析［J］. 人口研究，2012（7）.

③ 石智雷. 对家庭发展能力的理论思考［N］. 中国人口报，2013（3）.

④ 魏慧静. 家庭发展能力测度及其影响因素［D］. 河北大学，2014.

⑤ 穆光宗. 优化家庭发展的思考［J］. 国是论丛，2016（2）.

括家庭支持能力、家庭经济能力、家庭学习能力、家庭社会交往能力、家庭风险应对能力；三级指标有若干，包括抚幼、养老、照护、精神慰藉，家庭成员健康水平、家庭人均居住面积、家庭人力资源，15 岁及以上家庭成员平均受教育水平，家庭收入水平、家庭收入来源、家庭财产与储蓄、经济负担比、恩格尔系数和消费水平、家庭成员的闲暇时间等。

根据家庭发展能力的内涵与评价指标体系对家庭进行分析，促进家庭发展能力有效提升，实现家庭和谐发展，要靠家庭本身的能力建设，也需要外部环境给予的支持。鉴于当前家庭功能的逐渐弱化，学界对此的研究大多基于外部环境层面，主要集中在以下层面。

一是持续健全家庭发展政策。借助各项帮扶政策，构建并健全家庭发展能力建设体系，增加对弱势家庭群体，如留守人口家庭、残疾人家庭、孤儿监护人家庭等的帮扶力度，发展社会福利事业，持续提升社会救助能力。在这方面，北京模式取得了较好的效果，即采取“三位一体”的扶助机制，政策帮扶、经济帮扶、精神帮扶，让有困难的家庭能够得到及时的物质与精神方面的救助。①

二是强化人口家庭公共服务，优生优育，实施健康服务进家庭，完成面对家庭人口和生命全过程公共服务的转变，使家庭及其成员心身健康，生活水平得到提升。

三是推进先进人口文化建设，更新家庭发展观念，促进社会文明发展。借助人口文化学校、农家书屋等平台，开展多种文娱活动，送文化下乡；提倡积极健康婚育行为，构建新型生育文化；发扬中华优秀传统文化，建立健康、绿色、文明的生活方式，提升人民文化素质；加强人们法制观念，消除影响家庭和谐的不良因素等。例如，北京就开展了“百、千、万幸福家庭”“北京人口文化一日游”“首都市民生命全周期性健康教育计划”“幸福家庭大讲堂”等活动，对家庭发展能力提升具有积极影响。

四是提升家庭本身的自养能力，如开展科技示范培训、加强创业扶持等，以期实现帮扶一户、成功一户、带动一片，持续增加受益人群数量，提升家庭收入。

此外，刘中一（2011）认为，我国应构建以家庭为主体的福利政策体系，对家庭发展进行支持，这样不但能够确保传统家庭的发展平稳，还能积极面对社会、经济与文化转型对家庭造成的威胁。② 韩娇（2013）借助小组工作、个案工作等社会工作方法，分析了如何提升单亲母子家庭发展能力，指出社会工作者的家庭介入，可提供科学的指导与帮助，进而完善家庭发展能力。③

---

① 北京市人口计划生育协会. 搭建公共服务体系 提高家庭发展能力［J］. 人口与计划生育，2013（4）.

② 刘中一. 我国现阶段家庭福利政策的选择——基于提高家庭发展能力的思考［J］. 党政干部学刊，2011（8）.

③ 韩娇. 社会工作方法在提升单亲母子家庭发展能力中的应用研究［D］. 苏州大学，2013.

## （二）家庭发展周期

家庭基于良性的家庭建设与家庭教育而发展。家庭发展是一个中性概念，穆光宗认为，家庭发展具有阶段性与周期性的特征，既有增量发展、减量发展，也有正向发展、负向发展。其中，家庭发展大致可分为三个阶段与周期。一是成长期（新生家庭）。这一阶段，孩子出生，家庭人口处于增量发展时期，主要考察的是家庭的性与生殖健康及生育养教等能力。二是平台期（成熟家庭）。这一时期，孩子虽然已经长大成人但并未脱离家庭、构建子家庭，家庭经济保障能力逐渐积累，个人学习工作能力逐渐增强，家庭处于稳定发展阶段。三是萎缩期（解构家庭）。孩子构建了子家庭，老人处于空巢阶段，人口减量发展，此时的家庭养老保障能力逐渐释放。

无论经历何种变迁，家庭都是社会发展的重要基础，是人口再生产的基本单位。而且，家国天下的历史传统也是我国文化不断传承、繁衍与发展的重要推动力量。因此，重新发现家庭的价值，完善家庭发展政策，改善家庭制度环境，才能实现家庭和谐稳定发展，实现国家的和平与稳定。

为此，穆光宗认为，一要保护家庭享有的权利，如父亲权、母亲权、亲情权、生育权、受教育权等，提升家庭福利水平。二要实现福利公平，降低政策待遇层面家庭发展的距离，解决好家庭对社会的贡献与社会对家庭的回馈关系，关注福利具有的公正价值，推动家庭幸福、和谐。三要关怀弱势家庭，发挥人道主义精神，使困难家庭获得救助、不幸家庭享有温馨、痛苦家庭获得关心。四要服务公益，提倡家庭对社会的服务精神，倡导邻里间的互助，帮扶有需要的家庭。

## （三）家庭发展政策变迁

随着人口和社会的双重变迁，家庭领域发生了深刻变化，学者纷纷围绕家庭发展政策进行多角度研究，主要包括家庭变迁中的家庭政策、提高家庭发展能力的家庭政策以及家庭发展政策中的路径及框架体系构建等，家庭发展政策的重心已从个体关照向提升家庭整体发展能力转变。①

王跃生对我国家庭政策的发展历史与阶段特征进行了细致的梳理。第一阶段：1949—1957 年，我国处于社会主义改造时期，家庭结构开始转型，集体主义观念下倡导婚姻自由自主，构建形成以《婚姻法》为主的家庭政策体系，重点是实施婚姻自由社会改革，形成创新型婚姻家庭。第二阶段：1958—1965 年，我国实行计划经济体制，主导的家庭理论是妇女解放、男女平等，家庭政策主要体现在家庭和妇女的解放，出现了家庭和妇女的革命。第三阶段：1966—1977 年，“文化大革命”时期，主导的家庭理论

① 张文馨. 从个体关照到提升家庭整体发展能力：我国家庭发展政策研究综述［J］. 湖北经济学院学报，2013，11（4）.

是革命主义大家庭，出现了计划生育反复的情况，家庭生活也开始政治化。第四阶段：1978—2010 年，我国实施计划生育国策，社会结构转型，开始以经济建设为中心，提倡晚婚晚育、少生优生，发挥新家庭结构功能。①

刘中一认真总结了我国家庭发展政策的发展过程，认为以 20 世纪 80 年代为界，在此之前，家庭福利作为社会福利体系中的子系统，基本上等同于传统上由单位包办的职工奖金以及卫生、物价等各种生活补贴等。严格意义上讲，我国这一时期并不存在真正的家庭福利政策，只是存在一些零散的针对家庭或者说和家庭有关的社会福利政策。而改革开放之后，我国在有关家庭方面的福利制度设计上一直以减轻企业（国家）的社会负担、增加家庭和个人责任为主导思想，公共卫生和医疗服务、住房、教育、社会福利与老年人服务、反贫困上都反映了这样一种倾向。②

随着社会转型与现代化进程的加快，我国的家庭发展不仅表现出结婚率下降、家庭不稳定性增加、一些功能弱化等共性，还出现了越来越多的独生子女家庭，家庭关系表现为从家本位逐渐变为个人本位，出现了一些后现代家庭。

胡湛和彭希哲等指出，由于政府和社会不断地重视家庭所发挥的重要作用，并降低干预家庭生活的程度，逐渐构建出一系列但不完善的家庭政策。③ 然而，刘中一和刘继同等人指出，当前我国还没有构建出独立的家庭福利的制度与政策系统，家庭政策内容单一、功能单调，理论基础较为匮乏。同时，也有学者指出，2010 年 9 月，国务院常务办公会议研究部署发展家庭服务业政策措施，首创家庭服务业与家庭服务体系等概念，标志我国现代家庭政策框架与家庭服务制度的诞生，也标志着我国家庭政策与家庭福利制度的转型，因此，可以说 2010 年是我国家庭政策和家庭福利制度建设的元年。④

按照党的十九大报告和“十三五”规划纲要的有关精神，在新的历史时期，中国要建立适合自身国情的发展型家庭政策，关注家庭整体发展，提升人口素质，统筹提升家庭发展能力，构建促进家庭发展的体制机制。

## 二、国内外家庭发展理论

关于家庭发展的理论研究，国内外学者从不同学科、不同视角开展了卓有成效的研究。

---

① 王跃生. 制度变革、社会转型与中国家庭变动——以农村经验为基础的分析［J］. 开放时代，2009（3）.

② 刘中一. 我国现阶段家庭福利政策的选择——基于提高家庭发展能力的思考［J］. 党政干部学刊，2011（8）.

③ 胡湛，彭希哲. 家庭变迁背景下的中国家庭政策［J］. 人口研究，2012（3）.

④ 刘继同，左芙蓉. 和谐社会处境下和谐家庭建设与中国特色家庭福利政策框架［J］. 南京社会科学，2011（6）.

## （一）家庭功能理论

国外有关家庭发展的研究大多从家庭功能的转变研究开始。在传统社会，家庭是比较稳定的，随着现代化进程的加快，家庭的稳定状态开始发生变化，家庭规模、家庭结构、家庭形态、家庭关系及家庭功能等都出现了改变。

“家庭功能”一词最早出现在社会学的研究领域，是一个舶来品，20 世纪 70 年代开始运用于心理学领域，并逐渐发展。霍洛克（Horrock）认为，家庭功能应包括身份定义和经验定义，成员在家庭中明确自己的身份与未来要扮演的社会角色，即身份定义。此外，家庭也应为成员更好地进入社会提供一定的练习场地与情境，使其提前获得一定的经验。①

米勒（Miller）和瑞安（Ryan）等人这样界定家庭功能：家庭功能指的是家庭满足其成员在生理、心理、生活及发展等方面需求的能力与作用。随着家庭的变迁与发展，传统家庭功能由于很难满足家庭成员的需求，开始逐渐弱化、退化，失去影响，而新的满足家庭发展需要的功能尚不完善，就会阻碍家庭平稳运作，不能及时有效应对社会变迁所产生的风险。因此，不少学者从家庭功能与家庭需求的视角对家庭发展进行思考。

目前关于家庭功能的定义主要分为两类：一是结构取向。比如家庭亲密程度、成员交往质量、适应性等来阐述家庭功能，代表人物有比威尔斯（Beavers）、奥尔森（Olson）。其中，比威尔斯认为，家庭的功能可以用家庭关系结构、反应灵活性、家庭亲密程度等来表示；奥尔森指出，家庭功能主要是指家庭内各个成员之间的情感维系、家庭规则、家庭交流与应对外部事件的有效性。二是用家庭完成职责的情况来界定家庭功能，指出家庭要能够给其成员提供适宜其身心健康发展的优质环境。代表人物有爱泼斯坦（Epstein）、斯金纳（Skinner）。他们指出，为家庭成员提供适宜的生理、心理与社会性的环境是家庭的基本功能。家庭一定要承担一系列责任，例如为成员提供一定的物质条件，满足其基本的衣食住行的需要，同时也要推动并促进家庭及其成员的发展，解决各类家庭所要面对的突发事件等。②

### 1. 结果取向的家庭功能理论

按照家庭功能发挥的效果，可以将家庭分为不同类型，包括健康的、不需要家庭治疗和干预的家庭，及不健康的、需要家庭治疗和干预的家庭。其代表性理论是奥尔森的环状模式理论和比威尔斯的系统模式理论。

---

① Horrock，J. E.. The Psychology of Adolescence. Boston：Houghton-Mifflin. Hundleby，J. D. Mercer，Cz W. Family and Friends as Social Environments and Their Relationship to Young Adolescence's Use of Alcohol，Tobacoo and Marijuana［J］. *British Journal of Addiction*，1969（21）.

② 杨丽霞. 小学高年级儿童社会退缩与家庭功能、同伴关系的相关研究［D］. 江西师范大学，2008.

（1）奥尔森的环状模式理论

1978 年，奥尔森等人提出了这个理论，并将其运用于家庭研究、临床评估、训练、婚姻与家庭治疗等领域。基于家庭系统理论，它将家庭治疗、家庭社会学、家庭系统论中有关婚姻和家庭的众多概念进行聚类分析，获得了描述家庭功能的三个维度，即家庭亲密度、家庭适应性与家庭沟通。这一理论有一个基本假设，即家庭实现其基本功能的结果与其亲密度和适应性之间存在曲线关系，亲密度和适应性过高或者过低均不利于家庭功能的发挥，平衡型家庭比不平衡型家庭的功能发挥要好；家庭沟通是一个促进性因素，平衡型家庭比不平衡型家庭有更好的沟通。① 基于此，奥尔森等人区分出两个维度，即家庭亲密度与家庭适应性，并将其分别划分成五档水平，两两组合变成 25 种家庭类型，大体可分为平衡型家庭、中间型家庭及极端型家庭。相较于不平衡型家庭，平衡型家庭的家庭功能发挥得较好。但应注意，某一家庭隶属哪一类型并非固定不变，它会随着家庭结构、家庭成员的变化及一些意外事件的影响，出现有规律性的改变，从一种类型变为另一种类型。20 世纪 90 年代，奥尔森结合其他学者的研究，修订了自己最初提出的曲线模型假设，改为三维线性模型理论，指出无论是线性关系还是曲线关系，都与家庭功能所发挥的水平存在较大关系，家庭功能正常的家庭中是存在线性关系的，而家庭功能存在问题的家庭中，曲线关系也是存在的。

（2）比威尔斯的系统模式理论

系统模式理论于 1977 年由比威尔斯等人提出。他们基于实验室与治疗室的观察，对观察数据进行理论分析与推导，指出家庭系统的应变能力与家庭功能的发挥逐渐呈一种线性关系，即家庭系统的能力越强，则家庭功能的发挥越好。这一理论是根据家庭关系结构、反应灵活性与成员交往风格等特点，来评断家庭功能发挥的好坏，即从两个维度来考察家庭功能：一是在家庭关系结构、反应灵活性方面，其与家庭功能发挥的效果存在线性关系，表现出的家庭类型有严重障碍型、边缘型、中间型、适当型与最佳型等；二是家庭成员交往风格，其与家庭功能发挥的效果间存在非线性关系，表现出的家庭类型有向心型与离心型。将两个维度进行综合，表现出的家庭类型有九种，分别为向心型严重障碍家庭、离心型严重障碍家庭、向心型边缘家庭、离心型边缘家庭、向心型中间家庭、离心型中间家庭、中间混合型家庭、适当型家庭和最佳型家庭等。

### 2. 过程取向的家庭功能理论

结果取向的家庭功能理论主要强调家庭功能所发挥的效果，而过程取向的家庭功能理论研究的是家庭系统实现各项功能的过程。如果家庭实现自身功能的过程比较顺畅，家庭成员的身心健康情况会较好。反之，则容易导致家庭成员出现心理问题以及家庭出现危机。其代表性理论是麦克马斯特（McMaster）的家庭功能模式理论与斯金纳等的家

① Olsen, D. H.. Circumplex Model of Marital and Family Systems [J]. *Journal of Family Therapy*, 2000, 22 (2).

庭过程模式理论。

（1）麦克马斯特的家庭功能模式理论

1978 年，爱泼斯坦等以家庭系统运作过程为核心内容提出这一理论。他们指出，在具体实践中，假如家庭并未实现自身基本功能，则家庭成员易产生临床问题。麦克马斯特的家庭功能模式理论以家庭系统论为基础，关注家庭功能各个具体内容和实际操作的结果，用多维度视角具体论述了家庭的功能，避免了环状模式理论重视形式化内容的不足。

麦克马斯特的家庭功能模式理论指出，保持家庭成员身心健康与正常发展的基础是家庭所有基本功能的正常发挥。这一理论有以下基本理论假设：一是家庭的所有层面都是互相联系的；二是不能离开家庭系统的其他层面单独理解其中一层方面；三是假如离开其他家庭成员或者亚系统，单纯通过某一家庭成员，不能全方位地了解家庭的功能；四是作用并决定成员行为的主要因素包括家庭结构与家庭组织；五是家庭系统的交互方式会在很大程度上作用于家庭成员的行为。爱泼斯坦等指出，家庭的基本功能是能够为成员的社会性、心理性与生理性需求的维持与发展提供一个安全的设施。

麦克马斯特家庭功能模式理论重视家庭运作过程在家庭成员中所产生的影响，涉及家庭生活的众多领域，但并未涵盖家庭功能的所有方面，仅研究在实践方面有较强实用价值的能力，即问题解决能力、沟通、角色分工、情感反应能力、情感介入能力、行为控制，使家庭系统通过系列活动，推动家庭良性发展以及家庭成员身心健康发展。其中，问题解决能力指在保证达成有效家庭功能时，家庭处理问题或者一些危机事件的能力；沟通指家庭各成员之间进行沟通时信息是否清晰、传递是否直接；角色分工指家庭是否已经构建形成一整套的家庭功能行为方式，比如支持个体发展、对家庭进行管理、任务分配是否清晰等；情感反应能力指判定家庭各成员面对刺激时在情感方面的反应水平；情感介入能力指判定家庭成员对其他成员的一些行为与事件关注的水平；行为控制指家庭系统产生的为人处世的行为模式。

（2）斯金纳等的家庭过程模式理论

1980 年，斯金纳等人将与家庭有关的各个概念进行有机结合，构建出较为全面且明确的家庭功能概念和结构，形成了家庭过程模式理论。这一理论指出，完成各种家庭日常任务是家庭的首要目标，这其中包括对日常任务和危机事件的处理。家庭成员要一同完成各项任务。在此过程中，家庭和各个成员获得发展，让成员间的凝聚度得以提升，从而保持家庭系统的完整，发挥家庭的功能。

对于家庭功能的评价维度，斯金纳等的家庭过程模式理论认为有七个，即任务完成、角色作用、沟通、情感表达、卷入、控制、价值观。其中核心维度是任务完成，其他维度基于任务完成而形成。任务完成主要包括明确问题、思索各项处理难题的方式、选取科学合理的问题处理方式、对处理成效进行评价；角色作用是指为了较好地实现任务完成的目标，家庭各成员要进行任务配置，承担不同的职责，扮演不同的角色；沟通是指进行任务配置，必然离不开沟通；一定要有情感表达，其对任务完成与角色扮演起着阻碍或促进的作用；家庭各成员的介入度在家庭任务完成方面也发挥着一定的作用；控制是指家庭各成员互相作用的行为。家庭要能保持其功能的发挥，并在任务出现变化时及时调整；明确家庭任务、怎样完成任务，都受家庭成员价值观特别是家庭背景的影响。这些维度相互联系，有机结合，一同对家庭功能发挥效果进行评价。

## （二）系统发展理论

基于三十多年的临床心理治疗和研究实践，中国中医科学院广安门医院汪卫东教授提出了心理发展与人格形成的系统发展理论，不但对预防、治疗精神与心理疾病有很好效果，对指导个体发展的教育也发挥着重要作用。

系统发展理论认为，人格是建立在遗传基础上且不断受环境影响而逐渐形成的、相对稳定的行为方式与内部发展的各种要素共同作用的过程。人格有七个要素，分别是胆量（或胆气）、自我（或自知）、人际关系（或人伦）、思维方式（或思虑）、意志力（或意志）、性发展和世界观（或三观）（如图 1）。人格形成过程，即是个体在适应自然和社会环境过程中各心理要素发展的过程；人格的本质，是个体在适应自然和社会环境过程中各心理要素发展的结果。因此，对人格的研究也应该与发展心理学对个体的研究相适应，必须揭示个体在适应自然和社会环境过程中各心理要素发展的过程和结果。

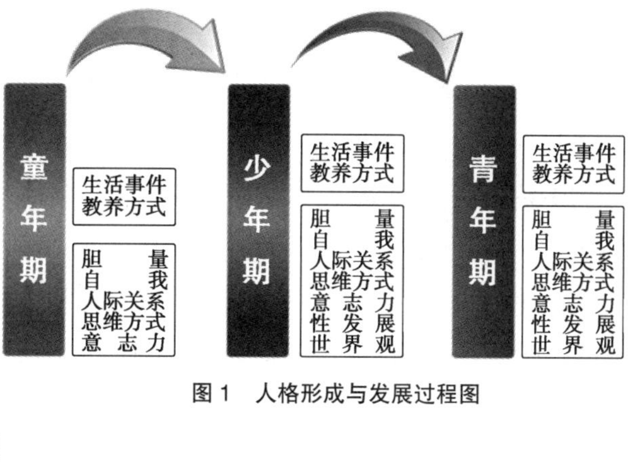


图 1　人格形成与发展过程图

### 1. 基本思想

系统发展理论对人格形成与发展有以下认识：

（1）人格形成是人的心理发展要素相互作用过程中，内部结构动态变化与主体逐步稳定化的结果。

（2）人格的先天基础性与后天发展构成了辩证统一关系。

（3）人格的形成与发展具有阶段性。

（4）人的心理发展要素相互作用、内部结构动态变化与主体逐步稳定化，是人格形成的内在动力。

（5）人格形成有一个多重要素的内部发展过程，是在人的内心发生的、影响着人怎样行动、怎样感觉的所有情绪、动机和认知的过程。

（6）人格虽然在一定的年龄段比较稳定，但会存在细微的变化。就个体一生而言，在成熟期之前是一个不断发展的过程，在人的中年或老年早期是一个稳定的过程。进入老年中期和后期，人格发展逐渐进入返童萎缩而表现出幼稚化现象。

（7）人格形成之前必然是一个内部发展的过程，是由外而内、由内而外互相作用的过程，这个发展过程与个体发展过程中的全部心理活动过程有关。

（8）外显行为具有相对稳定性。

### 2. 理论来源

中医很早就认识到人的发展规律，早在《黄帝内经》就有对人的成长过程的描述，而且认为，根据男女性别不同，其成长过程有所差异。女子七年一个周期，男子则稍长一点，按照八年一个周期发育成长。过去主要从生理变化角度来说明人一生中的成长规律。但我们认为，由于中医学理论始终体现“形神一体化”思想，因此有理由相信这些描述中也包含着“形神”同步发展即生理和心理同步发展的意思，应该从生理和心理两个方面来理解，而不应该仅从生理角度理解。另外，在中国传统文化中，“三岁看大，七岁看老”则是从人格发展的角度认识到幼年时期的发展对人格形成的重要作用。这些理论都对中医心理学在探索人格发展规律时提供了借鉴。系统发展心理学的理论来源还主要包括以下内容：

（1）心理动力学理论

个体在生命早期的经历塑造着个体的人格，包括形成稳定的自我意识、自我与环境中各种客体的关系模式等。在这些素材基础之上，个体带着童年早期的烙印继续发展，对个体一生中人格的发展变化具有重要意义。

（2）发展心理学理论

个体发展是一个连续性与阶段性相统一的过程。连续性是指个体的发展是毕生的、连续不断的；儿童心理发展矛盾运动过程存在质变和阶段性，因此儿童心理发展有阶段性。特别是在关键期内，个体发展呈现明显变化，且最易受到外界因素影响，稍有不慎就会造成异常发展。

（3）发展治疗学理论

发展治疗学理论是从发展的角度来看待个体心理异常发展的理论，是本土化且需完善的一种临床心理学理论（如图2）。它的基本思想是：

① 异常心理的形成与发展并导致疾病是一个过程。心理疾病的形成不能简单地理解为疾病本身的状态，应该和正常心理发展一样，理解为个体异常心理发展过程所导致的

结果。因此，在心理疾病的治疗中，如果仅仅针对情绪的改善和症状的消除，则不能体现发展心理学的思想，不能体现对个体异常心理发展过程的治疗，即使治疗有效，也不能彻底。

②“偏移”与“缺失”是异常发展的两大病理过程。人的异常发展和心理疾病的形成包含着偏移性异常发展与缺失性异常发展两大过程。一是偏移性异常发展并导致心理疾病过程，即由于刺激导致正常心理发展偏移并形成疾病的过程。临床上，我们发现，很多心理疾病患者都是由童年创伤所导致的。二是缺失性异常发展并导致心理疾病过程，即由于各种原因导致正常心理发展的成长缺失，包含时间与空间两个维度。正常的心理发展，在空间维度上表现为人格形成的各要素之间的协调和完整发展，在时间维度上表现为人格形成的各要素在成长时间上持续发展。这里的成长缺失，主要体现在成长要素缺失与成长阶段缺失两大方面。成长要素缺失（主要为空间维度），是指在心理发展过程（认知、情感、意志等）部分要素缺失的基础上，影响到个性心理（主要是指人格）的正常发展，继而体现在人格各要素的不同程度的缺失（主要指性格与能力要素，比如人格中能力表现在胆商、抗挫折能力等方面的缺失；异常性格的形成等）。成长阶段缺失（主要为时间维度），是指在心理发展过程中，应该在相应时间段所经历的心理现象，因各种原因受阻，未能正常获得，导致人格形成中部分过程的阶段性缺失。可表现出间断性、持续性、交错性等形式（比如第一反抗期、第二反抗期的部分过程阶段缺失）。

（4）“再成长治疗”临床实践的有效性

“再成长治疗”是针对异常发展的患者而创立的，我们发现临床应用“再成长治疗”，对患者确有疗效，关于这方面的实证研究将会展开。

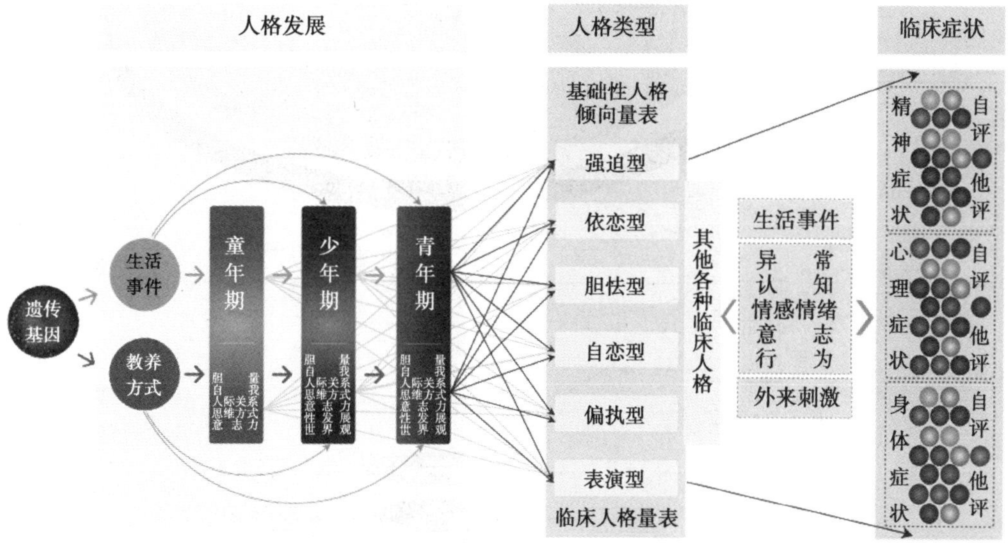


图 2 精神与心理疾病发病路线图

### 3. 人格模型

系统发展人格理论的基本内容，包括以下两个方面（如图 3）：

（1）以个体心理与行为的发展阶段和发展过程为纲

人格的形成是一个复杂过程，是遗传和环境交互作用的结果。

① 人格形成“先天期”

基因期：遗传基因对人格的影响不仅在现代研究中是存在的，在中国古代的医学，也有这种认识。

孕育期：个体诞生前的胚胎期，到形成胎儿的时期。

② 人格形成“后天期”

a. 0～3 岁（人格形成初期）；

b. 3～7 岁（第一反抗期）；

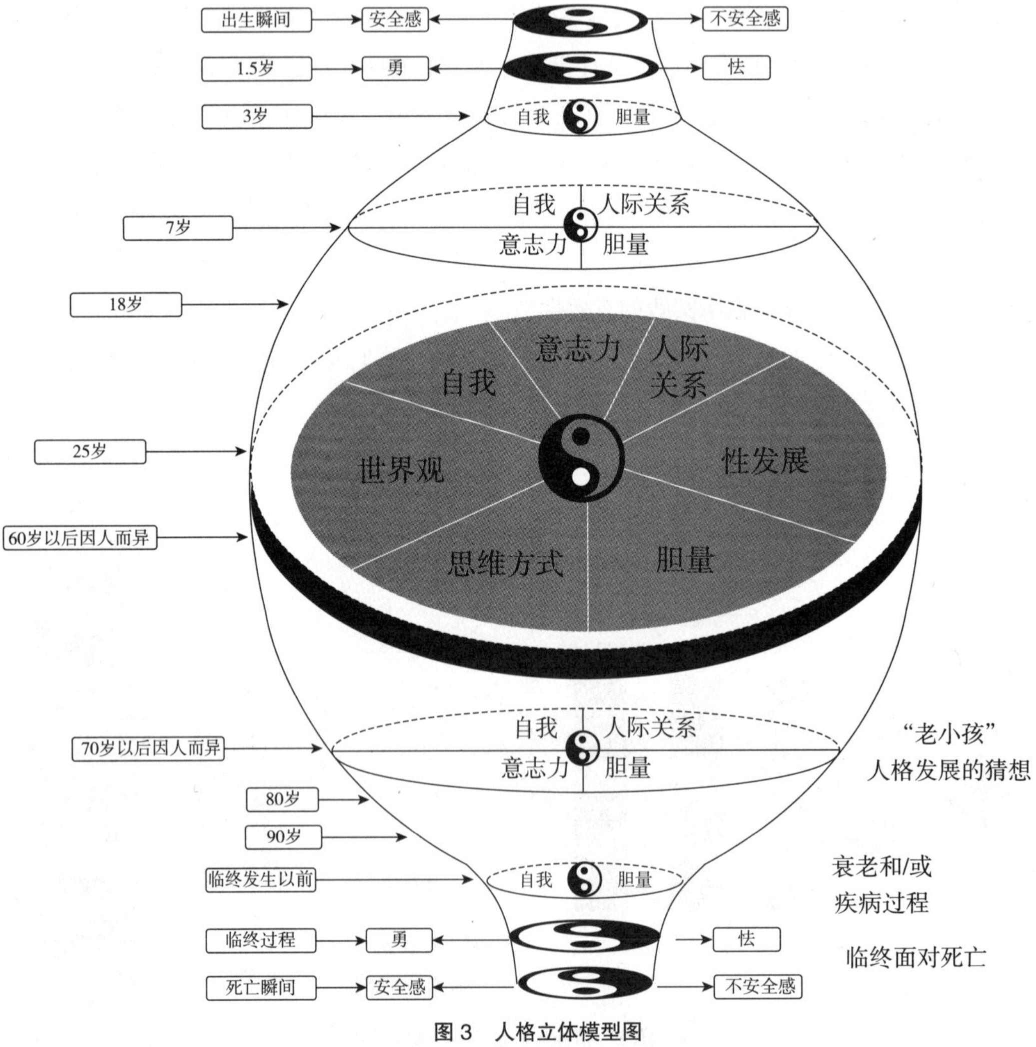


图 3　人格立体模型图

c. 7～10 岁（第一反抗期到第二反抗期的过渡期）；

d. 10～18 岁（第二反抗期）；

e. 18～25 岁（人格初步稳定期）；

f. 25 岁以后至老年期前期（人格成熟稳定期）；

g. 老年期后期（人格萎缩期）。

当然，以上各个时期在人格形成和发展过程中所占有的地位并不是相同的。根据治疗经验和现代发展心理学的研究进展，我们初步观察到人格形成“后天期”中第一反抗期亦即“3～7 岁”和第二反抗期亦即“10～18 岁”对后期的初步稳定期和成熟稳定期的影响非常重要。在我们进行的“再成长治疗”即人格矫正治疗过程中，这两个时期发挥着重要作用，我们将其作为人格形成与稳定的两个重要阶段。

（2）以个体心理与行为的发展要素为目

胆量（或胆气）、自我（或自知）、人际关系（或人伦）、思维方式（或思虑）、意志力（或意志）、性发展和世界观（或三观），这七个人格发展要素在个体幼儿期人格发展、少年期人格发展、青年期人格发展过程中的发展水平不同。

### 4. 人格结构

（1）人格是一种立体网状结构

人格从个体出生到死亡具有连续性，同时还具有阶段性。时间、阶段与构成心理发展各要素之间形成了立体交叉型的内部网状结构，纵横交错，构成复杂。

① 要素与要素的关系

个体心理与行为的要素与要素之间具有相关性，各要素之间并不是孤立，而是相互联系的。要素与要素之间构成了平面网状关系。

② 时间、阶段与要素的关系

要素与要素的平面网状关系在人的成长时间维度（包括阶段维度）上构成了立体交叉型的、错综复杂的内部网状结构。

③ 人格是动态的和发展的，具有过程性和动态性

由于系统发展心理学的人格理论本身描述的是个体一生的人格发展过程，所以个体心理与行为的要素与要素之间并不是一个完全静止的过程。生命是运动的，个体是发展的，所以人格虽然相对而言是“静态的”，但相对于个体一生来说，它是一个过程，有不同的阶段，因而也是动态变化的。

（2）人格的内容结构

① 人格构成的“核心层”

a. 0～1.5 岁

在婴儿还没有形成人类所能够理解的“人格”之前，亦即 0～1.5 岁左右，是人格形成的初期。婴儿出生的瞬间，其心理实际上已经存在安全感和不安全感，而这种安全

感和不安全感是一种辩证的发展关系。出生时，婴儿从母亲的子宫中出来，对胎儿来说，子宫是温暖柔软的，环境稳定，被很好地保护着。突然来到外面，外面的一切都是陌生的，生存环境发生了很大的变化，不安全感非常强烈，被子、妈妈的拥抱都给了婴儿安全的感觉，本能的需求最为重要。婴儿的这种安全感与不安全感的存在与辩证关系，正是后来能够被人们所感知的胆量，或曰胆气，它是婴儿先天人格基础与后天人格倾向连接的基础要素。

我们推知，个体的这种安全感与不安全感的相互作用关系，与幼儿的先天和后天逐步发展有密切关系。父母亲的基因与母亲怀孕过程顺利与否，可能为幼儿后天的人格早期形成过程奠定了生理基础，而且这种生理基础直接作用于人格细胞的核心层，我们将其比喻为人格的“细胞核”部分，包括先天形成“气质”与“神经类型”，这也对后天的人格形成构成重要影响。所以，我们认为，胎教是十分重要的环节。

胆量，或曰胆气（即早期的安全感与不安全感及其辩证关系），是连接人格先天与后天的桥梁，也可能是人格“核心层”继续丰富和完善的基础。

b. 1.5～3 岁

1.5 岁以后，胆量逐渐表现为对外的“勇怯意识”，勇怯意识的发展首先开始于人成长过程中对自然环境的适应，比如声音、光线、温度、湿度、压力等；其次是人际环境的适应，主要是父母以及其他主要养护人的教养方式，是过度保护的、忽略保护的，还是严厉的等，这个适应过程形成了婴幼儿基本的勇怯意识，也即胆量。随着勇怯意识获得发展，到 3 岁的时候，由于胆量的大小，逐渐影响到自我意识的强弱。胆量与自我共同构成了人格形成的“内核层”，也即原始的“人格细胞”，而胆量是“人格细胞”的“细胞核”；自我是胆量发展之后反映个体形成的三个关系：即个体自己与自己、个体与自然、个体与他人（或者社会）之间的关系，是比较复杂的，即构成了“人格细胞”的其他成分，相当于细胞膜、细胞浆、线粒体等物质。个体发展到这个阶段，已经具备了人格形成的“雏形”，也是人格继续发展的基础。此后，二者相互依存，促进人格系统的继续过程。

从人格的先天因素来看，从受精卵到出生之前，是后天人格形成的“种子期”，或者说是物质期，也可以说是“生理期”，亦即生理阶段。

从人格的后天因素来看，从出生到 1.5 岁前后，人格进入“核心层”形成过程，应该是从生理期向心理期的逐步过渡，是人格形成的萌芽期。

1.5～3 岁，是人格的“核心层”进一步丰富，从原始的胆量积累逐步形成自我，使得人格形成过程逐步从生理向心理方向发展，从而完成人格“核心层”的形成过程。

② 人格构成的“中间层”

3～7 岁

“三岁看大，七岁看老”，一般认为，3 岁以后，自我意识进一步强化，胆量也因此强大，从而出现儿童成长的“第一反抗期”。3～7岁在经历第一反抗期过程中，人际交往进一步扩大，在各种生活经历和教养方式共同作用下，在争取自我、自主、自由的成长过程中，相对稳定的胆量和自我在矛盾中又进一步发展，并且有了基本的人际交往模式和意志力，同时思维方式也在人际交往和意志力发展过程中形成比较稳定的模式。

因此，人格发展到3岁以后，人格细胞进一步丰富与壮大，围绕着胆量和自我这个“核心层”，逐步构成了人格的基本组织，亦即人格构成的“中间层”。

③ 人格构成的“外显层”：

a. 人格成熟期（7～18岁或者7～25岁）

7～18岁或者7～25岁，人格进一步发展，在人格五个基本要素——胆量、自我、人际关系、意志力、思维方式基础上，一定的生活经历和教养方式，使人进一步发展和完善，最终人格的七大要素——胆量、自我、人际关系、意志力、思维方式、性发展、世界观都基本发展稳定，人格基本形成。这一时期，个体经历了恋爱、婚姻、工作过程，人格也逐步成熟。正如美国学者伯格（Burger，J. M.）将人格定义为源于个体自身的稳定行为方式和内部过程，这一时期人们的人格可以通过稳定的行为表现体现出来。

b. 人格稳定期（25～60岁）

25～60岁是人格稳定期，虽然也有各种刺激和影响，一般不会发生很大的变化。即使有变化，也非常缓慢。当然，在某些特殊情况下，比如重大创伤或人生经历重大改变，人格也会产生突变。由于人格处在成熟期，各种行为表现特点突出，研究相对容易，也是目前人格研究最多、成果最为丰富的阶段。卡特尔人格特质理论、艾森克的现代物质理论、塔佩斯人格五大理论、中医的五态人格等大多是围绕这个阶段来研究的。

c. 人格萎缩期（60岁以后）

随着年龄的增长，结束了工作、事业的发展期，在60岁（有些人或者在70岁甚至更晚）以后，人格的发展因人而异。具体有以下几个方面的原因：

一是生理原因。如身体结构与机能的逐渐退化导致运动功能减退和减少，性激素分泌减少导致性情趣减少，大脑机能减退导致记忆力减退，等等。

二是社会原因。如退休，人生的转换，工作的调整，人际和情感丰富性减少。

三是心理原因。退休以后个体的心理原因，生理年龄、社会年龄形成自我暗示，与上述生理原因与社会原因相结合，导致性发展、性意识都可能相对减少或者逐渐消退，世界观进一步固化，奋斗与发展意志趋弱，逐步形成只有胆量、自我这两个要素的表现突出，出现向“老小孩”的人格发展趋向。

d. 人格衰退期

临终前，世界观和意志、自我等要素也迅速衰退，面临疾病和死亡，各种人格要素进一步退化，回落到3岁甚至3岁以前那种只有胆量和自我要素参与的人格期。

e. 人格结束期

临终过程和死亡，勇怯是最核心的人格要素，表现出对生命的理解，对疾病和死亡的勇怯。死亡瞬间就如出生时一样，只有对生命结束的安全感或不安全感。

（3）人格的过程结构

通过对人格内涵与要素的阐述，不难看出，人格的形成与发展是一个从先天到后天的毕生过程。这个过程，随着年龄和其他要素不断变化，表现为完整的从形成到结束的全过程。

（4）人格的关系结构

① 要素关系：上述人格理论说明，人格构成是由核心层、中间层和外显层构成，无论哪一个层次都是由多种要素组成，各发展要素之间并不是孤立的，而是存在着一定的关系，是一个有机的整体，而且这种关系错综复杂。由于研究的需要，我们对这些要素进行了人为的区分。

② 过程关系：人格从生理期到最后的结束期，不仅是一个完整的过程，而且有相对差异的发展阶段，既存在着阶段性，又有着连续性，表现为一个完整的发展过程。这种阶段性与连续性也是我们为了研究的需要，进行人为的区分。

③ 要素与过程之间的关系：上述人格结构的要素关系与过程关系之间并不是孤立的、分开的，而是紧密相连的。人格表现为要素与过程之间的辩证统一关系。

④ 人格要素与认知、情绪和行为的关系：人格的存在是相对独立的，但人格的形成并不能独立完成，它必须与人的心理过程相呼应，人格与心理过程如认知、情绪和行为等也构成人的心理现象辩证统一的两个方面。

## 5. 人格异常发展

系统发展理论充分汲取了自然科学与人文科学已有的研究方法，创造了针对异常人格导致精神与心理疾病如失眠、抑郁症、强迫症等的低阻抗意念导入疗法（见图 4）。①

低阻抗意念导入疗法（Thought Induction Psychotherapy in Low Resistance State，TIP），是建立在低阻抗学说和意念导入学说的基础上，把中国的导引疗法与西方的暗示、催眠疗法进行某种结合，通过言语的和行为的诱

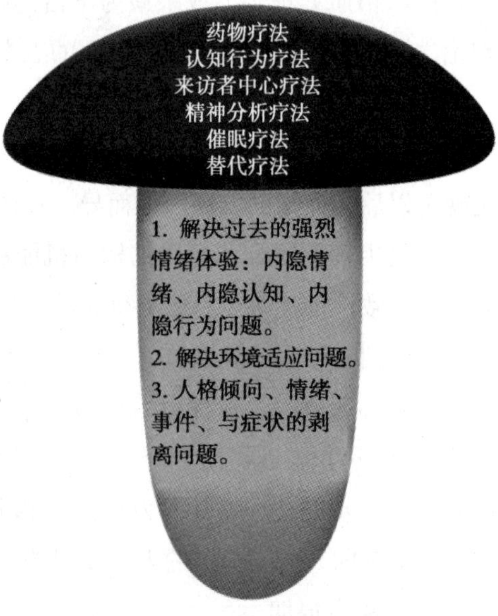


图 4　心理治疗的蘑菇体疗法

① 汪卫东. 低阻抗意念导入疗法——“TIP 技术”的理论与实践［M］. 北京：人民卫生出版社，2011.

导，使被治疗者进入某种从清醒到睡眠的中间状态，将治疗者根据某种治疗需要构成的由言语和行为信息组成的某种“思想、理念、观念”（包括古今中外各种心理治疗方法和技术）导入给被治疗者。

暗示使被治疗者在接受这种信息之后，在大脑中形成某种符合治疗需要的“镜像”，再影响、覆盖、替代被治疗者过去的“思想、理念、观念”，以达到某种心理治疗与心理康复。低阻抗意念导入疗法由一系列意念导入的具体技术所组成，构成了一个针对精神与心理疾病治疗的比较完整的技术体系。

低阻抗意念导入疗法是关于异常发展治疗的“现时治疗”技术（针对改变情绪与对症治疗的技术）和“再成长治疗”技术，并且用二十多年的临床治疗结果和治疗经验加以验证。TIP 技术是从气功诱导、放松技术到催眠治疗、行为调整，又发展到情绪调整与“暗示化认知治疗”的心理治疗技术系统。TIP 技术把气功状态和催眠状态理解为一种“特殊的低阻抗状态”。在这种低阻抗状态下，围绕着心理疾病发生发展和治疗的需要，治疗师导入古、今、中、外各种心理的和行为的治疗方法，体现了心理治疗发展的趋势，即综合性和整合性。TIP 技术把认知与暗示之间的关系理解为一种太极关系；把催眠心理治疗中的暗示过程理解为一种“意念导入的过程”，并形成了“暗示化认知治疗”这种新颖而实用的观点。（见图 5 ～ 8）其中的“再成长治疗”技术是低阻抗意念导入疗法中的核心技术。

（1）基础治疗技术

基础治疗技术，是指在 TIP 技术运用过程中，必不可少的、全部过程都通用的、为了进入关键性治疗而准备的一整套操作技术。它包括以下几种治疗技术：“低阻抗”营造技术、“合理权威性”建立技术、“低阻抗状态”抗干扰技术。

（2）核心治疗技术

核心治疗技术包括以下七种：记忆与病因追溯技术、情志疏导技术、发展式分析领悟技术、意念式脱敏技术、认知导入技术、想象技术、再成长治疗技术。

（3）对症治疗技术

对症治疗技术包括以下几种：人际关系调整技术、睡眠调控技术、意志增强技术，及中药、针灸、推拿、气功等其他治疗技术。

（4）相关治疗技术

所谓“相关治疗技术”，是指在 TIP 技术体系中，不是直接运用于心理治疗过程中，但又与这种治疗过程密切相关，甚至是不可分割的，并且影响整个诊疗过程和治疗效果的相关技术。包括关键病史采集技术、镜像技术和“信息模块”设计技术。

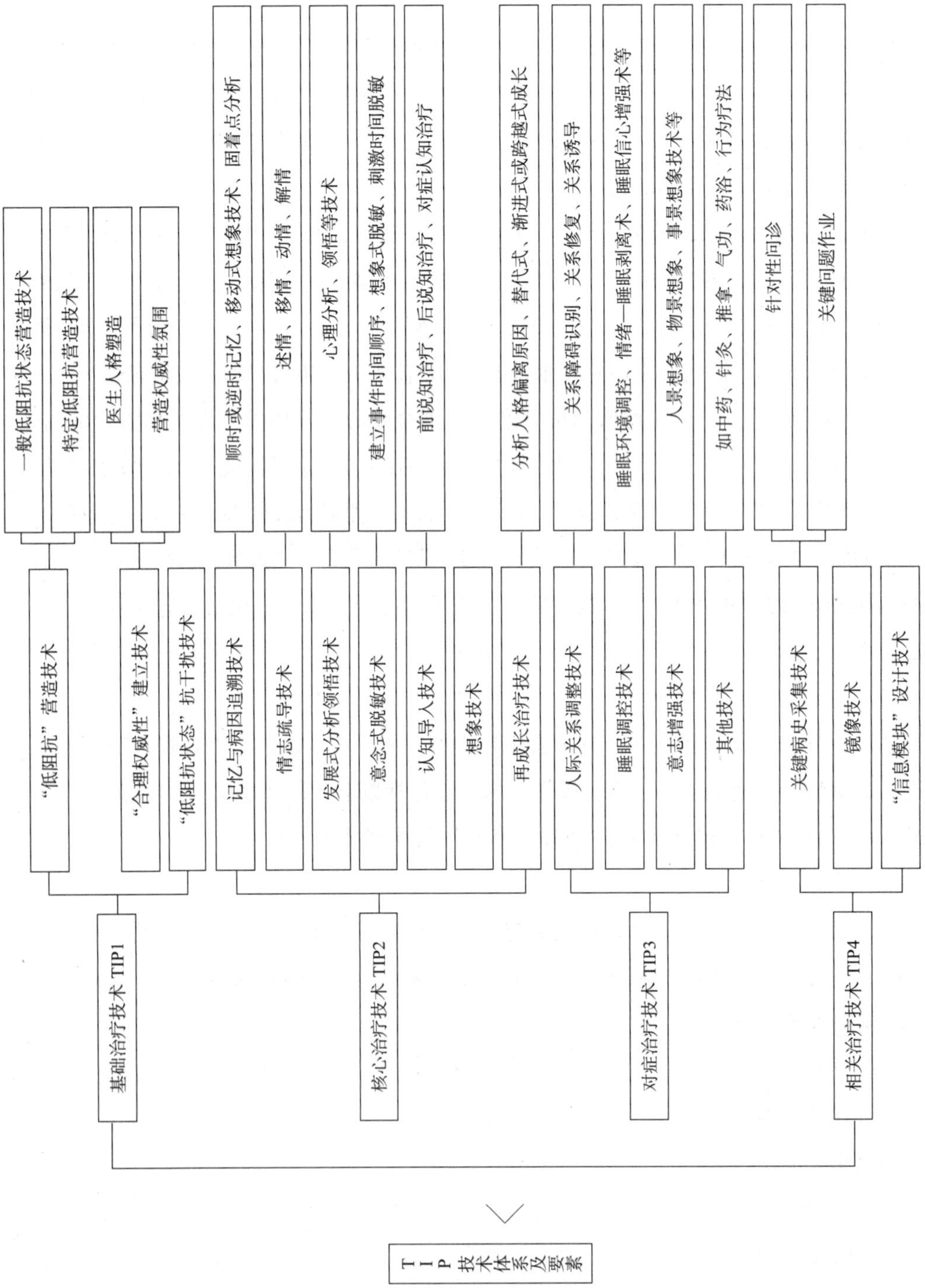
TIP技术体系及要素
基础治疗技术 TIP1
"低阻抗"营造技术
一般低阻抗状态营造技术
特定低阻抗营造技术
"合理权威性"建立技术
医生人格塑造
营造权威性氛围
"低阻抗状态"抗干扰技术
核心治疗技术 TIP2
记忆与病因追溯技术
顺时或逆时记忆、移动式想象技术、固着点分析
情志疏导技术
述情、移情、动情、解情
发展式分析领悟技术
心理分析、领悟等技术
意念式脱敏技术
建立事件时间顺序、想象式脱敏、刺激时间脱敏
认知导人技术
前说知治疗、后说知治疗、对症认知治疗
想象技术
再成长治疗技术
分析人格偏离原因、替代式、渐进式或跨越式成长
对症治疗技术 TIP3
人际关系调整技术
关系障碍识别、关系修复、关系诱导
睡眠调控技术
睡眠环境调控、情绪—睡眠剥离术、睡眠信心增强术等
意志增强技术
人景想象、物景想象、事景想象技术等
其他技术
如中药、针灸、推拿、气功、药浴、行为疗法
相关治疗技术 TIP4
关键病史采集技术
针对性问诊
关键问题作业
镜像技术
"信息模块"设计技术

图 5 TIP 治疗技术图

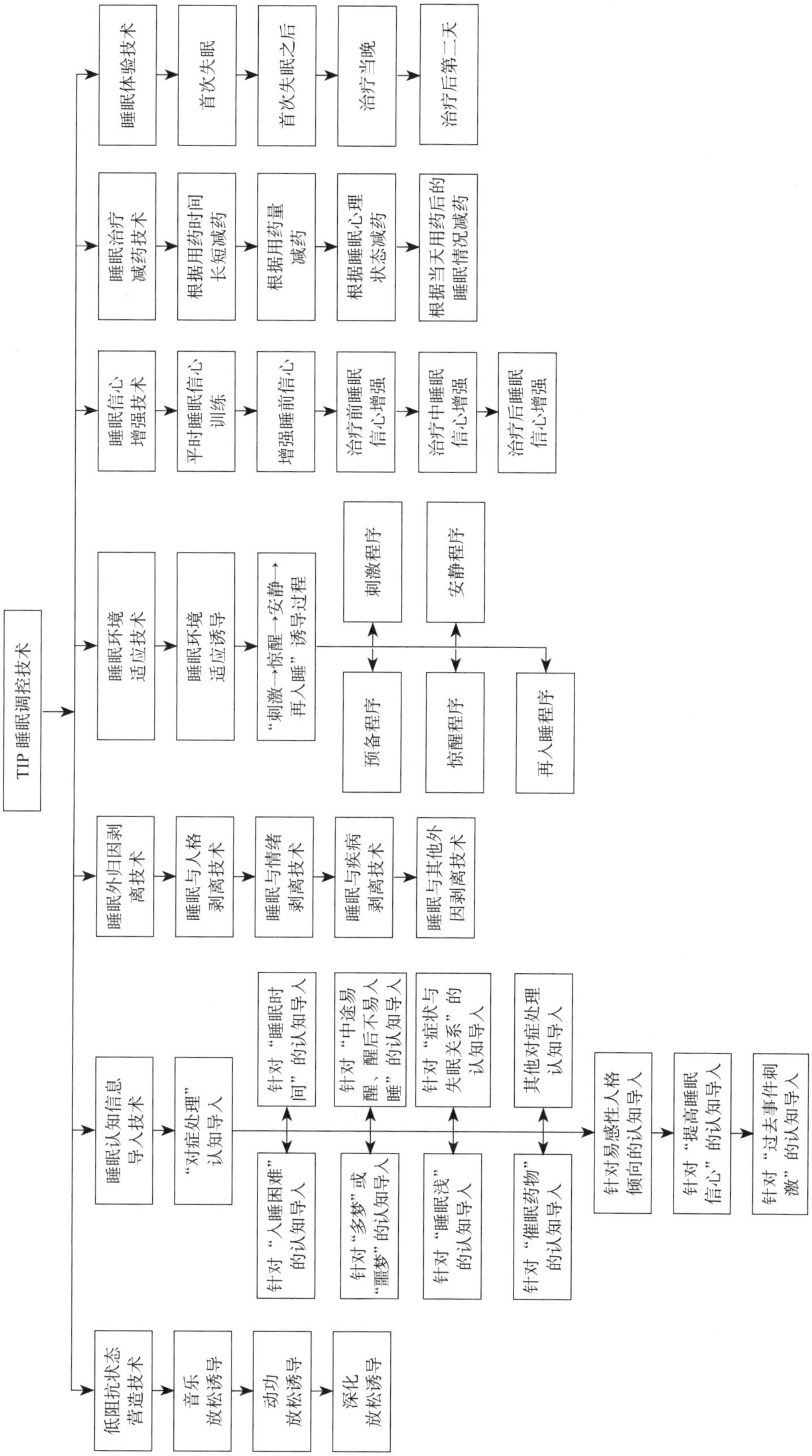


图6 TIP睡眠调控技术图

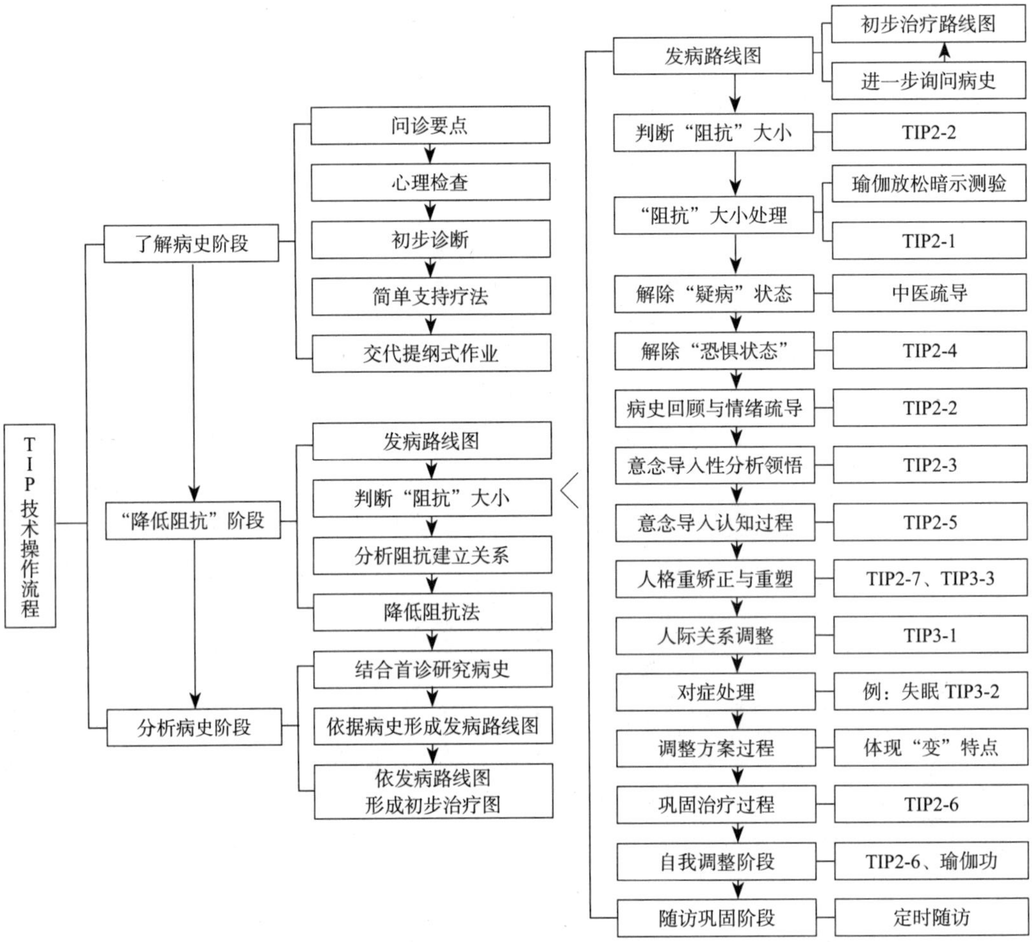


**图 7　TIP 技术操作流程图**

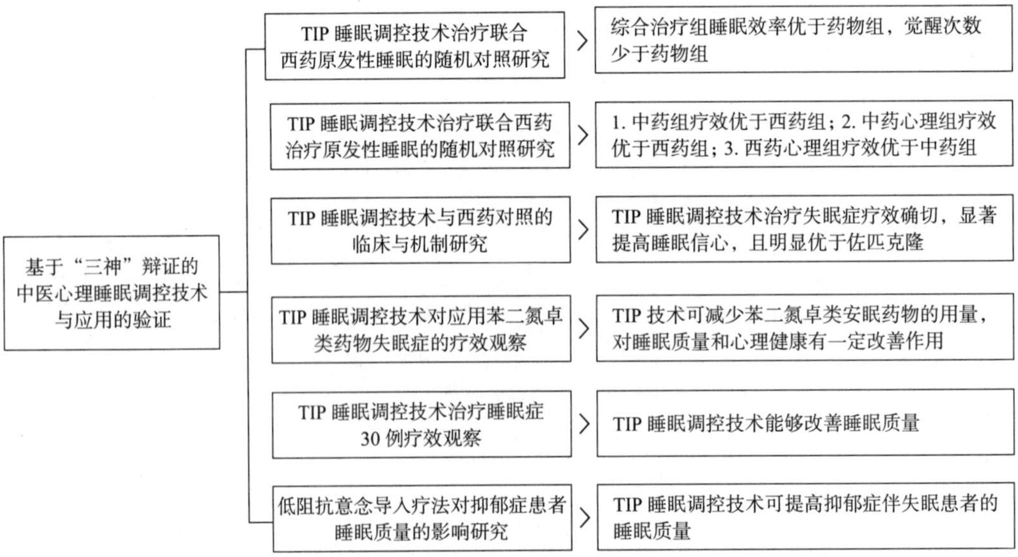


**图 8　TIP 技术效果验证图**

## （三）家庭治疗理论

20 世纪 50 年代，美国精神分析师兼儿童精神科医师纳森·阿克曼（Nathan Ackerman）正式提出“家庭治疗”这一概念，家庭治疗理论随之出现。它以系统论为核心，认为家庭这一系统对其成员是否出现问题行为具有重要的作用。家庭成员间不良的交往模式、不合理的家庭结构都可能导致家庭成员出现心理行为问题，甚至还进一步推动这一不良症状的发展。

家庭治疗是一种以家庭系统作为治疗单位的治疗模式，用于解决人际关系问题。家庭成员的所有行为并非某一个体的事情而是和家庭、其他家庭成员的行为有关，彼此存在互动性，和家庭系统存在较为密切的关系。因此，它鼓励所有家庭成员要共同参加治疗活动，通常基于某一家庭成员的问题，对家庭成员间的互动情况给予整体性干预，能有效处理家庭及其成员面对的难题。家庭治疗理论不再仅仅重视个体的心理冲突、人格特性与行为方式，而是将个体与其存在的问题置于家庭系统中来了解和治疗，认为所有的人或事都不是独立存在的，它与周边的其他人或事有着不容忽视的关系。

家庭治疗理论指出，家庭的不同发展阶段有不同的任务目标。例如，第一阶段是新家庭的形成，家庭界限的形成与互相适应是家庭的主要任务；第二阶段是第一个小孩出生，夫妻次系统与亲子次系统的和谐互动、良好依恋关系的形成是家庭的主要任务；第三阶段指孩子步入学校或其他社会环境，家庭行使促进孩子从依赖到逐渐分离的功能；第四阶段指孩子离家或者结婚，这是从部分分离到完全分离；第五阶段是指夫妻一方到双方去世，完成家庭最终的分离。①

家庭治疗理论基于家庭整体视角对个体进行观察，协助其全方位扮演好自己的角色，发挥个体在家庭中的功能。也就是说，它将家庭成员的问题当作家庭系统的问题，从整体社会功能视角进行调整。家庭治疗理论的目标与焦点在于变革家庭中的不良互动关系，重视的是家庭结构是否科学、家庭成员之间的交流是否适宜、家庭成员关系是否和谐、家庭功能发挥是否正常，家庭不良关系和结构对个体造成影响的水平等。家庭治疗理论认为，家庭关系的和谐，家庭积极功能的增强，可以改善家庭环境，达成个体与家庭的成长目标。

此外，它重视家庭当时的情况，发掘并完善家庭成员之间的互动准则，要求家庭众多成员一同参与，共同进行调整。家庭治疗理论充分重视治疗过程中表现的家庭互动潜在规则，观察成员之间的时空距离与交流习惯，指导并协助他们构建积极且科学的互动方式。解决家庭问题并非一朝一夕，家庭情况的改变需要所有家庭成员的配合。家庭问题虽然呈现的是个体问题，但需要所有或者大部分家庭成员一同参与治疗过程，才能让家庭出现总体变化。

---

① 孔芳.家庭教育新理念——从西方家庭治疗理论谈起［J］.山东理工大学学报（社会科学版），2012（3）.

家庭治疗理论以系统论为理论基础，在治疗过程中，也关注家庭各成员之间的互动过程。但是研究者们在心理功能理论假设、家庭模式的观点与治疗干预策略方面，皆存在较明显的差别，因此出现了众多理论流派。

### 1. 多世代家庭治疗

这一流派的创始人是鲍温（Bowen）。他提出了“自我分化”概念，认为个体自我分化主要表现于个体和父母间的关系中。拥有独立人格的成员可以和父母实现情绪分离，未分化个体则生活易受自己或其他家庭成员情绪影响，难以理性抉择。

这是家庭治疗理论中最具思想性、分析最深刻和最透彻的内容。除了自我分化的概念，多世代家庭治疗流派也提出其他七个概念，即核心家庭情绪系统、多世代传递过程、情绪三角关系、家庭投射历程、情感切断、手足的出生顺序、社会性退化等，彼此环环相扣。这些概念都存在一个基本假设，即个体具有基于生存恐惧的慢性焦虑。慢性焦虑广泛存在，并非日常活动中由于一些生存难题而产生的惧怕心理或忧虑心态。这一理论的一个独特观点是多世代的传递历程。鲍温认为，家庭功能严重失调是家庭情绪系统经过数代延续、不断积淀形成的。进行家庭治疗，至少要绘制家谱图，知道三代的家庭关系脉络，削弱融合与焦虑的强度，缓解症状，提高成员在核心家庭系统与原生家庭中的自我分化水平。

### 2. 结构式家庭治疗

20世纪70年代，结构式家庭治疗是家庭治疗领域中另一具有较大影响力的理论派别。创始人萨尔瓦多·米纽庆（Salvador Minuchin）是犹太人，由于受到民族文化的影响，他对家庭结构功能进行研究，创立了结构式家庭治疗理论，研究家庭动态发展过程。

这一理论的核心概念是家庭结构、次系统与界限。家庭结构是一系列具有隐性特征的功能需求和规则，是用于整合家庭成员互动的方式。次系统是指在家庭这一大系统中，按辈分、性别、共同兴趣或功能等划分而形成的家庭中的一些小单元。各次系统会具有差别化的权力，扮演不同的角色，彼此互动也会有差别，例如有个人次系统、夫妻次系统、亲子次系统、手足次系统等。界限能够区隔家庭成员和次系统，控制家庭成员之间相互接触的频率与特性。家庭界限对其成员能不能进入某一次系统具有决定性的作用。它分为三种方式，即清晰型、纠缠型和疏离型。结构式家庭治疗的主要目的是治疗者要进入家庭系统，帮助家庭调整其家庭结构，从而改变家庭成员的行为，产生全新体验，看到新的希望。米纽钦等在临床实践中提出了家庭治疗的四步模式：拓展目前的主诉、着重探索维持问题的互动、结构化地集中探索过去、探索相关的改变方式。①

① ［美］S. Minuchin，M. P. Nichols，李维榕. 家庭与夫妻治疗：案例与分析［M］. 胡赤怡，等译. 上海：华东理工大学出版社，2007：12—15，38—39，11.

### 3. 策略派家庭治疗

基于沟通理论，贝特深、杰克森、黑磊等建立了策略派家庭治疗理论派别，并于20世纪80年代发展为该领域的一个主流流派。这一理论派别认为，问题真实存在，一定要通过治疗师形成一系列的策略。只要治疗师借助其指导者与权威的姿态，发布命令，让家庭落实全新的互动关系，就会让问题发生变化。这说明控制整个局面的是治疗师，他们要对家庭变化承担所有责任。

策略派家庭治疗理论派别主要以问题解决为导向，重视家庭成员在行为方面的变化。其采取的干预措施是让家庭系统发生改变，缓解当前症状，不对症状产生的原因进行探究。因此，治疗师的主要工作是就家庭成员的人际关系提供较为清晰的目标，形成一系列干预对策，认真地给出问题具体处理的策略方式。这一理论派别提出了“重新框视”的技术，指的是一旦问题行为很难解决的时候，能够采取全新的视角对这一行为进行重新解释，帮助家庭成员多角度地理解与接收一些问题的行为。其深层含义是，“重新框视”不但能够让行为意义发生变化，也会让家庭深层次地理解互动关系中其他方面的价值。

### 4. 经验派家庭治疗

这一理论派别以人本主义为哲学基础，重视个体自由选择的意志，看重个体具有的自我决定和自我实现的能力，关注现场的即时反应，通过和家庭成员良好的人际互动实现促进家庭自然成长的目的，帮助家庭成员发挥潜在能力，释放内在灵性。

作为这一理论派别的鼻祖，卡尔·维特克倡导认识论方面的变化，要从找寻个体内在矛盾转向解决成员人际功能不良的问题。

### 5. 人本主义家庭治疗

人本主义家庭治疗有时也被叫作联合家庭治疗，创始人是萨提亚。她认为，所有家庭都拥有各种潜能，促进明确沟通，提升察觉水平，激发成长潜能，这是人本主义家庭治疗理论的主要目标。这一理论派别将个体怎样看待世界分为四类，即对关系的定义、对个体的定义、对事件的定义及对改变的态度。在具体治疗过程中，萨提亚提出了更为直接表现个体内在对自我价值观感受的五种沟通姿态，即指责、讨好、超理智、打岔、表里一致。其中，表里一致是萨提亚提倡的重要目标。个体虽然承受一定的压力，有担心与忧虑，但是依旧有勇气、有信心，能够正确地对待压力，承担一定的责任，有效应对压力。在这一情况下，个体的言语与表情常常较为一致，内心平静和谐，有较高的自我价值感，精力充沛，身心健康。

这一家庭治疗理论基于平等价值观建立，认为人们能够表达和改变一定的情感，要帮助家庭成员将一些较为极端的规则变为有用的规则。它指出，健康家庭中的规则可能数量并不多，但都具有一致性，具有一定弹性，可以适应各种情境。这时，家庭气氛良好，既开放又自由，家庭成员关系较为密切，可以包容各自的差异，相互支持，积极探索外部世界。

### 6. 社会建构主义家庭治疗

家庭治疗理论发展新方向中一个最为典型的理论派别，体现的是第二序人工头脑学的思想。它认为知识是相对的，依靠脉络而存在，信念系统只能体现自身对世界形成的“社会建构”，不是“真实”的真理。它的主要观点是：人们运用语言主观地建构自己对现实的观点，进而形成自己的故事，关注问题解决的方式。如奇迹提问、例外提问、外化压抑提问等，以期通过对所面对问题情境的重新建构发现新的价值，使得成员能够了解一些新知识。这一理论指出，作为被治疗家庭组成部分的治疗师因身处其中，不能较为中立地觉察这一系统，不会揭示家庭面对的“现实”，其他成员也会按照自身给出的假设处理家庭问题，这就会产生几重“事实”，不会出现统一的“事实”。因此，治疗师要平等地与家庭成员一起构建治疗师——家庭观察系统，共同观察家庭成员对问题的看法。

家庭治疗理论被看作研究人类行为的一种新的模式，把家庭成员问题放在较为宏观的家庭系统中分析，不但能够处理成员个体面对的问题，还能很好地处理和个体有关的家庭系统问题。这一理论从不同角度理解人类行为价值，促进家庭治疗朝向多元化方向发展。

**思考题**

1. 家庭发展理论建设的核心问题是什么？
2. 试分析我国家庭政策和社会变迁对家庭发展的影响。
3. 试用本章中某一家庭发展理论分析当前我国的家庭发展情况。
4. 试用某一家庭治疗理论分析一个问题家庭案例。

# 第四章 家庭发展阶段与任务

家庭发展是一个历史过程，家庭发展学研究必然涉及家庭发展的时间——家庭生命周期，以及家庭不同发展阶段的任务。

## 一、家庭生命周期理论

关于家庭发展阶段，我们用家庭生命周期理论来阐述。家庭生命周期，指的是一个家庭诞生、发展直至消亡的运动过程，它反映了家庭从形成到解体循环运动的变化规律。家庭随着家庭组织者的年龄增长而表现出明显的阶段性特征，并随着家庭组织者的寿命终止而消亡。

家庭生命周期包含了人口变动的主要内容，从结婚、生育、抚养未成年子女，直到衰老和死亡。家庭生命周期也反映一个家庭从形成到解体的循环运动的过程，强调家庭随时间发生的各种变化，并解释家庭在不同时期的变迁，以说明家庭在不同发展阶段上的各种任务和需求。

有代表性的家庭生命周期理论主要来自以下几位研究者。

### （一）杜瓦尔（E. M. Duvall）

杜瓦尔认为，如同人的生命，家庭也有其生命周期和不同发展阶段的任务。家庭作为一个单位要继续存在下去，需要满足不同阶段的需求，包括生理需求、文化规范、人的愿望和价值观。家庭的发展任务是要成功地满足人们成长的需要，否则将导致家庭生活的不愉快，并给家庭自身发展带来困难。她所提出的生命周期思想更为系统，长期以来被广为传播和应用。

杜瓦尔认为家庭生活周期主要分为八个阶段。在家庭的发展过程中，家庭在每个阶段都有其特有的角色、责任、需求和任务。

### 1. 新婚期

从结婚到第一个子女出生前。其主要任务是双方相互沟通、适应，协调性生活及计划生育。

### 2. 生产期

第一个子女 0～30 个月。主要任务是适应父母角色，应对养育子女的压力。

### 3. 学龄前期

第一个子女 30 个月～6 岁。主要任务是抚育子女，关注子女的身心发展。

### 4. 学龄期

第一个子女 6～13 岁。主要任务是教育子女，帮助子女逐步适应学校的学习、管理和生活。

### 5. 青少年期

第一个子女 13～20 岁。主要任务是针对青少年的特点，增加与子女的沟通，加强性教育。

### 6. 年轻人期

最大和最小子女走向社会期间是年轻人期。主要任务是在继续向子女提供支持的同时，适应子女离开家庭的变化。

### 7. 中年期

所有子女离开家庭到夫妻退休期间。主要任务是巩固婚姻关系，适应夫妻双方生活，计划退休后的生活。

### 8. 老年期

夫妻退休到死亡期间，家庭处于老年阶段。主要任务是适应和应对退休、疾病、丧偶、死亡等多种变化。

## （二）格里克（P. C. Glick）

美国人类学学者格里克认为，个体在家庭生命周期的各个阶段需要扮演不同的家庭角色，比如儿子、丈夫、父亲。不同的角色扮演有不同的角色期待，随着时光流逝，年岁渐增，个人观念因受外在环境影响也不断改变。因此，个人如何迎接种种挑战是个重要的课题。

在家庭的每个阶段都有一些问题有待解决，有一些重要工作有待完成。若要顺利通过家庭生命周期的各阶段，个体要尽力负起各阶段应担负的责任。

关于家庭生命周期阶段的划分是格里克在1949年的一篇论文中提出的，也是目前被大家普遍接受的划分方法。他根据标志着每一阶段的起始与结束的人口事件，将家庭生命周期划分为形成、扩展、稳定、收缩、空巢与解体等六个阶段。

### 1. 形成期

从结婚到第一个孩子的出生是家庭的形成期。这时新婚夫妻还没有孩子，家庭的主要任务为夫妻间彼此的相互承诺。这个时期是夫妻适应婚姻生活的阶段，包括居家、饮食、财务等物质方面，以及相互接纳、沟通、性关系等精神需求，以及决定是否生育子女或什么时间准备生育子女。

### 2. 扩展期

从第一个孩子的出生到最后一个孩子的出生是家庭的拓展期。因第一个孩子的出生与加入，使得原本恩爱的小家庭产生较大的压力与改变。家庭此阶段的主要任务为学习发展及扮演好父母亲的角色。这个时期的重要任务是对父母角色的适应，学习当父母，了解婴幼儿发展与成长需求；调整居家作息、居住空间安排、财务管理以适应子女成长需求；夫妻家务重新分工，以取得工作、家庭、育儿三者平衡；调整夫妻沟通方式与时间，重建双方均满意的性关系；寻求上一代祖辈的适度协助，进一步建立与亲戚的关系。

### 3. 稳定期

从最后一个孩子的出生到第一个孩子离开父母亲是家庭的稳定期。家庭此阶段的主要任务为接纳孩子的个性，指导孩子入学教育。这时父母需要积极调适，以满足每位家庭成员的需求。例如花足够的时间与孩子相处，处理孩子青春期的问题；调适夫妻缺乏亲密独处时间的困扰；支付逐日增加的家庭开销；全体家人间的有效沟通等。

### 4. 收缩期

从第一个孩子离开父母亲到最后一个孩子离开父母亲是家庭的收缩期。家庭此阶段的主要任务为经历青春期孩子的离家独立。此时家庭应协助已成年离家的孩子，使其独立面对学习、服役、工作、结婚等，更好地适应社会。父母应调整子女将离家的亲子依附关系，学习接受并与子女的异性伴侣相处。

### 5. 空巢期

从最后一个孩子离开父母亲到配偶一方死亡是家庭的空巢期。家庭此阶段的主要任务为接纳孩子已变成独立成人的角色。此时期夫妻应重新调整其婚姻与家庭生活。接纳子女成年离家后生活作息的改变；重新调整婚姻生活并经营夫妻关系；学习准备过退休生活的知识、态度和技能；由于身体衰老，这时更需要对健康状况的适应。此外，有的孩子已经恋爱结婚，因此需要学习与成年子女及其伴侣相处，适应祖父母角色。

**6. 解体期**

从配偶一方死亡到双方死亡是家庭的解体期。家庭此阶段的主要任务是坦然面对晚年生活。调慢生活步调；学习准备面对衰老与死亡；学习与成年子女及孙子女相处，接受孩子对自己的照顾。系统整理个人一生之家庭生活经验，完成未完成的梦想。

## （三）希尔（R. Hill）和汉森（Hanson）

希尔和汉森在 20 世纪 30 年代提出家庭生命周期理论，并讨论了这一研究框架的一些特点。家庭生命周期理论是在综合诸多学科研究概念的基础上发展而来的。持这种理论的学者从农村社会学那里借来了家庭生命周期的概念，从儿童心理学和人类发展学那里引入了发展需求和发展任务的概念。他们从社会学家的著作中采集了关于家庭的综合概念，另外还从结构—功能和符号互动理论中借用了年龄和性角色、多元典型、功能需求条件和家庭作为一种互动组织的概念。

## （四）罗伊·H. 罗杰斯（R. H. Rodgers）

罗杰斯对家庭生命周期发展阶段做了进一步的细分。他使用二十四个阶段循环法，将家庭生命周期具体分为学前阶段、入学阶段、青少年阶段、青年成年阶段以及离家阶段，并将每个阶段分为不同的子阶段。如此则不仅描述了家庭发展过程中第一个子女的成长过程，而且注意到最后一个子女的成长过程。

## （五）埃尔德（Glen Elder）

以往家庭生命周期理论的缺点是只把家庭分成为父母、生儿育女、空巢及至家庭解体这一过程，即基本上围绕家庭主要成员（夫妻）来展开此过程，没有注意到其他家庭成员，特别是子女地位的变化。鉴于此，埃尔德提出了生命过程理论。他把理论视角从家庭主要成员（夫妻）转移到家庭成员个人的生命发展历程，研究个人从儿童经历成年、结婚、为人父母到晚年的生命过程中家庭的变化。生命过程理论的提出，使人们注意到个人、家庭与社会三个层次变迁的关系。

# 二、家庭不同阶段的发展任务

对于家庭来说，家庭生活周期中各阶段都有各自的家庭发展任务，如果能够顺利地适应这些家庭发展任务，就能拥有家庭的幸福并为适应下一阶段任务做好准备。否则，将因面临一些与之有关的家庭问题而阻碍家庭正常发展。

综合国外关于家庭发展阶段的理论，结合中华文化背景以及我们的临床实践，笔者提出中国家庭不同发展阶段的主要任务：

## （一）新婚期

从结婚到第一个子女出生前。主要任务：

（1）夫妻双方相互沟通、适应，建立良好的情感关系；

（2）夫妻建立良好性关系；

（3）正确处理与双方父母及亲戚的关系。

## （二）扩展期

第一阶段：

第一个子女 0～30 个月。主要任务：

（1）学习如何做父母；

（2）适应父母角色，养育子女；

（3）调整家庭空间、财务管理，适应成长需求；

（4）哺乳期夫妻性关系和情感关系调适；

（5）寻求老人协助，协调三代人之间的关系。

第二阶段：

第一个子女 30 个月～6 岁。主要任务：

（1）抚育子女，关注子女的身心发展；

（2）化解教育子女对夫妻情感的影响；

（3）结合即将进入子女第一反抗期的现实，开始推动家庭成员人格独立进程。

第三阶段：

第一个子女 6～13 岁，以及最后一个孩子出生。主要任务：

（1）教育子女，帮助子女逐步适应学校的学习、管理和生活；

（2）结合子女即将进入青春期的现实，继续推动家庭成员人格独立进程。

第四阶段：

从最后一个孩子出生到第一个孩子离开家庭。

第一个子女成长，以及其他孩子出生与成长。主要任务：

（1）针对青少年的特点，增加沟通，加强性教育；

（2）结合子女处于青春期的状况，继续推动家庭成员人格独立，实现个人发展与家庭发展的辩证统一。

（3）对子女进行婚姻教育和规划职业发展。

（4）同辈关系处理与社会化教育。

## （三）收缩期

从第一个孩子离开家庭到最后一个孩子离开家庭是家庭的收缩期。主要任务：

（1）保证职业生活稳定；

（2）继续向子女提供支持，同时适应子女离开家庭的变化；

（3）巩固婚姻关系，适应夫妻双方生活；

（4）应对职业生涯变化；

（5）发展个人兴趣爱好，学习适应退休生活。

## （四）空巢期

从最后一个孩子离开家庭到配偶一方死亡是家庭的空巢期。夫妻面临退休，家庭处于老年人阶段。主要任务：

（1）重新调整婚姻与家庭生活；

（2）学习准备过退休生活的技能，适应退休生活；

（3）乐观应对疾病；

（4）学会与成年子女及其家庭成员相处；

（5）学习应对丧偶后的生活。

## （五）解体期

从配偶一方死亡到配偶另一方死亡是家庭的解体时期。主要任务：

（1）学习面对衰老与死亡；

（2）学习与成年子女及孙子女相处，享受天伦之乐；

（3）接受孩子对自己的照顾；

（4）统整一生，完成未完成的梦想。

为了更好地适应这些发展性任务，家庭所有成员都要学会面对各种变化，从而改变自己的行为，不断学习适应新的角色，有效地处理角色冲突事件，更积极主动地迎接家庭不同发展阶段角色变化的挑战。

## 思考题

1. 试比较不同学者家庭生命周期理论的异同。
2. 不同发展阶段的中国家庭要解决的核心问题各是什么？
3. 选择某一个家庭发展阶段，分析并评价某一家庭的发展情况。

# 第五章 健康家庭文化构建与管理

文化是人类在社会历史过程中所创造的物质财富和精神财富的总和，但通常特指精神财富，如教育、科学、文艺等。通俗来看，文化重在“化”上，主要体现出教化、教育的含义。汉代刘向在《说苑》中说：“凡武之兴，为不服也，文化不改，然后加诛。”刘向将“武”与“文化”对应来说，也是通过文化与武力的比较体现出教化的重要性。①

家庭文化指的是与家庭相关的知识、信仰、艺术、伦理道德、法律、风俗，以及家庭成员通过学习而获得的任何其他能力和习惯。完成家庭文化传承过程与学习过程的主体就是家庭成员。②家庭文化中最重要的两个部分在于主体和内容。所以，健康家庭文化是指家庭成员齐心协力形成的积极和谐、自由平等的家庭文化。

健康家庭文化的特点主要表现在非自然性、后天习得性、相对稳定性和民族性。另外，家庭文化是动态的，强调人的加工和习得。非自然性主要指的是健康的家庭文化是在家庭发展过程中，由人工加工而成，非自然反应。吐痰是自然反应，但随地吐痰会破坏环境，于是人们开始将痰吐到痰盂，并告诉家庭成员要这样做，于是形成了健康家庭文化。后天习得性主要表现在，健康家庭文化是家庭成员通过直接或间接的教育、学习得到的。相对稳定性指的是在一定时期内，由于社会和家庭的追求目标没有大方向的变化，使得健康的家庭文化相对稳定，但是从历史发展角度来看，由于社会每个时期的发展方向不同，健康家庭文化的内容也是有变化的。民族性主要指健康家庭文化都会带有一定的民族特征，比如中国健康的家庭文化会教育年轻人坐车要给老年人让座，因为这是中华民族敬老这一传统美德的体现。但是在国外，老年人并不接受上车被让座，会觉得对方认为自己年老是对方不尊重自己的体现。所以，不同民族对健康家庭文化有不同的衡量标准。

---

① 李泽厚. 中国古代思想史论［M］. 北京：生活·读书·新知三联书店，2008.

② 北京妇女理论研究会. 新家庭文化概论［M］. 北京：人民出版社，2016.

# 一、健康家庭文化构建与管理的内容

## （一）不同文化水准与家庭文化

不同文化水准主要指的是主体（即家庭成员间）有着不同的文化水准。由于文化水准不同，所构成的家庭文化也有所区别。大致可以分为以下两种：

### 1. 大体相同水准

个体的文化水平均来自自己的原生家庭。所谓家庭成员有着大体相同的水准，是指夫妻双方在原生家庭曾受过相同文化的熏陶，如果双方均受到了健康家庭文化的熏陶，那么双方就会在生活中有相同的价值观念。直到下一代出生，他们会再用这种相同的价值观念影响孩子，这个家庭就会形成健康的家庭文化。

如果夫妻双方受到不健康家庭文化的熏陶，可能会形成错误但却一致的价值观。夫妻在长期的共同生活中创造出不健康的家庭文化。这种不健康的家庭文化可能随着下一代文化知识的积累和社会化的推进被纠正，也可能造成长期影响。

### 2. 完全不同水准

如果两个个体有着完全不同的文化水准，也就是一方拥有健康文化素养，而另一方拥有不健康文化素养，则会出现以下几种情况：

（1）拥有健康文化素养一方或拥有不健康文化素养一方说服另一方认同自己的价值观，使得家中仅存一种文化。比如家中一方认为抽烟是个人行为，与其他人无关，所以可以在任意场合肆无忌惮地抽烟；但另一方则认为在公共场所抽烟是对别人的不尊重，而且抽烟本身就是对自己健康不负责的行为；如果抽烟一方认为另一方的说法正确并认同，决定戒烟，那这个家庭的文化就会变成公共场合不应该抽烟，并且抽烟是不正确的，从而形成健康的家庭文化。他们的下一代接受的也会是这种健康家庭文化。

（2）夫妻双方始终无法产生共同的价值观，无法认同对方的看法。如抽烟方始终肆无忌惮地抽烟，另一方始终反对这种行为，那么家庭最终会出现两种文化。但是下一代经过不断的社会化成长，会有自己的判断，他可以选择和认同某种价值观念，从而接受某种文化。这对下一代的要求很高，如果下一代没有很好地完成社会化过程，则极有可能选择认同非健康的家庭文化。如果下一代能够很好地完成社会化过程，那么他一般会选择认同健康的家庭文化。

（3）对自己和对方文化水准的认识与评价。世界上找不到完全相同的两个人，每个人都会因经历、受教育程度等的不同，表现出与他人不同的特质。想营造和谐的家庭生活氛围，就必须对对方的正确认识与评价文化水准，尽量找到双方的平衡点，尽量做到“各美其美，美人之美，美美与共，天下大同”。

“各美其美”即夫妻双方要正确认识自己，找到并利用自己的优势促进家庭和谐。如夫妻中的一方有心理学背景，当伴侣情绪不稳定时，就可以帮助伴侣进行心理调节。“美人之美”即夫妻双方能够正确认识及评价对方，看到对方的长处。比如男方的优势是利用自己的专业技能赚钱，女方则应承担起家庭内部的责任，让男方充分发挥优势为家庭做贡献。“美美与共”即双方各自都能看清自己及对方的优势，实现自己及对方优势的最大化，达到“天下大同”——家庭和睦的目的。

如果夫妻双方不能对自己和对方的文化水准有正确的认识与评价，则会导致夫妻关系不平衡。一般有两种情况：一种是无法正确认识及评价自身文化水准，导致自身优势不能发挥，或者认为自己已经发挥出了优势却无法得到对方认可，心里产生落差，造成家庭矛盾。一种是无法正确认识与评价对方文化水准。这种情况的后果是由于认识不一致造成双方意见不合，引发家庭矛盾。以上两种情况均不利于健康家庭文化的形成。

## （二）健康家庭文化的习得

健康家庭文化是后天习得的，所以家庭成员需要学习。学习主要分为几个阶段：胎教时期、婴幼儿时期、学前期、儿童中期、青春期和成年期。[①] 其中涉及学习态度的是婴幼儿时期、学前期、儿童中期、青春期和成年期。由于胎教时期学习主体并未出世，只是被动地学习，所以不涉及学习态度。

胎教期，孕妇对一些事情的态度、行为以及价值取向都潜移默化地影响腹中胎儿。很多研究表明，孕妇的情绪波动很容易影响到胎儿，如孕妇处理问题过于急躁，可能会导致孩子也是个“急性子”。

婴幼儿时期，儿童的身心不断发展。他们开始学会独立行走，语言功能逐渐发达，可以简单地与成人沟通；也由于动作和语言的发展，儿童出现了最初的游戏活动；出现了学习的意愿，会进行简单的模仿；有了一定的学习态度，希望更多地模仿成年人。在这个时期，家庭文化的传递显得尤为重要。比如在有优良家风的家庭中，父母相敬如宾，儿童就会学习这种相处方式。但如果父母关系不和谐，经常吵架，孩子很有可能不能够很好地与他人相处。

学前期儿童已经能够独立行走，进行初步的语言交际，并能从事一些最初步的游戏活动。他们不是单纯地模仿，可以进行简单的抽象概括。此阶段，他们想独立从事一些活动，但经验不足，所以会通过模仿学习成人的言谈举止，且乐此不疲。在此阶段，健康家庭文化下父母的行为会促使孩子健康成长。从学前期的儿童在幼儿园与伙伴的相处

① 单志艳．发展教育学［M］．北京：北京科学技术出版社，2016.

就可以看出其背后家庭文化的影响。比如夫妻和睦的家庭倡导互相尊重，那么孩子与其他伙伴相处也会礼貌尊重。

儿童中期即小学阶段。这是一个非常重要的阶段，是人一生的“奠基”阶段。俗话说“三岁看大，七岁看老”，儿童中期的孩子所形成的习惯影响终身。叶圣陶先生曾说：“小学教育与其知识之传授，莫若习惯之养成。”这也体现了小学阶段儿童习惯养成的重要。习惯养成也是家庭文化的组成部分。如家长在吃饭时遵守“食不言”的规定，那么儿童通过学习也会养成“食不言”的饮食习惯，使得这一健康家庭文化得到传承，并为儿童未来生活带来积极影响。如可能得到别人的赞赏。这会让儿童获得心理满足感。所以，儿童在这一阶段接受何种家庭文化，会影响他今后的发展。

青春期是儿童到成人的过渡期。其间个体生理、心理都发生了巨大变化，他们渴望摆脱成年人的管理，也开始在家庭外更多地与朋友接触。随着思维的发展，他们判断力提高，会结合自己与朋友相处的经验和一些从外部汲取的知识来决定自己选择何种价值观。在这一阶段，父母的直接影响减弱。比如父母告诉孩子要尊重他人，但由于逆反心理，孩子可能不选择这样的价值认同。这一阶段家庭文化对孩子的影响更多是隐性的。比如每次与孩子坐公交车，父母见到老人都会主动让座。孩子在学校或社会上也学习过敬老的内容，就会自然而然地选择与父母一致的价值观。

成年期的个体已经完全独立。成年期个体开始反思原生家庭的家庭文化。他们也会通过不断丰富的人生阅历进行判断和筛选，将新的文化引入家庭生活，在冲突与融合中创造新的家庭文化。但是这个阶段存在一定风险。如果引入健康积极的文化，会促使家庭文化更加健康，反之不然。

## （三）家庭成员沟通技巧

掌握正确的沟通技巧可以更好地构建健康家庭文化。就家庭整体来看，掌握一定的沟通技巧有利于家庭成员间形成亲密和谐的家庭关系，而和谐的家庭关系是健康家庭文化建立的基础。一般来说，和谐家庭家中成员间的关系是平衡的，能够建设性地讨论有关价值观的议题，并在反思与践行中逐渐形成正确的价值观。这个正确的价值观就是家庭成员共同信奉的，会构成健康家庭文化。

夫妻双方如果善于沟通就容易营造一个人人相互尊重、支持的家庭环境，从而构建健康积极的家庭文化。父母掌握与孩子的沟通技巧就可以更好地引导孩子接受健康的家庭文化。特别是当孩子处于青春期时，心理逆反，但又未完全成熟，需要家长的引导。此时，如果父母以平等、尊重的态度与孩子沟通，孩子容易接受正确的价值观，健康家庭文化也会得以传承。

**相关链接**

### 如何做到有效沟通

● 信任的程度越高，你就越容易在移情式回应和基于自身经验的回应之间自由出入——尤其是反馈式回应和探究式回应。负能量和正能量（虽然并非总是如此）常常是信任程度的指标。

● 如果信任的程度非常高，你们之间就会非常坦诚。但是，如果你要重建信任，或者你们的关系有点动摇，而对方无法再承受打击，那就需要在移情的方式上倾注更多的时间和耐心。

● 如果你不确定自己是否理解，或者不确定对方是否感到被理解，那么说出来，再试一次。

● 就像你潜入水中看到冰山的山体一样，要学会倾听对方内心深处的想法。换句话说，要把重点放在言外之意上，在对方所说的话中，那些部分才体现了更多的想法和感情。用眼睛倾听，用“第三只耳朵”——心灵——倾听。

● 关系可能是决定行为是否合适的最重要因素。家庭中的关系需要长期的关注，因为感情上对培养和支持的预期也是长期的。这也是人们遇到麻烦的原因——他们把别人，尤其是所爱的人的感情看成理所当然，对他们的态度还不如对陌生人的态度。家庭中，应该总是有道歉、请求原谅的尝试，总是能表达爱意、欣赏和对对方价值的肯定。

● 注意环境、背景和文化，以确保所使用的技巧不会被误解。有的时候你要非常明确：“我试着去理解你所说的意思，我不会去评价、同意或否定。我不是想要‘帮你弄清情况’，我只想理解你希望我理解的东西。”只有当你理解“大照片”时，才会理解别人。

（资料来源：[美]史蒂芬·柯维著. 李耘译. 高效能家庭的7个习惯[M]. 长沙：湖南文艺出版社，2016：272.）

## （四）家庭成员对物质生活的观念

家庭成员对物质生活的观念大致分为崇尚节俭和崇尚物质享受两种。家庭成员对物质生活的观念通常会影响到整个家庭的情感关系，从而对家庭文化产生影响。一般情况下，家庭成员对物质生活的观念分为两类，一类是家庭成员对物质生活的观念基本趋同，一类是家庭成员对物质生活的观念存在差异。

### 1. 观念基本趋同

所谓观念基本趋同，指的是家庭成员共同选择了节俭或享受的观念。一个人对于物质财产的态度往往可以看出他的性格特征。同样，一个家庭对于物质财产的态度，也可以看出这个家庭的文化品格。

勤俭节约是中华民族的传统美德，也是良好家风的重要体现。比如宋代范氏家族，范仲淹出生寒门。他深知贫寒的生活能够给人们以历练，因此即使为官后仍然坚守勤俭节约的美德，并将这种作风推行至整个家族，最终节俭之风遍及家族上下。

现在物质生活水平提高了，追求更高生活品质的人越来越多，很多家庭注重物质享受。一些家长幼时生活贫苦，因此有了孩子后要给孩子好的物质生活，尽可能满足孩子一切物质需求。适度享受未尝不可。过度则会让孩子认为钱来得容易，不知珍惜。有些孩子会形成错误认识，认为一切都可以用钱来解决。这是不健康的家庭文化给予孩子的不良影响。

### 2. 观念存在差异

观念的差异性指的是夫妻双方由于原生家庭影响，形成不同的物质生活观念，一方崇尚勤俭节约，一方则崇尚享受。讲求勤俭节约者不追求更高的物质生活，乐于享受平常生活，尤其反对浪费；崇尚享受者往往希望背名包、开名车、进出高档餐厅等。比如夫妻双方一起去餐厅吃完，食物没有吃光，勤俭节约的一方会要求把食物打包带走，第二天再吃。但是享受的一方却认为没有必要，第二天就应该吃新鲜的东西，这样夫妻双方就容易产生矛盾。

情和钱是维系夫妻感情的两个重要因素。情指夫妻间的情感，包括爱情、亲情等。钱一方面指物质基础，一方面指金钱观。如果夫妻双方有不同的金钱观，很多事情难以达成共识。毕竟夫妻生活不只在精神层面，还有物质层面。不同的金钱观可能导致夫妻间隔阂加深，甚至婚姻关系破裂。

## （五）家庭精神文明建设

家庭精神文明建设，是指营造和谐的家庭环境，形成健康文明家风，培育具有高尚道德情操的人。家风指家庭或家族的传统风尚或作风，是家庭文明建设的具体表现。改革开放以来，中国经济飞速发展，但精神文明建设还未能跟上经济建设步伐。所以社会精神文明建设需加大力度。如，出现了网络诈骗猖獗，扶跌倒老人被碰瓷，高空坠物等等不良社会现象。家庭是社会的基本单元，更需要做好精神文明建设，所以要重视家风建设。北周庾信在《哀江南赋》中写道：“潘岳之文采，始述家风；陆机之辞赋，先陈世德。”巴金在《家》中曾说：“让这个女人住在客厅里，不仅侮辱了这个尊严的地方，而且会在公馆里散布淫乱的毒气，败坏高家的家风。”可见，家风是中国的家庭特色文化。

传统家风的价值取向受儒家思想影响，主要在于“仁”，即内在道德约束能力的培养，其所用方式都是劝学勉学，但最终都是让家庭成员通过读书学习来完成德行修养。①

当代中国家庭，应继承并培养良好家风传统。例如家庭成员都要有“不忍人”之心：“所以谓人皆有不忍人之心者，今人乍见孺子将入于井，皆有怵惕恻隐之心；非所以内交于孺子之父母也，非所以要誉于乡党朋友也，非恶其声而然也。”也就是说，人之所以去援助要掉下井的小孩，并不是为了讨好别人，也不是为了任何其他理由，而是无条件地服从于自己内在的“恻隐之心”，即“不忍人之心”。

### （六）家庭信念

家庭信念是指家庭成员愿意一直维持婚姻关系并身体力行的思想状态，是维持家庭稳定的重要前提和基础。婚姻信念是家庭信念的前提和基础，是指夫妻双方愿意一直维持婚姻关系直到终老并坚持力行的精神状态。同时，夫妻即使共同拥有白头到老的婚姻信念，也仍然要求个体保持人格独立。如果夫妻双方其中一方过分依赖对方，另一方长此以往不堪重负，选择逃离。

如果婚姻中的一方人格不独立，过分依赖另一方。当被依赖方离开后（去世或离婚），依赖方难以积极应对，精神可能遭受重创，甚至难以恢复。如果个体人格独立，当一方因任何原因离开，另一方依然可以独立生活（比如再婚）。夫妻双方若维系和谐的家庭关系，须坚守白头到老的家庭信念。当家庭受到各种冲击时，家庭信念可以成为夫妻双方应对困境、维持和谐关系的保障。

## 二、健康家庭文化构建与管理的策略

构建健康家庭文化，可以从以下几方面进行：

### （一）家庭成员形成正确价值观

家庭内部成员形成统一的价值观，是建设健康家庭文化的重要一步。

家庭建设和个人成长的目标是什么？应该是家庭成员关系和谐，以及个体发展的三个和谐——与自我和谐、与自然和谐、与社会和谐。建设家庭成员之间互相关心、互相

① 李泽厚. 中国古代思想史论［M］. 北京：生活·读书·新知三联书店，2008.

包容、互相支持、互相促进的家庭文化，人人有幸福感，个体身心健康、自尊自信，尊敬与敬畏自然，与他人和谐相处，这是家庭建设与个人发展的终极追求。

健康家庭文化的形成，与家庭成员对于中国传统文化的认知有重要关系，中国传统文化大致分为三类：一是优秀的中国传统文化，二是需改造的中国传统文化，三是需摒弃的中国传统文化。对优秀中国传统文化，应继续发扬和继承。如很多德艺双馨的老艺术家在教导子女时都会说，“学艺先学德，做戏先做人。”这种“以德为先”的优秀中国传统思想文化就应该被继承和弘扬。父母首先要对优秀中国传统文化有正确认知，并使其内化于心和外化于行，让优秀中国传统文化代代传承。

对需改造的中国传统文化，应立足传统文化，建设与时代契合的新型家庭文化。如继承传统家庭中注重家庭关系和谐的文化，与当下崇尚自我、张扬个性的时代环境相结合，建立相互尊重、平等和谐的家庭关系。

对需摒弃的中国传统文化，应该秉持批判的态度。由于时代的进步，一些传统文化的价值取向已经不符合当代人。如，二十四孝中的“埋儿奉母”、“卧冰求鲤”、“恣蚊饱血”以及节妇烈女故事等，不应提倡。所以，面对这些需摒弃的中国传统文化，家庭成员应该统一思想，建设信念坚定、富有活力，崇尚学习的家庭文化。

## （二）确立家庭成员的共同目标

确立目标很重要。1953 年，美国耶鲁大学对应届毕业生进行了有关目标的调查，研究人员问参与调查的学生：“你们有目标吗？”只有 10% 的学生确认他们有目标。研究人员又问了第二个问题：“如果你们有目标，那么你们可不可以把它写下来呢？”结果只有 4% 的学生清楚地把自己的目标写下来。二十年后，耶鲁大学的研究人员在世界各地追访当年参与调查的学生，他们发现，当年白纸黑字写下人生目标的那些学生，无论是事业发展还是生活水平，都远远超过了另外那些没有写下目标的同龄人。这 4% 的人拥有的财富居然超过那 96% 的人的财富总和。可见，确立清晰目标对人生的重要性。健康家庭文化构建也是如此。

确立家庭的共同目标有很多方面。首先，统一家庭成员对家庭的定位预期。比如成为书香家庭。其次，将目标具体化，越是清晰的目标，越易于实现。此家庭对于书香家庭的家庭文化的具体目标就是家庭所有成员都接受高等教育。最后，家庭成员向着目标努力，直至最终达成目标。

## （三）平衡家庭成员间的关系

理想的家庭关系是民主的、和谐的，每个家庭成员都有话语权，家庭关系是平衡的三角关系。由于家庭关系民主、和谐，家庭成员容易达成积极的价值观念，从而形成健康的家庭文化。

三代同堂家庭容易出现隔代溺爱现象。当父母教育孩子时，长辈可能会干预，因此祖辈不应过多干涉孙辈的教育。在当代，夫妻关系是家庭中最主要的一对关系。亲子关系与隔代关系亲密度不宜超过夫妻关系亲密度。三代同堂家庭要平衡好三代人之间的关系，各人界限清晰，积极良性互动。

## （四）妥善处理家庭文化冲突

家庭是社会的重要组成部分，因此社会变迁也会对家庭产生影响。经济全球化带来的文化多样性、价值多元化，使家庭也成为多种文化并存之地。不同文化的碰撞给家庭带来了冲击，也给家庭注入了新鲜活力。家庭文化冲突主要表现为中外文化冲突和亚文化冲突。

（1）中外文化冲突

家庭的中外文化冲突，多发生于中外男女组合家庭，即夫妻双方一方为中国人，另一方为外国人。这种家庭有三种情况：一是父母与子女都生活在国外；二是父母与子女都生活在中国；三是孩子在一国出生，很小便回到另一国，即子女为“TCK”（Trans-Culture Kid）。作为中外男女组合家庭，面对这种文化冲突，要尽力做到“各美其美，美人之美，美美与共，天下大同”。各美其美，即夫妻双方在家庭生活中需要发扬各自国家的优秀文化。比如教育孩子时，西方文化可以让孩子人格独立，中国文化可以让孩子知恩图报；美人之美，即尊重对方国家的文化习惯。当出现冲突时，多站在对方立场考虑问题；美美与共，即夫妻双方共同发扬本国的优秀文化，从而丰富家庭文化，最后达到天下大同，即家庭和谐的终极目标。

同时，由于“留学热”“移民热”的出现，一些中国家庭里出现了中外两种文化并存的现象。涉及中外文化冲突的家庭有：一是孩子在中国读到小学或中学，后来一家人去国外生活；二是孩子从小单独被送到国外上学，父母在国内；三是父母都是中国人，成年后在国外生活，子女从小在国外长大；四是父母都是中国人，后来在国外生活，子女在国外出生，孩子很小时全家回国。这些家庭的孩子即使长期受到国外文化的影响，自认为已“西化”，但在外国人眼中，始终是个“外国人”。父母应让孩子了解并学习中国传统文化，将中华优秀传统文化内化于心。无论走到哪里，心中有“根”，孩子才能顺利完成自我认同，身心健康成长。

（2）亚文化冲突

经济快速发展带来的城镇化、人口不断流动造成的南来北往，多民族组成的国家等，使当代婚姻中存在着不同程度的亚文化冲突与融合现象。这些亚文化主要包括：一是生态学的亚文化，如城市文化和乡村文化的碰撞与融合，即城市人与农村人结婚，如何建设家庭文化；二是民族亚文化，不同民族男女结婚，如何建设家庭文化；三是地理亚文化，如南方人与北方人结婚，如何建设家庭文化；四是宗教亚文化，如不同宗教信仰的人结婚，如何建设家庭文化。

存在亚文化冲突的家庭，为了建立和谐的家庭关系，家庭成员间就要学会“求同存异”。亚文化冲突多数是客观原因造成，完全改变任何一方来适应另一方几乎是不可能的，所以男女双方在结合前，要充分考虑能否接受双方的差异。双方应在认为可以应对这种亚文化冲突的前提下进入婚姻生活，否则，婚后家庭生活可能面临诸多考验。

双方组建家庭后，家庭成员要能在差异中寻找共同点。这个共同点就是二者结合后，双方共同认可的、能够保持家庭生活和谐状态的价值观。因此，亚文化冲突下理想的家庭生活模式应该是夫妻双方在保持双方各种差异的同时，共同建立新的家庭价值观。

## 思考题

1. 什么是健康家庭文化？试举例说明。
2. 如何理解家庭信念？
3. 如何培养好的家风？
4. 谈谈家庭成员如何才能有效沟通？
5. 谈谈一对中美合璧的家庭，如何共同创造幸福和谐的家庭文化？

# 第六章 婚姻前后男女情感关系构建与管理

恋爱是步入婚姻、组建家庭的前提和基础，婚姻和家庭则是恋爱的结果。在由恋爱进入婚姻再到组建家庭的过程中，男女情感关系的变化因个体及其成长环境的不同而呈现出不同的特点。婚前和婚后男女的和谐情感关系在构建健康家庭关系中至关重要。

## 一、婚前男女情感关系构建与管理的内容和策略

婚前男女健康的情感关系是保障婚姻幸福和家庭稳定的重要前提。在多种恋爱形式中，作为一种特殊情感关系的朋友式恋爱，也需要专门探讨。

### （一）婚前男女情感关系处理

目前，占主流地位的婚前男女情感关系是基于性吸引的男女关系及通过第三媒介确立的男女恋爱关系，发展于友情的恋爱关系也很多。但作为一种特殊的男女情感关系它被单独阐述与分析的情况较少。朋友式恋爱是指男女互动关系中友情占主要情感因素、男女双方在大多数的时候以亲密的朋友关系为主要互动角色，恋人互动状态较少。本节分别阐述朋友式恋爱、相互吸引的恋爱及第三媒介恋爱关系（指通过传统式相亲、熟人关系、社交网络等）中，男女的情感变化及其对恋爱关系的影响。此外，叙述一种特殊的友谊性情感，引导男女建立正确的异性友谊。

相关链接

## 关于友谊

友谊的规则：

1. 在危难时自发地提供帮助；
2. 尊重朋友的个人隐私；
3. 保持信任；
4. 信赖并向彼此倾诉；
5. 当朋友不在场时代表他；
6. 不在公共场合彼此攻讦；
7. 给予感情上的社会支持；
8. 交谈时注视对方的眼睛；
9. 在一起时努力取悦对方；
10. 不嫉妒和批评彼此的关系；
11. 对彼此的朋友保持宽容；
12. 与对方分享成功的喜悦；
13. 向对方请教私人的建议；
14. 不要唠叨不休；
15. 与朋友开玩笑或找乐子；
16. 欠债必还，知恩图报；
17. 向朋友表露私人的感受或问题。

友谊的阶段性变化：

1. 童年到青春期，友谊从接纳需求到亲密需求再到性需求；

2. 青少年逐渐把自己的依恋对象从父母转移到朋友。人们到新环境后，友谊也会发生变化，往往是从前的友谊慢慢淡化，新的友谊逐渐建立以替代之前的友谊，中间一段时间往往比较孤独；

3. 成年人朋友数量往往会变少，但质量会更高一些；

4. 老年人友谊往往更加强调当下的价值，而不会像年轻人那么丰富，年轻人可能会在乎潜力股；

5. 老年人往往更在乎当下友谊带来的亲密感，体现为朋友数量较少，质量很高；

6. 研究表明，夫妻有更多共同的朋友往往问题更少。

（资料来源：[美]罗兰・米勒著.王伟平译.亲密关系[M].北京：人民邮电出版社，2015：217—249.）

### 1. 朋友式恋爱

朋友式恋爱特指男女双方在确定恋爱关系之前是朋友，婚后也以朋友的关系状态经营婚姻关系。多年的老朋友最终由于种种原因发展为婚姻对象，很容易被认为是生活中找不到合适的伴侣而做出的退而求其次的选择。这种恋爱关系往往被定义为共同生活与情感支持为目的，缺少男女生理需要的满足。

朋友式恋爱存在一些情感风险。一方面，一旦双方各自的生活里出现能激起爱情欲望的第三方，恋爱乃至后期的婚姻关系很容易破裂。另一方面，婚姻是以爱情为基础的，而爱情则是以男女双方性成全为主要支撑点的情感关系，朋友式恋爱缺乏性的吸引与满足。虽然说男女之间的爱情终究会转变为友情和亲情，但是这种由爱情转变而来的亲情感是不同于朋友式亲密感的独特体验，经历过爱情的悲欢离合才能懂得相守的弥足珍贵。因此，努力增加恋爱中的激情因素是朋友式恋爱的重点。

### 2. 基于男女相互吸引的恋爱

基于性吸引和人格魅力等相互吸引的恋爱是大部分男女所期待的。男女双方因生理性冲动而迅速发展成为恋人的例子在现实生活中比比皆是。《改革开放以来中国农村婚姻家庭的新变化》一书中就指出，早婚现象严重，晚婚比例低是河南潢川农村男性户主婚龄分布的两大特点，并指出 51.3% 的男性户主没有达到法定结婚年龄就结婚等。① 农村青年人对于性有着极大的好奇感，同时又缺乏性生理知识。他们一旦遇到谈得来的适龄异性，容易与其发生性关系并结为夫妻，导致了我国农村地区青年初婚年龄总体较小。

城市青年虽然在初婚年龄上普遍晚于农村青年，但受家庭传统文化的影响，同样容易因为与异性发生性关系而被迫结婚。基于偶然的性冲动而与异性发生性关系是很多年轻人结婚的原因之一。然而，基于性冲动的婚姻容易引发很多家庭问题，如夫妻双方的情感矛盾、双方家庭的利益冲突等。有研究表明，夫妻双方基于偶然的性冲动而组建家庭更容易出现情感危机，婚后生活不幸福，最终走向离婚的情况较多。

青少年的性教育，家庭及社会教育承担着不可推卸的责任。家庭作为个人成长的私密性空间，有责任也有义务对适龄青少年进行性教育，科学的性教育是家庭教育工作的重中之重。从家庭性教育、同伴性教育及社会性教育三方面出发，探索符合我国文化的性教育策略，引导青年男女珍视美好的爱情，树立以情为主的恋爱观。

### 3. 第三媒介的恋情

这是指由他人介绍恋爱，最终走入婚姻的情况。即男女双方婚前通过相亲、熟人介绍或社交网络推荐等方式而确立的婚姻关系。相亲作为一种男女联结的方式，在我国有久远的历史，不管是传统社会的父母之命、媒妁之言，还是现代社会的后相亲现象，都折射出了适婚青年在择偶上受到家庭婚姻观的影响之深。

---

① 雷洁琼. 改革开放以来中国农村婚姻家庭的新变化 [M]. 北京：北京大学出版社，1994：287—288.

通过第三媒介而确立的婚姻关系一般较为稳定，因为这是父母及男女双方在物质、经济等考量基础上而确立的婚姻关系。这种婚姻状态中的夫妻应该充分重视双方情感的培养，注重婚前婚后精神层次的交流，增强情感上的联结。学者徐安琪的研究证实：影响择偶取向的因素是多元的、复杂的，诸如性别、地区、家庭的经济住房背景、结识途径、般配意识以及对方的吸引力等都可能起到或多或少的作用。①

### 4. 友谊性情感

友谊性情感是人类众多情感类型中的重要一种。人是高级的社会性动物，人的心理及行为倾向受到诸多因素的影响，如家庭、亲朋及双方价值观与性格的考量。

人是社会中的人，是社会化产物，友谊性情感可以很好地填补男女双方社会情感的空缺，使个人能更好地调整并适应社会。

此外，异性朋友作为社交网络中的重要组成部分，是个体在社会交往中必不可少的互动对象。我们一方面要承认异性朋友在男女双方生命中存在的合理性，正确处理与异性的交往关系；另一方面要在不同的人生阶段与异性朋友保持适当距离，与异性朋友间的边界关系处理是考量一个人社会交往能力的重要指标之一。

## (二) 有关爱情的不同情况及处理

爱情是人类永恒追求的情感体验。汪卫东教授认为，爱情是建立在本能基础上的异性之间非理性的执着的情感依恋。爱情是男女双方在成熟的生殖结构和性分泌功能基础上，基于原始感知觉的积累，在不同的人格倾向和价值观下形成的一种特殊情感。因此，对性生殖结构、原始感知觉及不同人格倾向等因素的认知影响着爱情的产生与发展。

### 1. 成熟的生殖结构与功能

生殖系统是生物体内的和生殖密切相关的器官成分的总称。生殖系统的功能是产生生殖细胞，繁殖新个体，分泌性激素和维持副性征。男女性的生殖器官在结构和功能上存在差异。

性发育包括生殖器官的形态发育、功能发育和第二性征的发育。生殖结构的发育健全是判断男女双方性健康的重要标准。当男女双方随着生殖器官的发育而出现第二性征时，性别特征凸显，男女可以根据体形等外显结构进行性别判断，同时萌生对异性身体特征等的好奇心，这就是异性相吸的萌芽阶段。

### 2. 成熟的性激素分泌功能

性激素是指由人的性腺以及胎盘、肾上腺皮质网状带等组织合成的甾体激素，具有促进性器官成熟、副性征发育及维持性功能等作用。女性卵巢主要分泌两种性激素——

---

① 徐安琪. 择偶标准：五十年变迁及其原因分析［J］. 社会学研究，2000，(6)：28—29.

雌激素与孕激素，男性睾丸主要分泌以睾丸酮为主的雄激素。

男子睾丸组织里产生的性激素称为男性激素（即睾丸酮）。男性激素可以促进男子主性器官和副性器官发育、成熟，并维持生殖器官的成熟状态及正常的性功能。女性卵巢组织产生的性激素叫女性激素（即雌激素和孕激素）。雌激素可以刺激和促进女性生殖器官的发育、成熟，并维持生殖器官的成熟状态，激发性欲的产生，并维持其性功能。孕激素可与雌激素配合共同完成女子月经和生殖生理过程。

成熟的性激素分泌功能是保证男女双方性欲满足的前提。男子的性欲要求、性兴奋的发生和勃起的能力，都需要雄激素作为动力。如因睾丸疾病和损伤造成睾丸酮减少和消失，就会失去对性活动的要求和勃起功能。女性脑垂体分泌的促性腺激素，可以调节卵巢分泌雌、孕等性激素的水平，对女性性活动起决定性作用。

虽然性激素水平与性欲密切相关，但是性欲的强弱还受到性中枢的调节与控制。性中枢则受到人的意识、心理状态、社会因素、环境条件等方面的影响。性激素的分泌水平会影响女性受孕及生育能力，对女性身体健康具有重要影响。性欲的满足与性关系的和谐，一方面需要男女双方具备成熟的性激素分泌功能，一方面需要男女双方科学掌握性激素分泌周期及性生理的保健知识，共同创造良好的性活动环境。

### 3. 原始感知觉的积累

感知觉是感觉与知觉的统称。感觉是人脑对直接作用于感觉器官的客观事物的个别属性的反映。知觉是人脑对直接作用于感觉器官的事物整体的反映，是个体依据自我知识和经验对感觉信息进行组织和解释的过程。感觉的特性是感受性，即感觉的能力。不同的人对同等强度刺激物的感觉能力是不一样的。感受性高的人能感觉到的刺激，不一定能被感受性低的人感觉到。知觉具有整体性、选择性、理解性和恒常性的特征，受人的个性、经济收入、年龄、性别、职业、社会阶层、态度、信仰等因素的影响。

原始感知觉是指初次见面时，注重自己的良好状态的呈现，向对方准确传达自己的思想、态度、价值观。男女双方的原始感知觉包括双方的第一印象、双方发出的喜欢、倾慕等爱的信号的接收与回应状况等。初次见面时，男女双方对彼此的直观感受和个体印象是产生爱情的前设因素，也就是人们常说的首因效应。首先在外表长相上能够给予对方心理刺激反应是产生爱情的前提，如人们会说“我对他（她）有感觉”。男女双方在有了初步的“感觉”之后，开始通过聊天、生活接触等方式互相了解，并在感觉的基础上对彼此的性格特征、生活习性等信息进行组织和解释，进而形成彼此的知觉认识。

外界环境条件在一定范围内发生变化时，原始感知觉保持不变。即在男女双方的日常生活中若不发生重大事件并对此造成重大影响，则男女双方凭借感觉器官和知觉判断对彼此的了解和认知保持不变。原始感知觉决定了男女双方在以后的相处过程中的关系状态。准确合适的原始感知觉积累有助于男女双方良好情感体验的积累，促进亲密关系的发展与和谐。

### 4. 两性相关知识信息的积累

两性相关知识信息包括男女双方的性生理常识、性倾向差异、性需求变化规律及性生理保健等方面知识。科学地认识男女双方性生殖器官的构造及功能、性欲望变化规律、性生理保健常识，对于两性亲密关系的发展至关重要。两性相关知识信息的积累可以为步入爱情做好充分准备，一方面可以避免因两性知识欠缺而产生的情感危机，另一方面可以很好地缓解两性之间的认知差异，促进双方的交流与适应。

### 5. 偶然性与必然性——一见钟情

唯物辩证法指出，偶然性和必然性是揭示客观事物发生、发展和灭亡的不同趋势的一对范畴。事物发展过程中一定要发生的趋势是必然性；事物发展过程中可能出现，也可能不出现或可能以多种多样的方式出现的趋势是偶然性。偶然性和必然性相互依存、在一定条件下可以相互转化。

汪卫东教授指出，一见钟情是在男女双方当时的性激素水平、性排斥心理、过去成长经历中对于情爱的固有认知（包括过去情感经验的积累）及心理状态的成熟程度综合影响下出现的情感关系。

爱情的产生看上去似乎是男女双方因外表、性格等外显器质特征相互吸引而发生的偶然性的结合，实质是双方个性特征、婚恋价值观等多因素作用的结果。家庭内部父母及家庭成员的婚姻模式、价值观取向及人格特质是影响个体婚恋选择的直接因素。陌生男女因外表吸引、价值观相投、对婚姻有着共同的期待等而确立男女朋友关系是公众比较认可的结合方式。这其实也透露出爱情产生的必然性一面。爱情的产生既会受到外界环境、社交网络中偶然人物及事件的影响，又有其自身的产生及发展变化规律。

爱情的产生遵循着客观事物发生、发展和灭亡的规律。我们应该尊重爱情本身的客观性，为守护爱情作出努力，享受爱情的甜蜜和喜悦，正确看待和积极面对爱情的变化与发展，创设爱情良性发展的内外部条件，更好地享受爱情带给双方的美好体验。

**相关链接**

**人际吸引**

人际吸引的影响因素：

1. 熟悉性因素

熟悉引起喜欢，某人或物只要经常出现在你的面前，就能增加你对她（他或它）的喜欢程度，也叫曝光效应。熟悉对象的性质影响着人们喜欢的程度。

2. 接近性因素——邻近效应

地理位置的接近会增加亲密性，接近性增加熟悉性，熟悉性常常与相似性联系在一起，人们能从居住接近的人身上以相对较少的代价获得社会性报酬。

3. 相似性

多种情况的相似能引起程度不同的人际吸引，包括年龄与性别、社会地位、经济状况、教育水平等，其中以信念、价值观、态度最为主要。

4. 互补性

互补因素大多发生在友谊深厚的朋友之间，特别是异性友谊与夫妻之间。当交往双方的需要和满足途径正好成为互补关系时，双方会产生强烈的吸引力。

5. 个人特征

才能与被人喜欢的程度，在一定限度内成正比关系，才能越高，越受人喜欢。

外貌魅力会引发明显的辐射效应，人们对高魅力者的判断具有明显的倾向性；交往时间越长，外貌因素作用越小。个性品质对人际吸引的影响最为稳定和持久。

（资料来源：俞国良. 社会心理学［M］. 北京：北京师范大学出版社，2006：383—393.）

### 6. 人格倾向性

人格具有整体性、稳定性、可塑性、独特性、社会性和生物性等特性。人格发展是外显行为与内部心理辩证统一的发展过程。人格的心理结构包含稳定的人格心理特征和活跃的人格倾向性。人格倾向性是一个人活动的基本动力，人格倾向性包含个体的需要、动机、兴趣、理想、信念和世界观，男女双方不同的人格倾向性很大程度上决定了双方的行为特征和价值取向。

需要是人脑对生理和社会需求的反映。马斯洛的需要层次理论将需要由低层次向高层次分为生理、安全、归属和爱、尊重和自我实现五种，指出人的需要是由低层次向高层次发展的，并彼此联系，形成一个系统。爱情中的男女要兼顾对方这五个层次的需要，在不同的需要阶段给予对方恰当的理解和尊重，因此能够更好地促进双方亲密关系的处理，提高爱情的幸福度。

动机是激发和维持个体进行活动，并导致该活动朝向某一目标的心理倾向或动力。人的需要、兴趣、爱好、世界观等都转化为动机后，才会对活动产生动力作用。交往动机是在交往需要基础上发展起来的一种重要的社会性动机。戈夫曼的自我呈现论认为，交往是一种社会互动过程，任何社会互动的关键都在于参加者借助于自己的言行向他人呈现自己，这种呈现往往是强调自身众多属性中的某些有利于自我形象的东西。霍曼斯的社会交往论则强调社会互动过程中的社会行为的交换关系。在社会交往论的视角下，男女双方相互交往的目的始终离不开情感、物质等内容。

需要是动机形成的基础，诱因是动机形成的外部条件。人的行为往往取决于需要和诱因的相互作用，只有需要和诱因相互结合，才能成为行动的动机。当某种需要没有得到满足时，它就会推动人们去寻找满足需要的对象，从而产生活动的动机。爱情中的男女必须对双方的需要和动机有明确的认知和掌握，从而更好地了解彼此的人格特征，增进亲密关系的形成。

### 7. 认知水平

认知是指人们认识活动的过程，即个体对所感觉到的信息在头脑中的加工处理过程。认知水平是指个体对外界事物认识、判断、评价的能力，认知水平的高低与实践经验、知识水平、思维能力、信息储量等因素有关，是影响人们思想形成的主观因素之一。认知能力是指人脑加工、储存和提取信息的能力，即人们对事物的构成、性能、与他物的关系、发展的动力、发展方向以及基本规律的把握能力。它是人们成功地完成活动最重要的心理条件。知觉、记忆、注意、思维和想象的能力都被认为是认知能力。

爱情中的男女认知水平的差异会影响他们看待问题的态度和方式，进而影响亲密关系的维护。从理论上讲，认知水平在同一层次上的两个人更容易产生情感共鸣。另一情况是，男女双方对彼此的认知水平状态有准确的判断和掌握，能够以对方听得懂、感受得到的方式表达思想和行为。对认知能力较差的一方进行沟通和培养是男女双方相处过程中必须十分重视的环节。爱情中的男女在恋爱过程中对彼此拥有极高的信任度和包容度。因此，在爱情这个时空场域中，男女双方可以更好地通过对方认知自己，发现自身的优点与不足，并在恋人的鼓励和帮助下进步、成长。爱情不应该只是浪漫的堡垒，感情的港湾，更应该是男女双方相互扶持，不断完善自身的助力。最好的夫妻状态应该是相互成全，成全对方追求自己的理想和向往，成全对方的感情期待和希望。

### 8. 世界观、人生观、价值观、婚恋观和家庭观

世界观（亦称宇宙观）通常是指人们对整个世界（即对自然界、社会和人的思维）的根本看法。世界观不同，表现为人们在认识和改造世界时的立场、观点和方法的不同。人生观是人们关于人生目的和意义的根本观点与根本看法。价值观是人们对客观对象有无价值和价值大小的一种根本观点和评价标准。三者有着不可分割的联系：世界观是人生观和价值观的基础，价值观是世界观和人生观的现实体现。

人生观是人们在人生实践和生活环境中逐步形成的。其主要内容是对人生目的、意义的认识和对人生的态度。具体包括公私观、义利观、苦乐观、荣辱观、幸福观和生死观等。

价值观是人们对价值问题的根本看法，是人们在一定历史条件下经过反复实践逐渐形成的一种与人的主观需要相连的判断好坏、是非、利弊、善恶的观念。价值观的内容包括对价值的实质、构成、标准的认识，这些认识的不同，形成了人们不同的价值观。

婚恋观是指男女双方对恋爱、婚姻、性的根本看法和态度，包括对爱情本质、择友标准、恋爱道德、恋爱与婚姻关系、婚姻道德与责任等一系列问题的看法和态度。婚恋观是人生观的重要组成部分，直接影响恋爱、婚姻行为的价值取向，对青年的择偶行为、婚姻生活起着重要的导向作用，甚至影响其一生的发展与幸福。

家庭观指个人对家庭事务所持有的一种观点、态度或信念，也是个人评价家庭生活的意义和理想家庭的标准。家庭观影响着男女未来家庭生活的价值取向。

世界观、人生观、价值观、婚恋观和家庭观，这些观念都会影响男女的择偶取向与行为方式。

## （三）两性生理与两性关系处理

科学的两性生理知识认知是两性关系健康发展的前提。健康的性心理知识是两性关系持续稳定发展的重要保证。

### 1. 了解性生理基本知识

性生活是夫妇正常的性生理要求，健康和谐的性生活有利于两性关系的良性发展。由于男女两性性生理构造、所受到的文化规范等不同，男女对性生理知识的需求和认知储备存在差异。

性生殖器官的卫生保健和男女双方心理保健，是保证性生活安全和谐的前提条件。

对两性性生理周期的认知。一般认为，女性以每月月经的性生理变化来判断女性的性生理周期，而男性却没有明显的生理期。其实由于体内激素和神经递质的影响，男性的生理系统也同样拥有自己的周期变化，只不过男性生理期的表现并不像女性那么明显，而且不少人常常把它归咎于天气、饮食的影响或工作的压力。因体质的不同，男性性生理周期的表现有所不同，体质弱的男性性生理期表现明显。通过对两性性生理周期的认识，夫妻双方把握性生活的心理状态，在恰当时候通过亲吻、肢体抚慰等方式给予对方及时的回应，可以营造良好的性生活氛围，促进两性关系和谐。

### 2. 了解基本的性心理知识

性心理是指在性生理的基础上，同性征、性欲、性行为有关的心理状态与心理过程，也包括了与他人交往和婚恋等心理状态。性生理是性心理发展的生物学基础，性生理发育的障碍或缺陷，会使性心理的发展出现偏差。性心理涉及与性有关的一切心理活动，如：性的认识、性的情绪体验、对性行为的控制等。

在两性出现第二性征之后，青春期及成年期男女性心理特征表现明显，主要表现为对性知识的探索、对异性的爱慕及性欲望的产生和增强。两性的性心理特征在不同环境、不同对象上表现有所差异。男性的独占欲较强、喜欢追求刺激的性和性的刺激等。女性则追求性的情感体验及性生活的稳定，这也就是人们常说的“男人因性而爱，女人因爱而性”。

浙江某中学为禁止学生早恋，颁布七条“校规”，包括禁止男女同学单独在花前树下聊天；禁止男女同学在操场上并肩散步、互串寝室等。对中学生的异性交往行为应正确引导，宜疏不宜堵。汪卫东教授指出，早恋的行为可以禁止，但难以禁止早恋的心。恋爱之事，始于本能，并伴随着激素的变化而变化。盲目禁止早恋有可能导致以后的身心疾病，影响人的一生。学校应该采取措施将少年早恋的动力化为学生学习、友谊及奋斗的动力，将恋情转化为友情。汪教授指出：“女性出现了体现女性第二性征器官方面的疾病，可能与病前的心理状态特别是性心理异常有关。”

### 3.“性情桥”——性与情的关系处理

汪卫东教授指出，人类的性情问题仿佛有这样一个规律：原始社会中，人类的性比重可能大于情比重。而进入文化比较发达的封建社会，人类情比重相对大于性比重。进入了文化更发达的资本主义社会，性比重与情比重大体相当。现代社会，性比重和情比重则因历史、文化、地域等的不同而不同。男女性情互动中孰浓孰淡的问题因人而异，有性无情是自然人，有情无性是社会人，有情有性才是真正的自然人和社会人的合一。因此，汪卫东教授提出“性情桥”的概念，提倡在性与情之间搭建一座情感的桥梁，桥一端是性，另一端是情，每个人可能都处于这座桥梁的某一个点上。我们应该清楚自己在这座桥梁的位置。无论自己位于或者喜欢在“性情桥”的哪一点上，最好都不要去指责他人在这座桥上所处的位置或移动的方向，因为每个人都有自己选择的道理，无可非议。

因此，有情有性的婚姻是理想的婚姻状态。“性情桥”是搭建两性的情感体验与性生活之间的桥梁，具体是指基于对两性生理、心理等认知的基础上，把握好感情生活中的性与情关系的平衡，使情有了生理归属，性有了感情支撑。

现实生活中，有少部分家庭因家庭和社会压力而被迫结婚，从而形成无性婚姻。这种无性婚姻是外界因素导致夫妻性生活缺失。但大部分有情无性婚姻则是夫妻之间性关系不和谐，因为婚姻生活中的“性福度”是保证两性关系和谐健康发展的重要指标。对于有情无性的婚姻，男女双方应该注重性生活，创造亲密接触的机会，营造良好的性生活氛围，增加对性生活的关注度和投入度，促进家庭和谐。

汪卫东教授在多年临床心理研究和实践的基础上发现，弗洛伊德性学三论中提到的“性”的意义可能包含着生理（本能之性）、情感（心理之性）、恋爱（生理与心理之性）、婚姻（社会之性）、家庭（社会之性的延伸）五个方面。后四个方面均是生理之性的延伸，弗洛伊德性学中的“性”仅以本能之性加以理解或许太过狭隘。个体是否存在精神与心理疾病，从弗洛伊德的学术观点来看，要通过个体能否实现“本我—自我—超我”三者之间的平衡来判断。从生活现实来看，需要通过个体能否实现以性为核心的两性、情感、恋爱、婚姻和家庭这五者之间以及由此衍生出的情绪情感、认知行为、朋友亲情、学习生活、工作奋斗、人际关系等的平衡来判断。中国家庭的很多精神与心理疾病恰恰就是人们对两性、情感、恋爱、婚姻、家庭这五者的理解或处理不当产生的结果。

## （四）人格与社会适应

人格主要是指人所具有的与他人相区别的独特而稳定的思维方式和行为风格。人格是一个人整体的精神面貌，是具有一定倾向性的和比较稳定的心理特征的总和。不同人格特征会表现出不同的情感反应、行为方式和价值观。

### 1. 不同人格及其表现

人格类型的划分方法有很多，如艾森克的三个维度，卡特尔的 16 种人格因素问卷（16PF），荣格的八种人格类型，中医的五态人格等。①

这里介绍两种人格划分类型，帮助人们在生活中更好地发展健康人格，同时在社会交往中更好地处理与不同人格类型者的人际关系。

（1）荣格的八种人格类型

荣格将人的心理活动分为感觉、思维、情感和直觉四种基本机能。感觉告诉你存在着某种东西，思维告诉你它是什么，情感告诉你它是否令人满意，直觉则告诉你它来自何处和去向何处。按照两种态度类型与四种机能的组合，荣格描述了八种人格类型。

外倾思维型——即外向思考型，既外倾，但又偏向于思维。其思想特点是一定要以客观资料为依据，以外界信息激发自己的思想过程。情感压抑，缺乏鲜明的个性，甚至表现为冷淡和傲慢等人格特点。

内倾思维型——即内向思考型，既内倾，又偏向于思维功能。个体除了思考外界信息外，还思考自身的精神世界。情感压抑，冷漠，具有沉溺于幻想、固执、刚愎和骄傲等人格特点。

外倾情感型——即外向感情型，既外倾，又偏向于情感功能。其情感符合客观情境和一般价值。思维压抑，情感外露，好交际，寻求与外界和谐。

内倾情感型——即内向感情型，既内倾，又偏向于情感功能。其感情由内在的主观因素所激发。思维压抑，情感深藏，沉默，力图保持隐蔽状态，易忧郁。

外倾感觉型——即外向感觉型，既外倾，又偏向于感觉功能。其头脑清醒，积累外部世界的经验，对事物并不过分地追根究底。寻求享乐，追求刺激，情感浅薄，直觉压抑。

内倾感觉型——即内向感觉型，既内倾，又偏向于感觉功能。其远离外界，常沉浸在自己的主观感觉世界中。其知觉深受心理状态的影响。艺术性强，直觉压抑。

① 单志艳. 发展教育学［M］. 北京：北京科学技术出版社，2016：11.

外倾直觉型——即外向直觉型，既外倾，又偏向于直觉功能。其力图从外界发现各种可能性，并不断寻求新的可能性。这种人可以成为新事业的发起人，但不能坚持到底。

内倾直觉型——即内向直觉型，既内倾，又偏向于直觉功能。其力图从精神现象中发现各种可能性。不关心外界事物，脱离实际、善幻想，观点新颖，但有点稀奇古怪。

（2）汪卫东教授提出的六种临床人格倾向类型

汪卫东教授从中国文化以及中医心理学视角，在临床心理治疗实践基础上，提出了六种人格倾向类型分类。他认为，个体自出生后首先感受到安全感与不安全感。这些感受与先天素质共同决定了个体“勇、怯”的气质。为了应对刺激性事件带来的各种不安全感，个体逐渐采取了越来越多的弥补措施，从而衍生出胆怯、完美、依恋、表演、自恋、偏执等人格倾向。例如因为恐惧，采取各种回避措施，从而形成胆怯型人格倾向；因为害怕犯错，个体追求完美，不允许有任何差错，从而出现了完美型人格倾向；又如因为害怕独处，或害怕独自承担事物，个体过分地寻求陪伴，形成依恋型人格倾向；由于害怕不被喜爱或被忽略，而表现出求关注的行为，形成表演型人格倾向；由于害怕被否认，过度地自我夸大，形成自恋型人格倾向；由于害怕被伤害，而对事物产生过多的怀疑，形成偏执型人格倾向。

六种人格倾向的表现及生活建议：

① 表演型人格倾向

内涵：以活泼好动、性格外向、寻求他人注意、情绪表达变化迅速为特征的人格倾向类型。

具体表现：一是求关注。人际交往中希望获得人们的注意，成为人群的中心；乐于参加社交活动，有很多亲密朋友；交往时主动热情，行为和语言生动，有感染力；注重外表，着装打扮有特点；希望得到他人的认可、赞美、支持和关心，否则会感到不安；害怕独处，害怕独处时的孤独和无聊。二是情绪化。乐于表达情感，情绪变化迅速；与人交往时感情胜过理智，并且会通过情绪确定自己的认知与行为；容易受他人或环境影响；喜欢追随时尚与流行；追求刺激，喜欢冒险。

优势：易适应社会，被人接纳和接近。有魅力，好交际，特别能吸引人们的注意力。

不足：过于重视他人的注意与看法，缺少主见；思考问题比较表浅，不够深入；处理人际关系时，显得易变、不稳定，感情用事。

自我调适建议：增加独处的时间，增强独处的能力，在独处中锻炼独自思考的能力，培养理性思维，情绪出现波动时注意调节。

② 胆怯型人格倾向

内涵：以胆气不足、认为自己能力不足、常采取回避态度或需要他人陪伴为特征的人格倾向。

具体表现：一是恐惧。在自然事物或人际关系方面经常感到恐惧，因此会回避一些场合或事物；因为害怕被拒绝，或害怕说错话、办错事，在一些场合尤其是社交场合表现抑制；惧怕困难，通常不愿意冒个人风险或参加新的活动，或需要他人陪伴；处理某个一般性问题时，他们往往也表现得瞻前顾后，左思右想。二是自感能力不足。心理自卑，对他人的意见和观点非常敏感，觉得自己在很多方面都不如人；对自己感到不满意，在事情变得糟糕时总是自责，并且深深隐藏这样的情绪；行为退缩，面对挑战，多采取回避态度或无能应付；对道德规范的过分关注。

优势：安分守己，对待工作、学习态度认真。

不足：缺乏自信，常常对一些事物感到恐惧，采取回避态度，或过于谨慎，常常是等到下定决心时已错过了解决问题的时机。

自我调适建议：训练胆量，逐渐增加社交活动，接受一些挑战，在实践中增强信心，提升各种能力。

③ 偏执型人格倾向

内涵：以对其他人普遍的不信任与怀疑，过分固执于自己决定与认知为特征的人格倾向类型。

具体表现：一是多疑。对人、对事敏感，对他人不信任；不愿对他人吐露自己的情况，防范他人伤害自己；情感冷漠而缺少变化，难以表达温暖、柔情；对他人不能宽容。二是固执。对事物、现象或人进行认识的过程中，用自己偏爱使用的加工信息的方式来处理；对自己的决定与认知过分固执，难以改变，缺乏灵活性；比较自负，不愿听取他人意见，忽视或不相信与个人想法不相符合的客观证据；若有挫折或失败常归咎于外因；固执地追求个人“理想”。

优势：独立思考，有主见，做事坚韧，目标明确，为了理想会不懈努力。

不足：不易信任他人，难以形成亲密关系，难以合作，不能吸取他人建议，不能虚心改正自身错误，缺乏灵活性。

自我调适建议：在与他人交往中尝试信任别人，建立亲密关系，尝试以多种方式思考问题。

④ 完美型人格倾向

内涵：以要求完美，害怕危险或不确定的事物，行为上表现为反复、过度控制、注重规律与细节为特征的人格类型。

具体表现：一是控制与反控制。因担心发生危险或不好的事，而过度控制；不愿意将任务委托他人或与他人共同工作，除非他人精确地按照自己的方式行事。二是追求完美。要求事物完美无缺。在确保任务完美上花费很多精力与时间，有时甚至影响了任务的完成；过分地献身于工作和追求成效，以致顾不上业余生活和朋友往来。三是仪式感或固执。做事过分注重细节与规律，按部就班；对道德、伦理或价值观念等过分认真；表现僵硬、固执和审慎。四是反复。重复做一件事或想一件事；或头脑中有一些文字盘旋；反复斟酌、检查，以确保万无一失。

优势：做事认真、谨慎、缜密、逻辑性强、责任心强。

不足：经常因追求完美，而花费大量精力和时间，甚至延误工作，不能享受生活，不能放松。

自我调适建议：对于不必要的事物放弃追求完美，注意放松，增加兴趣爱好与人际交往，接受自己的不完美。

⑤ 依恋型人格倾向

内涵：以自立、自信、自主方面发展不成熟，需要他人照顾，从而产生顺从和依附行为为特征的人格倾向类型。

具体表现：一是胆怯。缺乏自信心，感到自己孤独无助和笨拙；害怕他人离开，或得不到支持；在单独一人时感到不舒服或无助；亲密关系终止时会感到无助；难以独立做事。二是顺从。因为害怕得不到他人的支持或赞同，保持一种友好、合作、不出风头、欢快、愉悦的状态；对他人的意见难以表示不同意，采取顺从、容忍，为讨好他人甘愿做一些不喜欢的事情。三是依附。自主意识较弱，缺乏独立意识；依赖他人，遇事往往犹豫不决；经常需要他人的帮助和指导，甚至需要他人替自己做出决定，包括生活琐事和重大事件。

优势：人际交往中友善、温和，忍耐力强。

不足：缺少自信、自主意识，缺少独立思考与行动的能力，依赖他人。

自我调适建议：训练胆量，培养自主意识，更多地听从自己的愿望。

⑥ 自恋型人格倾向

内涵：以自我为中心，以自我夸大（幻想或行为），需要他人赞扬和服从为特征的人格倾向类型。

具体表现：一是虚荣心。非常渴望得到他人的关注、赞扬与羡慕；过高估计自己，希望得到社会认可；一旦自己不是被关注与赞扬的对象就会感到沮丧；行为表现比较骄傲，有时贬低别人。二是自我夸大。有自命不凡的夸大感，夸大自己的成就和才能；对自己的能力、成就抱有一些幻想；认为自己是“特殊”的和独特的，认为只有最好的才配得上自己。三是自我中心。认知与行为从自己的角度出发；不愿认识或认同别人的感受和需要；缺乏同理心。四是操纵。希望别人服从自己，或享有特权，或特殊的照顾。

优势：自信，敢于表现自己，接受挑战。

不足：对自己的认识不够客观，行为骄傲影响人际交往，缺乏同理心，难以建立亲密关系。

自我调适建议：增加对自己的客观认识，乐于做一个“普通人”，为人谦和。

汪卫东教授的临床人格倾向类型划分，有助于人们在生活中了解自己的人格倾向，不断发扬优势人格特点，实现自我成长、自我完善。

在两性关系处理过程中，了解对方人格特征有助于对对方的内心活动和情感表达方式有一定程度上的预知和理解，努力包容对方，减少双方交往过程中的负面情绪体验，建立和谐关系。汪卫东教授指出，一个人格独立的人，是能够拥有各种情感又不为情感所累的人，是在离开任何人、处在任何环境、面临任何条件、经历人生任何阶段，都能够快乐幸福生活而又不觉得孤独的人。

## （五）三角恋与多角恋及处理

发生在三人之间的恋情称之为三角恋，发生在三人以上的恋情称之为多角恋。三角恋和多角恋都无法正常步入婚姻。男女双方没有固定的恋爱对象，单恋某一个人或者单恋很多人等，他们无法体会到真正的恋爱滋味，也不能像正常的两性恋爱那样去拥有幸福的婚姻。

三角恋和多角恋关系状态中的个人通常带有各自的心理需求，比如异性情感的缺失、对爱情的认知不明确、没有原则性的婚恋观、纵欲成性等。人对异性产生喜欢、倾慕等情感是有一定的规律可循的，正确健康的婚恋观、家庭观是与异性健康相处的前提。婚姻是两个人经过性格磨合、共同成长后做出的共同选择，一旦选择就意味着责任和承担。每个人都有权利享受爱情，同时也有义务承担婚姻责任。

## （六）过去恋情的处理

过去恋情会影响男女之间的交往，有些女性会介意男性有过一次或多次恋爱经历，男性则看重女性的贞操。女性看重男方对感情的忠诚度，很多女性会问“你现在的情话和誓言是否对之前的女朋友也说过？”“你对前女友也这样温柔吗？”等。女性往往在进入热恋期后才会消减对男友前任的心理敌意。受传统文化的影响，有些男性看重的则是有过恋爱经历的女友是否是处女之身。

综上所述，无论是男性还是女性，过去恋情都会对双方的交往产生或大或小的影响。如何克服前任对自身及现任交往关系的消极影响是处于恋爱中的男女必须考虑的重要问题。

我们应该理性地思考前任存在的合理性，每个人都在随着时间的推移和后天环境的变化不断地自我成长和完善。人们在不同的时间、不同的场景下有着不同的情感体验。人的情感观、婚恋观也是随着自我完善而不断调整。我们不能参与恋人的过去，就要好好珍惜与恋人的现在和未来。恋爱中的男女不必过于在意对方的恋爱史，好好相处，才是恋爱正道。并且，从过去的恋爱中学习如何爱异性，如何成为更好的自己更重要。

### （七）只恋难婚的处理

只恋难婚的情况多出现在大龄青年中。随着年龄的增长，人们对爱情的看法不断发生变化，有些人能很快地判断自己的情感取向，很好地建立和处理与他人的亲密关系，确定自己的择偶对象进而步入婚姻。有些人则恋爱多次，却无法进入婚姻。

只恋难婚的原因有很多，个体自身身体性感知觉的成熟度问题、经济和个人能力状况、家庭背景及价值观等都会影响恋爱的成功。男女应该充分了解自己，建立起正确的自我认知，增加对感情及婚姻的认知，做好步入婚姻的充分准备。

## 二、婚后男女情感关系构建与管理的内容和策略

婚后男女情感关系的健康发展是维持健康婚姻和家庭稳定的必要基础。从恋爱到婚姻，男女双方的情感随之发生变化。这就要求男女双方在外在物质条件和心理状态方面做好充分的准备。

### （一）由恋爱步入婚姻

从彼此陌生到相知相恋，最后发展为人生伴侣，男女双方在这个过程中的感情投入逐渐增加，在信任感和依赖性增强的同时也需要对双方人格特征和婚姻生活拥有合理而明确的认知。

#### 1. 从友谊到爱情

友谊以亲密为核心成分，罗杰斯（Rogers）对这种亲密性做了三点概括：①能够向朋友表露自己的思想感情和内心秘密；②对朋友充分信任，确信其“自我表白”将为朋友所尊重，不会被轻易外泄或用以反对自己；③限于被特殊评价的友谊关系中，即限于少数的密友或知己之间。

爱情是人与人之间的强烈的依恋、亲近、向往，以及无私专一并且无所不尽其心的情感。它通常是情与欲的对照，爱情由情爱和性爱两个部分组成。情爱是爱情的灵魂，性爱是爱情的能量。情爱是性爱的先决条件，性爱是情爱的动力，情与性统一才能达到至高无上的爱情境界。友谊和爱情都是人类亲密关系中的重要因素，男女两性由朋友发展为恋人，通常恋爱周期越长，对爱情和婚姻的准备越充分。

公共生活场域里，他们像朋友一样相处，交谈的话题相对具有公开性，他们享受在周围人面前的老友式交流状态，同时避免性话题的讨论。而在单独的私人场域，他们通常会自由地谈论关于对方的感觉与看法，并会有亲昵的爱抚行为，对对方的身体及心理进行进一步的探索，很容易营造性话题谈论的氛围，亲密感迅速升温。

### 2. 从恋爱到结婚的准备：物质条件与情感基础

“爱”是身体结构、生理功能与心理取向三个方面的结合，婚姻则是前三者加上社会性（如法律、伦理等要素）的综合体。爱情是婚姻的基础，两性在确定彼此爱情稳固之后，开始对婚姻问题进行探讨和设想，从爱情到结婚的两性相处过程，更能考验爱情的坚定性。爱情是两性双方的自主选择和情感关系培养，而结婚则涉及两个家庭的情感和价值观考量。双方家庭成员之间价值观的差异是影响两性步入婚姻的重要因素，也决定了两性婚后的幸福感。从爱情到结婚，两性应该做好充分的心理和物质准备，一方面避免因物质条件影响双方的感情，另一方面要提高对婚姻和家庭的认知，做好扮演女婿、儿媳等的角色准备。

物质条件和情感基础影响婚姻的幸福。不同的人持有不同的婚姻态度，同时也需承担不同婚姻选择结果。

（1）结婚的条件：物质与情感

结婚是两情相悦与一定的物质基础上的两性结合。物质条件对男女婚姻的影响因人而异，缺乏物质基础会对婚姻产生影响。但是物质不是决定因素，男女之间坚实的情感基础和成熟的婚姻认知才是决定婚姻幸福度和持久性的决定性因素。

（2）物质条件重于情感基础

现代社会中存在着一些物质条件为前提的婚姻，男女基于物质条件及家族利益等因素的考量组建家庭。这种家庭关系通常出现于两种人群中，一种是具有较高社会和经济地位，或家族企业存在利益牵连的有钱有权家庭子女，他们往往不能自己决定婚姻。一种是家庭极其贫困，需要依靠婚姻才能获得较好的生存条件或改变整个家庭生存状况的贫困人群。如在某些地区，婚姻首先是为了保证生存，生存高于一切。

（3）情感基础重于物质条件

情感基础重于物质条件的婚姻，男女双方对彼此经济能力的潜力持有一定的信心，他们对物质生活水平要求不高，对彼此的爱情充满着信心。这种婚姻观取向下的男女通常生活和情感状态比较稳定。

（4）了解彼此人格倾向，更好处理情感关系

人的一生都在通过不断学习和经验积累来完善自身人格，从而形成积极客观的自我认识，形成对他人、对社会的理性认知，建立良好、稳定、协调的人际关系，形成独立的自我意识并建立社会责任感。人格健全的男女更容易处理好情感关系。

男女双方应该对自身及对方的人格倾向、思维方式、兴趣、行为特征及价值取向等

进行充分了解。同时，发现对方的特殊爱好和生活习性，尊重双方的亚文化如地域文化差异，了解对方的成长环境和家庭环境，彼此接纳和包容，建立良好情感关系。

依据荣格关于人格类型的划分标准，不同人格倾向的个体在情感方面的表现存在差异。如外向和内向思维型人格偏爱理性生活，崇尚思考，压抑感情。当恋人与其拥有共同的感情信仰时，只要对方不碰触自己的爱情底线，他们通常会爱得义无反顾。外向和内向情感型的人会根据身份、年龄、职业及家庭等情况选择婚姻对象。这种类型的人往往沉醉于多变的感情中，满足于表面关系的和谐。外向和内向感觉型的人通常忠实于感觉、不善律己、喜好交友、猜疑心重，这类型的人总会给恋人一种不确定感，患得患失。外向和内向直觉型的人喜欢不断追求生活的可能性，容易被与自身完全不同类型的异性所吸引，在处理亲密关系时表现得较为积极主动。

在汪卫东教授的人格倾向类型分类中，不同人格倾向在工作、学习、两性关系、人际交往和事件应对方面都有不同的表现特点。了解这些，有助于自我成长和更好地处理两性关系以及与他人的关系。

（1）表演型人格倾向

学习方面：学习兴趣广泛，但是花费太多精力，学习不够认真、深入。

工作方面：人际交往广泛，工作方面善于沟通，适合团队合作，对于细致的工作不太认真。

婚恋方面：异性朋友多，在异性中受欢迎，希望得到伴侣的关注，得不到伴侣的关注与支持时感到不安，而过于情绪化会引起关系的不稳定。

人际交往：为人热情，交往甚广，希望成为人群的关注焦点，人际交往中易受他人影响，朋友众多，但深入交往不足。

事件应对：遇事容易情绪化，思考应对方式时不够缜密。

（2）胆怯型人格倾向

学习方面：学习认真，自信心较差，对于学业信心不足。

工作方面：工作认真谨慎，踏实合作，但信心不足，不敢表达自己的意见，委以重任时可能出现退缩，因担心挫折而缺少创造力。

婚恋方面：面对异性时比较腼腆，在遇见心仪的对象时，通常采取回避的态度，担心自己魅力不足，担心关系不稳定。

人际交往：自信心较差，害怕被人关注，人际交往时不够主动，害怕被抛弃。

事件应对：不敢承担重大事件，当遇到负性事件时容易因为不自信而退缩，对于不良后果过度自责。

（3）偏执型人格倾向

学习方面：好强，对喜欢或感兴趣的事物乐于钻研，对自我的认知固执，不能认识自己的错误。

工作方面：在自己的领域坚持钻研，比较自负，不愿接受不同意见，不能承认自己的缺点和错误，对工作伙伴不够信任。

婚恋方面：婚恋中缺少浪漫，多疑，怀疑伴侣的忠诚。

人际交往：缺少柔情和宽容，与人交往时固执己见，对他人不信任。

事件应对：遇事固执己见，不知变通，不能认识自己的错误。

（4）完美型人格倾向

学习方面：认真严谨，因追求完美而容易花费过多的时间。

工作方面：理性，逻辑性强，负责任，对于他人的工作不是很信任，常把责任揽在自己身上，合作能力较差，花很多时间在工作上以至于私人生活不够丰富。

婚恋方面：交往时不够浪漫，将追求完美的态度带到婚恋中，会对伴侣以及关系过度要求，过度控制伴侣，使伴侣感到压力。

人际交往：人际关系处理方面不够灵活，对亲友要求过高，容易吹毛求疵，且有控制倾向。

事件应对：遇事理性，处理方式往往是严谨思考所得，但对于不完美的结果不能接受。

（5）依恋型人格倾向

学习方面：自信心差，学习方法、学科选择上依赖他人，缺少主见，对于自己的观点不能坚持。

工作方面：非常合作，缺少自信和独立思考能力，不能有自己的观点，不能独自承担责任，需要他人陪伴。

婚恋方面：对伴侣顺从，容易发展亲密关系，但是对伴侣的过度依恋会使伴侣感到压力。

人际交往：与人交往愉快友好，对他人过于依赖，迎合顺从他人而委屈自己。

事件应对：遇到事件不能独自处理，需要他人帮助。

（6）自恋型人格倾向

学习方面：好强，过于骄傲，不能承认自己的错误，不能虚心求教。

工作方面：领导能力强，乐于表达自己的观点，但是不能倾听和接受他人的建议。

婚恋方面：情感关系中以自我为中心，不能关心他人的感受，操纵他人。

人际交往：自我中心，自我夸大，经常向他人夸耀自己的优点，缺少同理心，不能关心他人，交往中控制他人。

事件应对：以自我为中心，以自己的感觉去理解他人；自我评价过高，喜欢并享受他人过高评价自己。

### 3. 结婚——仪式与过程

在结婚的整个准备和进行过程中，结婚的仪式感、结婚的个体和家庭期待都会影响着婚姻生活的顺利开展。

（1）结婚的仪式感

中国传统文化博大精深，地方习俗各色各样，婚俗作为地方文化的镜像，婚礼的形式、过程及禁忌都蕴含着中国的传统伦理道德，是整个社会文化的折射。

结婚仪式表明了夫妻双方及家庭对于婚姻的重视程度。仪式感越强烈，表明重视程度越高。我国农村习惯于用结婚的彩礼、喜桌等的丰厚程度来判定男方对女方的重视程度。同时，在结婚的准备工作中，双方家庭之间交流互动频繁，从恋爱到结婚，这个时期是双方家长互动最多的阶段，婚礼的资金和精力投入是双方家庭经济能力的较量和家庭权力关系的博弈。注重结婚的仪式感，一方面可以给双方亲朋好友留下良好的婚姻印象，另一方面也给新组建的家庭以良好的开端，利于婚后家庭关系的处理。

（2）结婚的个体与家庭期待

结婚的个体期待是指夫妻双方对共同生活的期待。由恋爱进入婚姻，夫妻双方得到了情感的互相认可与私密相处的空间。夫妻期待着进入双方的生活领域，能够更进一步地了解对方，成为对方生活世界和感情世界里的主人公。

结婚的家庭期待是指双方家庭对夫妻双方各自角色的期待，男方家庭期待着儿媳尽快融入家庭，女方家庭希望女婿用心呵护自己的女儿。儿媳角色是个重要话题，婆媳关系也是中国家庭中一对比较复杂的关系，甚至有人称“婆媳关系和谐与否决定整个家庭的幸福”。

我们应该正确看待夫妻双方的家庭角色，双方父母应该以新婚夫妻幸福为出发点和最终目标，不干涉儿女婚姻。子女与父母成长在不同的社会与时代背景中，要本着家庭和谐至上原则来处理家庭关系。

### 4. 从恋爱到婚姻生活

从恋爱到结婚，男女将对婚姻的期待付诸现实，恋爱阶段以基于情感的生活为主线，而婚后生活则是爱情逐渐走向亲情的过程。过去的情感生活里关注更多的是浪漫与激情。进入婚姻后，夫妻开始共同探索婚姻的生活方式。婚姻关系也是一种人际关系，是对两性情感管理的一个制度载体。每个人都要走向常态的现实生活，恋爱、性、婚姻等都只是平静生活的调味剂。每个人自呱呱坠地都是孤独的个体，我们应该始终珍惜和感恩生命中另一半的出现与陪伴。

在婚姻生活中宜求大同存小异。良好的婚姻生活状态是男女双方生活、行为习惯的适应、磨合以及相处模式的建立过程。所谓“大同”，是指夫妻双方在知识储备、个人修养及婚姻态度等方面整体上大致相同，这是建立婚姻关系的前提。“小异”，是指在夫妻生活中处事风格等的差异。夫妻之间存在差异是必然的，这也正是男女互相吸引之处。夫妻之间要学会尊重对方的差异，互相学习，共同进步。

### 5. 从两个个体关系到两个群体关系

传统的中国家庭不仅指居住在同一屋檐下的成员，还扩展到家庭、宗族，乃至氏族。即使现代中国以核心家庭为主，但核心家庭与两个原生家庭依然有千丝万缕的联系。中国家庭成员的概念可延伸到很广的范围，不但有妻子、丈夫和孩子，还包括对方父母和兄弟姐妹等。在中国，结婚是两个家庭的事。所以，中国的家庭要处理夫妻、婆媳、翁婿、祖孙乃至横向的兄弟姐妹之间的关系。这些关系处理得好坏，会影响夫妻关系。

## （二）婚后特殊时期夫妻情感关系及管理

研究发现，在婚姻生活中，有四个时期是最危险的，婚姻问题往往发生在这四个时期。

第一个危险期：孩子出生。孩子出生打破了之前的夫妻关系模式，夫妻不得不重新协商时间、家务、财务、事业等的分配问题。同时，夫妻双方的注意力也逐渐转移到孩子的照料上。妻子照顾孩子的疲劳会导致对丈夫的忽略，这时夫妻之间的感情维护尤其重要。伴随着孩子的出生及成长，夫妻更应该不断创造互相关心的感情氛围，增加沟通，给予彼此更多心理支撑，调节紧张的生活节奏。此外，注意合理安排一定的性生活，增加亲密时光，维持和谐的两性关系。

第二个危险期：婚后 4 ～ 5 年。夫妻生活平淡乏味。这个时期，丈夫往往事业稳定，上进心消退，妻子则同时忙于工作和孩子，夫妻之间的亲密欲望降低，亲密机会减少，一方另觅知音的可能性增加。婚外情多半始于单纯的友谊，丈夫或妻子把本该向对方倾诉的话说给他人听。这个时期，夫妻之间应该增加互动频率，比如共同实现特定的生活小目标等，增进感情交流。

第三个危险期：婚后七年左右。夫妻在婚后 6 ～ 10 年之间，对婚姻的满足程度降至最低点。离婚率也在婚后 7 ～ 10 年形成高峰。这个时候，夫妻双方应以最大的忍耐、最多的关怀来帮助对方，以保证婚姻的稳定。

第四个危险期：婚后 20 年左右。此时男女双方状况逐渐发生变化。妻子进入更年期往往烦躁不安，担心自己魅力全失，丈夫则日渐衰老且忧心忡忡。夫妻双方这个时期应该给予彼此更多的理解和安慰，否则易出现感情危机。

婚后恰当的关系调适是避免婚姻危险期出现的重要措施，是保证两性关系持续健康发展的长久之策。因此，我们从初婚、孕期、产期和哺乳期四个特殊阶段，分别根据其特点提出维持并增进夫妻情感的策略。

### 1. 初婚情感关系特点与维护：激情与浪漫，短暂而美好

刚刚步入婚姻的年轻男女，性欲望的满足及情感的表达达到一个高峰点。他们往往在性生活上高度和谐，在情感上契合性极高，对婚姻生活充满期待，对未来的美好无限

向往。从整个爱情发展周期来看，这个阶段的男女情感几乎在性与情上达到了前所未有的和谐，生物性需求与情感性需求得到了最大满足。初婚时的美好体验是维持婚姻关系稳定和谐发展的重要基础。

**2. 孕期情感关系特点与维护：生理性缺失与情感性补偿，关心与呵护**

孕期女性通常在生理上和心理上都有不同于其他时期的特点。这个时期的女性往往敏感多疑，情绪容易受到外界因素，尤其是丈夫、公婆及关系亲密的人对自己态度的影响。此外，在长达40周的怀孕期间，女性不得不压制住自己的性欲望，这对女性自身的情绪稳定产生很大影响。从初期的孕吐到后期的行动不便，孕期女性的心理面临压力与挑战；生理上的性压抑与情感上的缺失感，使得她们急切地渴望能得到亲密的人，尤其是丈夫的理解和呵护。另一方面，丈夫在妻子孕期无法得到性满足，还要照顾好妻子。在经济责任之外，丈夫要承担更多家庭事务，这对夫妻双方的情感和包容度都是很大考验。

**3. 产期情感关系特点与维护：付出感与回报感，鼓励与支持**

产期女性内心存在较多恐惧，她们害怕分娩的痛苦与风险，同时对自己的外在形象越来越缺乏信心，害怕皮肤、身材等外部变化为丈夫所不能接受。这个时期的女性一方面认为自己已经为孕育小生命耗费全力，另一方面自我接纳度较低，渴望得到丈夫的鼓励与支持。产期的身体与心理变化是女性生理特征的必然反映，女性要正视和接纳产期身体的变化，调整好自己的姿态。

孩子是夫妻爱情的结晶，孕育新生儿需要夫妻共同的投入与付出，妻子虽然在身体上承受着丈夫难以体会的苦与痛，丈夫也在用自己的方式与妻子共同迎接小生命的到来。产期夫妻之间的鼓励、陪伴与支持，可以巩固夫妻情感，提高家庭凝聚力。

**4. 哺乳期情感关系特点与维护：欣赏与尊重，责任与承担**

哺乳期的女性不再仅仅依恋于丈夫，妻子开始将感情重心放在孩子身上，对丈夫的关注度降低，夫妻之间的亲密关系被打破。哺乳期女性通常逐渐忽略对自身外在形象的修饰，精力几乎全部放在孩子身上。丈夫应该正确看待妻子情感的转移，妻子对孩子表现出的无限的爱正是对双方爱情结晶的珍视与呵护。一方面，妻子应该向丈夫充分表达自己对新生儿的感情，扮演好妻子和母亲的角色；另一方面，丈夫应该给予妻子足够的欣赏与尊重，消除妻子的情感顾虑，并调整好自己作为丈夫和父亲的角色。

## （三）婚外情感问题及处理

婚外情感问题主要有婚外情、婚外性及其他婚外情感关系。汪卫东教授认为，无论是男性出轨还是女性出轨，原因都很复杂。出轨是本能、感情、人际、伦理、道德、社会等多种因素的综合。对于情感而言，变是绝对的，不变是相对的，只是变得程度不同而已。汪卫东教授还指出，情感，是两性跷跷板的支点；情感冲突，是两性跷跷板的两头比重的暂时失衡；离婚，既是两头比重的彻底失衡，又是两性跷跷板支点的彻底破坏。一方出轨表明婚姻出现问题，婚姻的平衡被打破，需要寻找新的平衡，所以两个人都要自我反思。

**1. 婚外情——情感的缺失，应积极维护夫妻关系**

婚外情是指已婚者与配偶之外的人发生恋情。婚外情是违背传统道德观念、违背社会公德的，对个人、家庭和社会都有很大危害。婚外情的出现原因有很多，而夫妻关系出现问题是导致婚外情的主要原因。步入婚姻后，夫妻双方受生活琐事、事业变故等压力的影响，生活和交友圈子完全绑架在一起，任何一方失去维持与营造和谐家庭关系的耐心，都可能出现婚姻危机。

当夫妻一方逐渐失去对对方的兴趣，不良情绪和压力得不到及时有效发泄和缓解，就很容易将注意力转移到除家庭以外的人身上。婚外情就是婚姻关系中，一方情感或其他需求得不到满足，寻找第三方来满足的表现。夫妻双方应该充分地表达自身的真实感受，通过散步、谈心、旅游等方式缓解生活中的不满与不快，及时发泄不良情绪，同时不断创造美好回忆，理性看待生活中的摩擦和冲突，珍惜夫妻感情，共同维护婚姻幸福。

**2. 婚外性——性欲的满足，宜恪守婚姻责任、增强性福和转移升华**

婚外性是指已婚者在婚姻之外与他人（已婚或未婚）发生两性关系的行为。婚外性与婚外情的含义不完全相同。它既可伴随婚外情行为发生，也可能是“一夜情”甚至是单纯的性行为等与情感关系不大的行为。婚外性是比较严重的社会越轨行为，会对婚姻关系造成很大的影响。它一方面透露出夫妻之间性生活的不和谐，出轨方可能是性欲得不到满足，另一方面则反映出轨方对婚姻的不忠。

夫妻双方应该建立起对性的理性认知，婚姻关系中的性生活才具有合法性。夫妻双方应该从家庭内部关系、个体的情感需要等方面反思婚外性出现的深层原因，同时应努力学习，创造和谐性生活，力促家庭幸福。

## （四）从爱情到亲情的夫妻情感及管理

男女双方从爱情的激情浪漫到类似亲情的稳定情绪体验是情感关系在婚姻不同发展阶段的不同体现。一方面具有其合理性，另一方面也存在情感的风险性。积极回应和有效管理是经营夫妻情感的基本要求。

**1. 爱情到亲情的转化**

随着婚姻生活的推进，两性之间的感情逐渐由爱情走向亲情，这是两性情感发展的必然趋势。夫妻之间在性关系基础上搭建的亲情是感情生活与生活情感结合的产物。浪漫与激情不是婚姻关系的常态，夫妻长期共同生活使激情转化为亲情并在亲情中也保留激情，可使婚姻保持较佳状态。

虽然说爱情中的激情体验与稳定情绪都是婚姻生活中所必须经历的感情体验，但是夫妻之间的感情由爱情走向亲情的过程也确实证明了婚姻中爱情比重的下降，亲情成分的增加。我们可以允许夫妻亲密关系中亲情成分的合理存在，但是婚姻还是爱情成分多多益善。一旦夫妻之间的亲密感情中只剩下亲情，那么婚外情、婚外性的发生可能性就会增加。

### 2. 从爱情到亲情的夫妻情感管理

爱情与亲情都是夫妻之间亲密关系的表现形态，爱情是婚姻的基础，适度亲密的情感关系是婚姻幸福的基本要素。夫妻应该在婚姻中相互理解、相互支持、共同成长。

经营婚姻的方法：理解宽容、人格独立、共同进步。经营婚姻是一件需要心智和体力的工作，只有用心经营和呵护，才会岁月静好，春色依然。美满的婚姻，应该是男女双方形成一种平衡的关系，即双方在性、爱情、人际、经济、自我方面都达到了一种平衡，都拥有各自的人际关系、经济基础、生活空间与事业版图。他们互为依靠，但又各自独立。

曾有一位睿智的老妇人在和丈夫的金婚纪念日道出他们保持婚姻幸福的秘诀："从我结婚那天起，我就准备列出丈夫的 10 条缺点，我向自己承诺，每当他犯了这 10 条缺点中的任何一条时，我都愿意原谅他。"于是当有人问她，10 条缺点到底是什么时，她回答说："老实说吧，50 年来，我始终没有把这 10 条缺点具体地列出来，每当我丈夫做错了事，让我气得直跳脚时，我马上提醒自己：算他运气好，他犯的是我可以原谅的 10 条缺点之一。"我们可以看到，用一种宽容的生活态度，来容忍和接纳丈夫的一切，是这位睿智的老妇人保持婚姻甜蜜幸福的秘诀。

## （五）从有性婚姻到无性婚姻

随着夫妻年龄的增长，身体性激素水平的降低，夫妻之间性生活频率降低直至完全缺失。有性婚姻需要双方精心维护，无性婚姻需要爱的呵护。

### 1. 有性婚姻的管理

有性婚姻，即夫妻之间有默契的性生活，以亲密与性的互动形式组成的婚姻。婚姻是性与爱结合的产物，有性婚姻是家庭良性发展的必要前提。步入婚姻的周期越长，夫妻逐渐远离双方世界的亲密关系，夫妻双方之间关于性话题的讨论越少、互动频率越低，会影响亲密关系。孩子出生后，夫妻双方或被事业及家庭经济责任所牵绊，或被孩子及家庭日常事务所牵绊。如何保持爱情的新鲜度及双方对性欲的渴望，是构建和谐夫妻性关系的关键。

一是保持婚姻初期性生活的热度。婚姻初期，热恋中的双方满怀着对婚姻的期待步入婚姻，爱情的新鲜感与热度前所未有。体现在性生活上，则是对性的积极投入，性行为次数增加，双方幸福感骤增。这个阶段良好的夫妻生活可为以后婚姻生活打下良好的基础。

二是觉察和改变婚姻中期的性冷淡。这个阶段的夫妻往往事业和家庭生活稳定，而夫妻双方的感情生活在经历了婚姻初期的高峰体验之后出现明显的持续稳定。由爱情走向亲情，由情感生活走向生活情感，这个过程中，随着年龄和阅历的增长，身体及心理的完全成熟，夫妻双方可能表现出对彼此的性冷淡。及时察觉对方对自身性欲的需求变化，适时地表达性欲望，增加性生活的情调是维持有性婚姻的必要措施。

三是纠正老年夫妻的“无性”误区。人们往往认为老年人应该是“无性”的，性话题及性欲望好像只为老年以外的年轻群体所专属。实际上，老年人也有对和谐性生活的生理需求。老年人性活动的方式有很多种，性交、自慰、亲吻、拥抱等直接和非直接性交等方式都可以让老年人获得满足感。

### 2. 无性婚姻的管理

无性婚姻是指男女双方在承诺不进行性生活的基础上结成夫妇关系。因疾病等不可抗因素导致的性功能丧失、先天无性以及被称为“第四性向”的无性恋者的婚姻称为无性婚姻。相对于有性婚姻而言，无性婚姻存在的原因较为复杂。无性婚姻持续管理的重点是夫妻双方是否有维持这种婚姻状态的心理需求。无性婚姻里夫妻双方良好情感关系的构建，是婚姻维持的重中之重。人类的情感有生物性和社会性之分，夫妻双方培养的共同兴趣，增加情感互动的机会和话题，增进彼此的情感交流与互相了解，努力成为对方生命中最重要的存在，是构建无性家庭夫妻互动的桥梁，也是解决无性婚姻家庭问题的重要方式。

### 3. 走向婚姻的常态，拥有美好的生命体验

稳定的婚姻关系是建立在夫妻双方情感支持、人格与精神独立、经济支持等基础之上的。夫妻双方各自塑造自身的人格魅力，从彼此身上发现隐藏的美，是保证和谐婚姻的动力源泉。个人积极健康的自我，自我认知和行为的和谐，丰富高贵的个人素养，个人内外关系的和谐统一，是双方走向幸福婚姻的必经之路，也是创造美好生命的终极目标。

## 思考题

1. 处理男女情感关系的关键是什么？
2. 如何理解男女情感由爱情到亲情的转变？
3. 有人说“婚姻是爱情的坟墓”，请谈谈你的看法。
4. 如何看待婚姻中情与性的关系？

# 第七章
# 婚姻前后男女健康性关系构建与管理

婚姻，是人与人之间一种特殊的社会关系，是以感情为基础的两性关系，它是男女两性在爱情基础上合法的自然结合。恋爱是男女进入婚姻之前应有的程序，它为基于爱情的婚姻打下比较坚实的情感基础。恋爱与婚姻都关涉性与情，基于东方文化传统的中国人对性遮遮盖盖、羞羞答答，但是谈及男女之间的情感、恋爱与婚姻都无法绕开性。

## 一、婚前男女健康性关系构建与管理的内容和策略

与古代婚姻制度讲究“父母之命，媒妁之言”不同，现代男女的婚姻多是基于恋爱基础上的。无论通过哪种途径相识，经过恋爱再进入婚姻，是现代男女进入婚姻的基本程序。如果恋爱期间的男女突破了传统界限而有了性关系，那么如何通过建立健康性关系而进入相对比较稳定的婚姻呢？

### （一）婚前男女健康性关系构建与管理的内容

男女随着情爱的发展必然导致双方不同程度的性接触，由情爱向性爱的发展是自然的事情。因此，恋爱中的男女处理好性关系，非常重要。

恋爱期间，健康性关系构建主要有以下几个方面：

### 1. 男女要树立什么样的性观念

性观念指社会的性意向，即社会人群对性的心理倾向。它包括对性生理、性心理、性行为、性道德和性文化等的总认识和看法，如择偶观、恋爱观、婚姻观、性别角色、性与爱的关系、自慰、遗精、生育观、老年人对性的看法、老年人与性的关系等。

处于热恋中的男女，很难完全避免性行为的发生。那么，男女树立什么样的性观念非常重要。它决定着男女是以什么样的态度进入性爱，以什么样的态度进入婚姻，关系到婚姻的质量和幸福，甚至会对下一代的恋爱婚姻产生深远的影响。

### 2. 性爱与社会责任

一般而言，恋爱男女是抱着进入婚姻的目的而发生性行为，所以必然涉及自身的社会责任。因此，应积极引导男女在热恋中谨守个人的社会责任。

### 3. 如何对待不能进入婚姻的性爱

即使抱着结婚目的，并非所有恋爱的人都能进入婚姻。如同婚姻有结婚也有离婚一样，恋爱的男女即使发生过性行为，可能也会因为种种原因最终无法走到一起。那么，应该怎么处理这样的恋爱，如何使曾经的美好爱情体面地画上句号，也是一个将要恋爱、正在恋爱的年轻人，甚至家有儿女的父母必须面对和思考的重要问题。

## （二）婚前男女健康性关系构建与管理的策略

对于恋爱并已考虑进入婚姻的男女，他们进入恋爱的模式各不相同。有的男女从情到性，有的由性到情，有的是性情同步。具体情况可能非常复杂，爱情是人类无法说明的一种非常神圣的情感，只因里面有各种因素的相互作用使然。

恋爱中的男女即使没有实质性的性行为，依然不能排除性在恋爱中造成的异性之间的相互吸引。因此，明了恋爱中应持什么样的性观念，以及明白性行为的界限与尺度很有必要。

### 1. 树立健康的性观念

性观念是一种经过社会文化锻造的心理观念，核心问题是对性的道德评价。因此，热恋中的男女以一种什么样的观念对待性爱，对他们能否最终进入婚姻，能否创造幸福婚姻，以及如何引导下一代的婚恋，都有很大影响。

性的生物基础是它的自然起源，而性的社会基础则体现了它的本质。实际上，人类性行为的自然属性和社会属性是紧密结合而不可分割的。人类性行为的自然属性是动物本能的属性，是维护种族生存的必需。进入青春期以后，脑垂体性腺激素分泌增加，从而引起人体内部性激素增加，这种人体内部生理条件的变化就产生性本能冲动，而引起性欲。它是延续后代所必需的条件和要求。

爱情是人类男女间基于生命繁殖的本能和确保身心快慰而产生的互相倾慕和追求的

生理的、心理的与社会的综合现象。正如保加利亚剧作家瓦西列夫所说:“爱情是一种复杂的、多方面的、内容丰富的现象。爱情之根源在本能,在性欲,这种生物本能的欲望不仅把男女的肉体,而且把男女的心理引向一种特殊的、亲昵的、深刻的相互结合。爱情把人的自然本质和社会本质联结在一起,它是生物关系和社会关系、生理因素和心理因素的综合体,是物质和意识多面的、深刻的、有生命力的辩证体。”① 也就是说,异性间互相吸引、情欲的产生都是性本能的反应,爱情很难不包括性欲的因素。因此,性是与美好的爱情相伴的,是美妙而神圣的。婚姻中的两个重要因素——情与性都是很重要的。这与中国传统的以生育为主要功能的婚姻有所不同,现代婚姻是情感因素为主的婚姻。正如恩格斯所说:“没有爱情的婚姻是不道德的。”

另外,男女寻找到爱情未必靠一次恋爱就能实现,因此有些人会有不止一次恋爱。“女人的第一次给了一个男人,就一定嫁给这个男人”的文化传统已经不适于现代人的恋爱,传统的不失身或在婚姻上从一而终的贞操观也不适用于现代人,但这并不意味着男女在性方面可以为所欲为。不与美好神圣的情感相联系的性行为最终无法持续,也无法使人感受到真正的幸福。

### 2. 要学会保护对方

性知识是有关性和性器官方面的知识,包括性技巧、性健康、性道德、性教育、性心理等方面的内容。性知识是性生活的重要前提和保证。成年男女在恋爱前应该具有相应的性知识。列宁说过:“人类有三大生活:一是精神生活,二是物质生活,三是性生活。”

了解相关性知识,不仅可以更好地享受性的快乐,而且可以做好防护,保护自己和对方不受伤害。

此外,还有非常重要的一点,就是谨守性道德。性道德是健康人格的表现形式之一。性行为中努力保护对方免受伤害,也是考验人性的无纸笔考试。一个在生活中、工作中、人际交往中诚实可信、乐观豁达、善待他人、体贴同情的人,在性爱中也会是个善于保护对方的担当者。

### 3. 对不能进入婚姻的性爱处理策略

恋爱男女未必都走向婚姻,即使已经发生性关系。因此,正确看待恋爱中的性,正确看待性与恋爱、婚姻的关系决定着男女能否成功再恋爱乃至以后婚姻的幸福度。

诚然,爱情包括性欲的因素,但并不归结为性欲。爱情是经过人类文明净化的美好纯真的感情,爱情发生时的情与性也是当时激情状态使然,不能说当时的海誓山盟是假的。真正的爱情多与激情相伴,但如果没有与相应的社会性等因素很好地契合,它也会发生变化。很多爱情都以浪漫式爱情开始,或称激情之爱、厄洛斯(Eros,希腊神话

---

① [保]基·瓦西列夫.情爱论[M].赵永穆,范国恩,陈行慧译.北京:生活·读书·新知三联书店,1984:42.

中的小爱神），它很大一部分由性欲和迷恋组成，通常在爱情关系早期占主导地位。著名的爱情研究者埃伦·伯斯凯德（Ellen Berscheid）说，当我们说自己“爱上了某人”时，我们指的是浪漫式爱情。她认为，如果想要知道爱情是什么，就必须了解浪漫式爱情。伯斯凯德认为，性需求是浪漫式爱情最重要的要素，其他还包括很多种情绪的复杂混合——如恐惧、愤怒、性需求、愉悦和嫉妒。因此，激情保持的时间是有限的，最多不超过两年。如果激情消退，爱情没有转化为稳定的含有亲情因素的情感，终结就难以避免。

因此，男女恋爱期间轻易不要与对方发生性关系。如果已经发生了性关系，双方就应做好各种心理准备。当一段感情无法维系，也应好聚好散。同时，珍惜曾经有过与激情相伴的这一美好纯粹的人生体验。

## 二、婚后男女健康性关系构建与管理的内容和策略

婚姻是男女双方以永久共同生活为目的，依法自愿缔结的具有权利义务内容的两性结合。它是人与人之间一种特殊的社会关系，是以感情为基础的两性关系，是男女两性在爱情基础上合法的自然结合。与中国传统以生育为主旨的婚姻不同，现代婚姻中两个重要的元素——情和性也愈加被重视。人们不仅重视男女两性之间的情感因素，也开始关注婚姻中以前几乎不被关注的性的因素。

### （一）婚后男女健康性关系构建与管理的内容

谈到婚姻，必然涉及两性关系。汪卫东教授认为，两性关系本质可作如下解读：生物性——种群生殖、繁衍与生存的需要；社会性——所谓家庭是社会的细胞，两性在生物性的基础上相互依存的需要；心理性——安全感与愉悦感获得的需要。

中国人的婚姻，大致可以分为有情有性、有情无性、无情有性、无情无性这四种。无情无性的婚姻不在本章考虑范围之内，我们只考虑前三种婚姻。无论哪种形式的婚姻，如果能很好处理情与性的关系，创造和美幸福的婚姻家庭生活，则最好不过。那么，婚后健康性关系构建与管理的内容有什么呢？

#### 1. 如何实现情性统一的婚姻生活

对于绝大多数通过恋爱进入婚姻的男女来说，有了深厚的情感基础，实现情与性统一似乎不是什么难题。由于中国传统文化对性的态度太过含蓄，没有相应的指导机构，

夫妻遇到和性有关的问题，很难获得系统、专业的指导，从而使很多婚姻中原本很小的问题，逐步演变成婚姻危机，甚至导致个体的身心疾病。

汪卫东教授基于三十多年的临床心理治疗发现，凡女性出现了体现女性第二性征器官方面的疾病，多与病前的心理状态特别是性心理异常有关。这包括婚姻性生活不协调，即一方不能满足另一方的性需求，如男性或女性性冷淡等。

因此，即使有情有性，婚姻质量也未必很高。如何创造和谐美好的幸福婚姻，专业指导不可缺少。

### 2. 情性难以统一的婚姻生活如何处理

无情有性和有情无性的婚姻，如何实现婚姻的美满和谐，也是需要思考的问题。

无情有性的婚姻，可能婚姻中其他因素，如经济、地位、政治等因素占据了较大比重。

在中国，有情无性的婚姻也不在少数，这与中国的文化传统息息相关。社会学家费孝通在《乡土中国》中说："在我们的乡土社会中，家的性质在这方面有着显著的差别。我们的家既是个延续性的事业社群，它的主轴是在父子之间，在婆媳之间，是纵的，不是横的。夫妇成了配轴。配轴虽则和主轴一样并不是临时性的，但是这两轴却都被事业的需要而排斥了普通的感情。"① "在乡土社会中，这种精神（注——指浮士德式的两性恋爱）是不容存在的。……男女间的关系必须有一种安排，使他们之间不发生激动性的感情。那就是男女有别的原则。'男女有别'是认定男女间不必求同，在生活上加以隔离。这隔离非但是有形的，所谓男女授受不亲，而且是在心理上的，男女只在行为上按着一定的规则经营分工合作的经济和生育的事业，他们不向对方希望心理上的契洽。"② 中国传统文化不注重夫妻之间的情感因素，夫妻如此隔离，性方面的和谐可能更无从谈起。婚姻主要是基于生育的考虑，所谓"不孝有三，无后为大"。提升此类婚姻的质量，对提高男女的生活幸福感也很重要。

## （二）婚后男女健康性关系构建与管理的策略

婚姻关系是建立在纯真爱情和崇高义务基础之上的男女情感关系，它以婚姻家庭为形式而表现出来。

### 1. 有情有性婚姻：提升婚姻的幸福感

对于有情有性婚姻来说，有深厚的情感基础，也有性爱作为重要保障，婚姻生活是不是就高枕无忧了呢？似乎不完全这样。中国大量的婚姻问题都是这些恋爱后进入婚姻的男女制造的，他们的婚姻中情性兼备，可是依然没有得到真正的婚姻幸福。

---

①② 费孝通．乡土中国生育制度［M］. 北京：北京大学出版社，1998：41,46.

首先，双方人格独立，某一方的情感依恋需适度，是创造幸福婚姻的前提。性与情关系密切，很难抛开情来谈性。婚姻是男女彼此依恋的情感载体，双方都会自然而然地在对方身上索求一种情感依赖上的归属感和安全感。这种相互之间寻求依恋的动机，形成了夫妻之间的情感依赖关系。只有当婚姻生活中的男女双方在情感依赖程度上处于对等关系，他们才可能达到和谐的两性关系，并拥有幸福婚姻。如果其中一方对对方的依赖感大大超出另一方时，婚姻容易出现问题。

其次，学会享受美好的“性”福生活。毕淑敏说过，“美好的性，是阳光下的火炬。”性生活是人类不可缺少的生活，它可以使人快乐，使人健康，助人传宗接代，还可以延年益寿。性是这个世界给予人类的最美好的事，不论对男人，还是女人。

心理因素与性生活的和谐关系极为密切，夫妻之间的互敬互爱、平等相待、互相体贴、互相配合，是获得满意的性生活的基本心理条件。夫妻双方的激动、兴奋、欣快的情绪可以相互感染、鼓励对方。这时的表情、姿势、语言、语调等都是相互触发性快感的手段。男女在做爱的时候，综合了人的所有感觉的美：视觉的美、听觉的美、嗅觉的美、味觉的美、触觉的美和性觉的美。做爱的美不仅仅是双方同时达到高潮时那种强烈的感觉，还有许多其他的美轮美奂的感觉。

性是人生的价值之一，因此人有权利满足它，并且也有权利尝试那些较能满足彼此需要的方式。但是，性不是婚姻的全部。如果过分看重性的价值，会造成婚姻中不可承受之重。

性生活需要的是极度的放松和摒弃私心杂念，把它当成一件轻松的事情来完成，任何额外附加性的东西都只会破坏它。

### 2. 有情无性婚姻：寻找另一种替代生活

这里指的是一方无法有性生活，但夫妻感情很深厚。如果还要维持婚姻，另一方只能寻找精神追求，发展自己多方面的兴趣，或者寄情于工作。

### 3. 双方长期不在一起：一个人的生活也快乐

由于某种原因，夫妻一方长期不在身边，如何既能有效释放性能量，又不破坏夫妻感情呢?

对于婚姻中的男女而言，分离基本上不会加深感情。即使夫妻曾经朝夕相处地生活过一段时间，当两人距离变远时，双方的关系也容易因为见面与沟通较少而受到影响。如有可能夫妻尽量避免分离，如果不得已必须分离，要学会一些有效的相处方法，以免情感变淡。

首先，夫妻在一起时要尽量满足对方的性需求。夫妻之间越是缠绵，就越能超越性欲本身对人的诱惑。正常的夫妻很多时候并不是同时都会有性欲产生，也不会同时都有足够多的时间和精力做爱。这时候有性欲的一方或者可以通过自慰达到性高潮，或者另一方虽然不愿意性交，但是可以用手或其他方式刺激对方的性敏感部位，帮助对方实现性高潮，特别是在夫妻要分开的前夜。同时，要把两人见面的时间安排成度假时间。外地的配偶最渴望回家度假，在家里的配偶也可以安排时间去外地配偶处探访，这样可以探索两人相处的新空间，并对配偶的生活多一分理解。

其次，多进行交流和沟通，并学会处理不良情绪。在不能相聚的时候，夫妻之间多进行交流和沟通。经常打电话，发短信或微信，共同回忆两个人相处的美好时光，也可以使性心理得到一定程度的满足。长期的分离可能会带来愤怒和不公平感，以及委屈的情绪。尽量尽快沟通、处理和疏导负面情绪，不让它们延续时间太长。可以找朋友谈心，跟配偶讨论有创意的解决方法，或者尽快安排再次见面。

再次，可以通过自慰的方式满足性需求。自慰很方便，又很安全，对双方的关系影响也小。自慰时可以适当考虑性用具的使用，但性用具只是个替代品，不能依赖于此，影响人对真正的性生活的兴趣。性生活重要的功能是维持夫妻情感，性用具只是带来生理快感而已。

最后，学会转移和升华。夫妻双方要有一些精神上的追求，分开时，双方都可以在相对自由的空间里做一些自己喜欢做的事情，发展兴趣和爱好。比如看书、写字、唱歌、健身等。个体只有超越了纯粹生理层面的性的影响，才会更好地享受性生活的愉悦。

需要说明的是，夫妻双方都要在当地建立健康的同性友谊。妻子有个闺蜜圈子，丈夫有个哥们圈子，来满足社交需要，排遣寂寞和孤独。

## 思考题

1. 如何理解两性关系中的性与情？
2. 如何看待婚前性行为？
3. 如何看待婚姻中的性关系？

# 第八章
# 婚姻前后男女物质财产与情感关系构建与管理

处理男女情感关系都有个重要前提，即夫妻双方一定是精神独立的个体，是一个不依赖于他人的人。这样男女才能与对方建立稳定的情感关系，否则夫妻情感容易出现问题。

经济基础决定上层建筑，在物质财产管理方式选择的背后，隐含着更为深刻的情感关系问题。同样，夫妻双方婚姻前后的情感关系也会影响到物质分配方式。

《中华人民共和国民法典》在第 1062 条和第 1063 条中分别对夫妻共同财产和夫妻个人财产的内容做出了相关规定。规定表明，婚前财产属于夫妻一方；婚后即婚姻关系存续期间的财产不全部为夫妻双方共同所有。另第 1065 条对夫妻约定财产制也有相关规定，即男女双方可以约定婚姻关系存续期间所得的财产以及婚前财产归各自所有、共同所有或者部分各自所有、部分共同所有。《中华人民共和国民法典》中的相关规定体现出，当今社会，婚前财产的认定方式和婚后财产的管理模式正趋于多样化发展。

## 一、婚前男女物质财产与情感关系构建与管理的内容和策略

### （一）婚前财产的认定

婚前财产就是夫妻双方确立婚姻关系前，一方就已取得的合法财产。目前关于婚前财产的认定方式主要分为两种，一种是感性约定式认定，一种是理性法定式认定。

### 1. 感性约定式认定

所谓感性约定式认定，即夫妻双方通过口头约定、商议的方式对婚前财产的归属、占有、管理、使用、收益、处分和债务的清偿等进行管理。这种约定一旦生效，夫妻双方就要按照约定的内容来进行婚前财产的分配管理。但由于是口头约定，所以一旦双方关系出现问题，约定也会存在不稳定性。

感性约定式认定是经过双方自觉自愿的商议决定的，可以帮助夫妻双方维持稳定和谐的婚姻关系。然而当激情不再，婚姻归于平实的生活时，物质财产关系可能会成为维系婚姻继续发展的重要条件，所以双方需要进行彼此均能接受的物质财产认定，从而促进稳定情感关系的发展。

感性约定式认定模式也与中国传统社会有关。中国经济起源于小农经济，各家各户以家庭为单位从事生产等活动。家庭成员将家庭看作整体，夫妻双方更是同吃同住同劳动，生活问题双方协商解决，婚前财产的管理也一样。所以，古代的夫妻对于婚前财产没有一个明确法律约定。受这种传统思想影响，一些夫妻仍然选择感性约定式认定。

感性约定的制订也是有前提的，即双方在订立口头约定之前有较好情感关系，并且双方有着共同的价值认同，愿意今后确立婚姻关系并长期生活在一起。唯有如此，双方才会愿意本着共同利益最大化的原则就物质财产问题进行协商。在这个过程中，双方均需做出一定让步。双方有任何一方不愿意做出让步，口头约定都无法实现。

感性约定式认定也存在着一定的不稳定性。如果双方订立口头约定后感情破裂，一方单方面违反约定或者双方协商取消约定，约定都会终止。因为约定的订立是基于双方共同的精神价值追求。一旦感情破裂，约定失去了基础，就可能终止。

### 2. 理性法定式认定

理性法定式认定，即夫妻双方根据相关的法律约定，通过订立书面协定的方式对婚前财产的归属、占有、管理、使用、收益、处分和债务的清偿等进行管理。法定式认定的典型体现就是婚前财产公证，即未婚夫妻将达成的婚前财产协议送往相关部门，办理公证。有些夫妻希望留住自己的婚前财产。一旦婚姻关系出现问题，还可以有物质保障，会选择进行婚前财产公证。随着中国经济不断发展，人们拥有的婚前财产越来越多，同时整个社会的观念也更加理性，签订婚前财产协议就成为新趋势。

**相关链接**

**夫妻就财产进行约定怎样才合法有效**

（1）约定的主体要合法

约定的主体只能是夫妻双方，而且双方必须为完全民事行为责任能力人。

（2）双方的意愿表示要合法

双方的意愿必须是真实自愿的，任何一方不得采取欺骗、威胁、胁迫等手段，显失公平的约定也不能成立。

（3）约定的内容要合法

双方约定的内容必须符合法律及社会公共道德，不得损害国家、集体和他人的利益，凡是逃避夫妻、父母及子女法定义务的约定也都是无效的。

（4）约定的形式要合法

约定通常应以书面形式进行，口头约定如果双方承认也有效。

（资料来源：王庆新．百姓法律顾问丛书：家庭财产纠纷［M］．北京：中国检察出版社，2012：16—17.）

我国古代曾经出现过婚前财产公证的雏形。宋朝为了界定婚前财产的归属，女方的父母会在女儿出嫁前，也就是双方订婚时，将嫁妆清单列好，上面明确写出“某物有多少”。女方要把所有陪嫁的田、房、财产一一写清楚，然后双方共同签字。这就是我国较早的婚前财产契约，也是“婚前财产公证”的雏形。这说明我国古代处理夫妻婚前财产关系时，存在过契约精神，即运用法律规定夫妻婚前财产分配。这种理性法定式认定是基于法律完成的，其协定内容是具有一定的法律效力的。但由于中国古代社会看重“人情”，婚前财产公证的传统并未广泛流传。如今，即使恋爱时有人希望对物质财产进行法律认定，但碍于情感，多数也会选择用口头约定的方式来认定。口头约定带来的问题就是由于约定内容不正规且没有法律效力，当出现问题时，无法合理有效地进行物质财产分配。

随着社会的发展，更多人愿意通过法律途径进行公证协议，或者签署具有法律效力的书面协议。法定认定是有一定优势的，如婚后双方关系破裂，婚前财产分配就可以按照具有法律效力的协议来办理。可防止夫妻扯皮，快速有效地解决婚前财产分配问题。

法定式认定婚前财产，对双方的情感关系有着正反两方面的影响，正面影响是有效维持双方和谐的情感关系。因为法定式认定婚前财产具有法律效力，一旦夫妻关系破裂，就要按照当时的协商结果来分配财产，因此可约束双方行为。如男方在婚前以自己的名义买了一套房产，女方婚前没有任何房产，那么一旦女方跟男方感情破裂导致离婚，女方便不能获得男方的婚前财产，即房产还是属于男方，女方极有可能面临无家可归的情况。所以为了避免这种情况发生，一些夫妻会选择继续维持婚姻关系。

法定式认定婚前财产对夫妻情感关系的负面影响主要体现在，如果双方对于公证婚前财产存在着不同的认知，可能引发矛盾，影响婚姻。如一方欣然接受，认为这是一种对自己的保障，另一方认为不能接受，那么采用法定式来进行婚前财产认定的话，对于不能接受的一方来说，心里可能会有一个结，从而影响婚姻关系。

不难看出，法定式认定顺利进行的前提是，双方均认同并欣然接受这种认定财产的方式。只有双方从心里接受这种方式，才不会心生芥蒂而将其仅仅视为一种约束工具。

**相关链接**

**《中华人民共和国民法典》**
**（2020 年 5 月 28 日第十三届全国人民代表大会第三次会议通过）节选**

**第一千零六十二条**　【夫妻共同财产】夫妻在婚姻关系存续期间所得的下列财产，为夫妻的共同财产，归夫妻共同所有：

（一）工资、奖金、劳务报酬；

（二）生产、经营、投资的收益；

（三）知识产权的收益；

（四）继承或者受赠的财产，但是本法第一千零六十三条第三项规定的除外；

（五）其他应当归共同所有的财产。

夫妻对共同财产，有平等的处理权。

**第一千零六十三条**　【夫妻个人财产】下列财产为夫妻一方的个人财产：

（一）一方的婚前财产；

（二）一方因受到人身损害获得的赔偿或者补偿；

（三）遗嘱或者赠予合同中确定只归一方的财产；

（四）一方专用的生活用品；

（五）其他应当归一方的财产。

**第一千零六十五条**　【夫妻约定财产制】男女双方可以约定婚姻关系存续期间所得的财产以及婚前财产归各自所有、共同所有或者部分各自所有、部分共同所有。约定应当采用书面形式。没有约定或者约定不明确的，适用本法第一千零六十二条、第一千零六十三条的规定。

夫妻对婚姻关系存续期间所得的财产以及婚前财产的约定，对双方具有法律约束力。

夫妻对婚姻关系存续期间所得的财产约定归各自所有，夫或者妻一方对外所负的债务，相对人知道该约定的，以夫或者妻一方的个人财产清偿。

### （二）婚前男女物质财产与情感关系的管理策略

#### 1. 转变观念

目前，最好的保障婚前财产的方式，就是订立具有法律效力的婚前财产分配协议或者进行婚前财产公证。有些伴侣谈“法”色变，认为借助法律手段处理婚前财产是对自己的不信任，这种观念是错误的。伴侣决定步入婚姻殿堂时都是想共度一生，但在夫妻关系存续期间，难保不发生意外情况。一旦离婚，如何对待婚前财产就会成为问题。如男女双方在婚前感情甚是甜蜜，男方花天价为女方购买了一辆汽车，而且车主的姓名为女方。之后双方结婚，婚后生活并不完美，最后选择离婚。男方要求女方将车子归还，但女方说车子已经属于自己，无意归还，导致最后对簿公堂。为了避免这种麻烦，也为了给自己的财产提供一个保障，夫妻要转变观念，订立具有法律效力的婚前财产分配协议或者进行婚前财产公证。

#### 2. 邀请第三方介入

有的伴侣认为双方关系非常好，没必要做婚前财产公证，于是选择口头协议。但这种口头协议不具有法律效力，而且订立协议的时候没有其他人在场，一旦出现问题也不易处理。可以选用第三方介入的方式，即夫妻找到双方都熟识、信任的第三方来见证双方口头协议的订立，必要时也可以录音，且录音保存在第三方手中。日后出现问题，可由第三方进行公证、裁断。这样既可以保障伴侣双方的物质财产归属，又可以很好地维系伴侣双方和谐关系。

## 二、婚后男女物质财产与情感关系构建与管理的内容和策略

### （一）婚后财产管理模式

婚后财产管理模式按照管理主体划分，主要分为四种，即夫妻一方管理、夫妻各自管理、夫妻共同管理和混合管理。其中，第一种模式主要受传统思想影响，后三种管理模式主要是近代以来受国外思想的影响，人家对财产、婚姻有了新的认识而产生的。

#### 1. 夫妻一方管理模式

夫妻一方管理，即婚后夫妻双方无论是夫妻一方财产，还是共同财产，均交由丈夫或妻子一方独立管理，在需要使用财产时由管理方决定是否可以使用。此种管理模式深受中国传统文化影响。在传统中国，女子在家中没有地位，男子在家中有绝对的地位，

所以家里的财产支配由男人决定，女人没有权利参与权。现在，部分家庭还是会选择家庭地位高的人来负责，所以钱财交由夫妻一方管理的模式在今天仍然存在。夫妻一方管理财产采取一人集中管理模式，在管理、支配上比较简洁。但是一方管理这种模式，在不同婚姻家庭中会对婚姻关系产生不同的效果。

对于婚姻家庭中夫妻当中一人做主的情况，多数情况下，做主者会掌握财产管理权。家中做主者也分为两种情况，一种是经济状况相比对方有压倒性优势；另一种是虽然经济方面不占优势，但是由于性格或其他方面很强势，所以在家中占主导地位。在第一种中，经济状况有优势，又掌握家中所有经济大权的一方可能会比较专制，使得另一方在婚姻关系中感到自卑，不利于夫妻关系健康发展。在第二种中，掌权的一方虽然用其他优势弥补了经济地位上的劣势，使得夫妻双方关系看似平衡，但是会容易造成原本经济有优势的一方心理上的落差，可能导致夫妻双方出现矛盾。

我们可以看出，夫妻一方管理财产情况一般基于夫妻关系不太平衡的家庭之中。由于家庭关系不平衡，会导致婚姻关系中出现强势一方和弱势一方，强势一方就理所当然成为管理财产一方，弱势一方可能会受另一方牵制。当然，还有一种情况也很常见，夫妻中一方管理财产，双方相互尊重、相互商量、关系和谐。

### 2. 夫妻各自管理模式

夫妻各自管理，即婚后夫妻双方各自管理自己的财产，互不干涉对方财产使用情况。夫妻各自管理财产，主要指的是夫妻双方各自管理属于自己的财产，如工资收入、遗产继承所得等。在使用个人财产时双方互不干涉。比如男方独自管理自己的财产，取得工资收入后，男方可以将收入用于自己的需求而不向女方汇报，女方亦然。各自管理的模式可以让夫妻双方在物质财产上有自己的私密空间，而且当有突发事件发生时可以方便个人对于财产的支配使用。

各自管理模式对于夫妻关系影响有利也有弊。好处在于，双方各自独立，会让双方感觉自己的私人空间得到尊重。不利之处在于，由于创造了隐秘的私人空间，使得双方不能十分清晰地掌握对方的财产使用状态。在这个过程中，一旦有一方的财产使用出现问题，如忠诚度降，有第三者介入，或者欠下债务个人无力偿还，都会对婚姻关系产生不良影响。

夫妻各自管理的前提是，夫妻双方有获得私密空间的期望，而且各自都有强大的自制力，能够克服各种诱惑，正确使用个人财产。

### 3. 夫妻共同管理模式

夫妻共同管理模式，即夫妻双方通过建立联名账户等形式，将所得的所有财产放置一起，双方共同管理，需要使用财产时双方需通过商议或者已有规则决定。夫妻共同管理是目前比较常见的婚后财产管理模式，通常通过建立正式的联名账户或者双方达成协议建立名义上的联名账户等方式来实现。夫妻共同管理过程中要求夫妻任意一方需要使用财产时要与对方商量，双方达成一致后才可以使用，这种管理方式的优点是使夫妻双方沟通良好，有利于双方情感关系稳定发展。

共同管理的缺点是，由于需要夫妻双方商议后才可使用财产，所以有时会增添一些不必要的麻烦。如果商议使用过程中意见不一致，双方不能相互包容时，则会出现不必要的争吵。

#### 4. 混合管理模式

夫妻一人管理、夫妻各自管理与夫妻共同管理三种模式有时会有两种模式同时存在，即是混合管理模式。混合管理模式大致分为两种：一种是夫妻一人管理财产，但是使用的时候运用共同管理模式商议使用；一种是夫妻双方对于婚后个人财产和工资收入进行各自管理，对于婚后共同财产进行共同管理。混合管理模式也是目前家庭中较常见的财产管理模式，它吸收了各个模式的优点，可以使夫妻关系锦上添花。第一种管理模式既保留了管理一方的权利，又没有让管理的一方有绝对的权利，这样被管理的一方就不会有太大的心理落差，双方可以保持平稳和谐的婚姻关系。第二种管理模式使得夫妻双方在财产上既有一定的私人空间，又保留了一定的透明度。拥有私人空间有利于夫妻双方间保有一定的神秘感，更有助于增进夫妻感情。一定的透明度可以让夫妻双方在共同面临一些重大抉择的时候容易达成一致意见。

### （二）婚后男女物质财产关系与情感关系管理的策略

#### 1. 采用混合模式

了解婚后财产四种模式可发现，最有利于夫妻关系和谐发展的是混合模式。因此，提倡夫妻婚后选择其中一种混合模式来管理。

第一种混合模式的形成前提是主要管理的一方要有高度的自觉性。这种自觉性应体现在，家中对于财产的管理并不意味着家中地位的绝对性优势，只是家庭分工需要一个人对财产进行集中管理。当需要用到财产时要主动与非主要管理方进行商议。

第二种混合模式的形成前提是双方都具有一定的自觉性。主要体现在，各自在管理财产的时候关于财产分配一定要做到心中有数。双方要讲求原则，以夫妻共同的价值观为判断标准。具体使用哪一种混合模式，夫妻双方可以协商选择。

#### 2. 订立公共制度

夫妻双方可以在约定管理模式后，订立一份公共制度，用于约束双方的行为。因为夫妻双方存在感情，公共制度是双方经过共同商议订立的，所以一般情况下会选择遵守契约。

订立契约的目的是家庭利益最大化。它一方面规定了财产处理办法，一方面促进夫妻双方沟通。随着生活环境的变化，契约内容不是一成不变的，因此改变时也需双方共同商议，这样就促进了双方的沟通。另一方面，契约可以帮助双方逐步形成一致的价值观。因为物质财产是家中的基础，在处理过程中一定会有个人的价值观念掺杂其中。在公共制度确立后，这种个人的价值观经过加工成为家庭的共同价值观，即夫妻双方共同拥有的价值观。

### 3. 情理结合

中国人自古以来讲求做事合情合理，情指的是人情，理指的是法制。随着东西方文化碰撞与融合，经济全球化、价值多元化，当下中国很多问题只靠人情关系处理不了，因此中国加大了依法治国力度。然而，中国的法制建设不可能照搬西方，必须情理结合，走中国特色的法治建设之路。

### 4. 维持稳定情感关系

社会心理学家罗兰·米勒认为爱情由三个基本成分组成：激情、亲密和承诺。根据每个成分在不同阶段的地位，情感发展分为三个阶段，即激情期、亲密期和承诺期。处于激情期的男女容易维持感情。因为双方都被对方深深地吸引，再加之生理的驱动，男女开始相处的状态一般是非常和谐的。激情期结束后，双方进入到亲密阶段，夫妻间出现"亲情"。亲密阶段结束后，就开始了较艰难的时期，即个体长期维护这份爱的承诺。

第一阶段中的夫妻比较容易维持和谐的婚姻关系。此时夫妻沉溺在激情中并无明显矛盾。第二阶段的理想状态是，在这种亲密关系即"亲情"驱使下，夫妻在生活中进行良好沟通，而且创造偶尔的浪漫，使得双方感情得到维系。第三阶段，如果双方都愿意坚守承诺，依旧会对伴侣、婚姻保持忠诚。当然也有一些夫妻在这一阶段无法信守承诺，甚至背叛婚姻，使得关系紧张。所以，夫妻双方想要维系良好情感关系，必须积极面对并解决婚姻不同阶段出现的问题。

### 5. 双方人格独立

夫妻良好情感关系的前提是双方人格独立，既保持情感的亲密度，又不过分依赖对方。传统社会女性社会地位很低，在家从父，出嫁从夫，因此女性很难形成独立人格，只能依附于男方生存。女人一旦被休掉，自己没有独立生活能力，还会遭到他人唾弃。

即使今天，一些女性仍然过于依赖自己的丈夫，甚至缺乏独立生活能力，认为丈夫就是自己的天，夫妻关系破裂就是灭顶之灾。女人如果精神上不独立，很难得到真正的尊重，也很难与丈夫维系稳定的情感关系。

## 思考题

1. 你认为婚前是否应该进行财产认定？
2. 试分析婚后不同财产管理模式的利弊。
3. 请用一个案例谈谈夫妻如何进行财产管理。
4. 请谈谈你对当代中国女性人格独立的看法。

# 第九章
# 婚姻前后男女与双方原生家庭间健康关系构建与管理

中国人的婚姻与男女双方原生家庭间总有千丝万缕的联系。夫妻双方原生家庭的经济和文化差异，双方父母的价值观、婚姻关系和社会交往模式，都影响着子女的情感处理方式和婚姻关系。因此，在中国，两个人的结合，相当于两个家庭开始了各种复杂的交往关系。男女双方从恋爱到结婚，处理与双方原生家庭的关系，是与处理男女双方恋爱关系、情感关系和婚姻关系同等重要的大事。

## 一、婚前男女与双方原生家庭间健康关系构建与管理的内容和策略

西方社会崇尚恋爱自由和婚姻自主，中华文化强调在尊重双方家庭文化差异的基础上，实现家庭关系的美满和谐。在中西方文化碰撞下成长起来的青年男女，在追求恋爱自由的同时，也深受父母婚姻观念的熏陶，继承优秀家庭文化传统，注重恋爱和婚姻中的责任与担当。原生家庭间经济资本和文化资本在深层次上影响着男女双方的婚恋观。要构建原生家庭间的和谐健康关系，需要男女双方全面科学地认识自己父母的婚姻关系及对自己的婚姻期待，以及父母对自己婚恋观的影响。

### （一）原生家庭对男女双方婚恋影响的内容

原生家庭的经济资本、文化资本、婚姻关系、家庭关系等都会对子女婚恋选择产生

影响。婚恋观是指男女双方对恋爱和婚姻的根本看法与态度，包括对爱情本质、择偶标准、恋爱道德、恋爱与婚姻关系、婚姻道德与责任等一系列问题的看法和态度。婚恋观对个人的婚姻幸福影响较大。

原生家庭，即指父母的家庭，也就是男女未成年时所生活的家庭。原生家庭的经济与文化资本、父母的婚姻状态等深刻影响着青年人的择偶取向及婚姻观。

美国家庭治疗师鲍温认为，个人过去在原生家庭中与父母的关系模式，将持续影响其未来的重要关系，且人们倾向于在亲密关系中复制早期在原生家庭中建立的关系模式。从出生到成年，个人身上深深打下父母价值观的烙印。

### 1. 原生家庭的经济资本

原生家庭的经济条件、父母的经济能力决定了个人成长过程中的物质生活状况及受教育机会，个人的物质生活观念和受教育程度对婚姻认知与家庭观念有着极大的影响。家庭经济条件的差异会影响男女双方的情感交流。生活在贫困家庭的青年人可能会在对婚恋对象经济状况考量的基础上，选择和自己家庭背景相同或相似的异性相处，这也就是所谓的“门当户对”。

### 2. 原生家庭的文化资本

原生家庭的文化资本是指原生家庭成员的文化资源及文化再生产能力。文化资源可以理解为父母的受教育程度、人脉资源、可获得的社会文化的支持等。原生家庭的文化再生产能力体现在可用于塑造家庭地位及社会地位的文化资源、子女受教育的教育支持能力等方面。我们每一代人都在进行着家庭文化资本的积累与传承，肩负着整个家族文化继承的历史重任。

### 3. 原生家庭的婚姻关系对子女的影响

个体自出生起就亲历着父母的婚姻生活。父母亲如何扮演丈夫、妻子、女婿及儿媳的角色，对个体自己处理婚姻关系会发生影响。成年男女会或多或少地复制父母婚姻模式。此外，父母亲与祖父母亲的关系状态与互动模式也深深地影响着子女的婚姻处理模式。

父母婚姻状态良好的情况下，子女一方面通常会与父母亲比较欣赏的异性交往，另一方面也会下意识地选择与父母亲某一方比较相像的人作为结婚对象。反之，在父母婚姻状态糟糕的情况下，父母的婚姻模式会影响子女的择偶判断，子女可能选择那些与父母亲中某一位完全不同的人作为交往或结婚对象。这两种情况是子女对父母婚姻模式的正向和反向回应的直接表现。

传统中国讲究父母之命、媒妁之言，门当户对与父母同意基本上就决定了自己的婚姻。在当代，恋爱和婚姻都比较自由，随着受教育水平提高，社会交往空间增大，青年男女对异性的熟悉程度提高。在婚姻对象选择性增多的同时，也面临着各种风险。男女双方应该尽量减少父母婚姻观念的消极影响，接受积极影响，理性选择交往对象，为创造美好婚姻生活奠定基础。

**相关链接**

### 非理性信念

美国心理学家艾利斯于20世纪50年代创立理性情绪疗法（REBT），出版了《心理治疗中的理性和情绪》一书。REBT的理论要点是：情绪不是由某一诱发性事件本身所引起的，而是经历了这一事件的个体对这一事件的解释和评价所引起的，这一理论又被称为ABC理论。

A是指（与情感有关系的）诱发性事件；

B是对A的看法和信念，包括理性或非理性的信念；

C是指与事件有关的情感反应结果和行为反应。

人们通常认为是A导致了C，但艾利斯认为，不是A导致了C，而是B导致了C，人们只要通过改变对事件的解释和评价即B，就能改变C。

非理性信念的典型特征：

1. 绝对化的要求

"必须……/一定……"指个体以自己的意愿为出发点，认为某一事物必定会发生或不会发生的信念。

2. 过分概括化

一种以偏概全的不合理思维方式，是个体对自己或他人不合理的评价，其典型特征是以一件或几件事情来评价自身或他人的整体价值。

3. 糟糕至极

"我是最差劲的……"是一种对事物可能的结果非常可怕、非常糟糕，甚至是一种"灾难性"的预期的不合理信念。

非理性信念使得我们对压力等事件的评估产生了偏差，因此我们要发现并调整自己的非理性信念，从而调节自己的行为。

（资料来源：俞国良. 社会心理学［M］. 北京：北京师范大学出版社，2006：383—393.）

### 4. 双方原生家庭的家庭关系与自我教育能力

男女双方原生家庭间关系和谐是保证双方婚姻顺利与幸福的重要前提。原生家庭中的父母大多出生在同一个时代，面临同样的社会文化规范。但是他们又有不同的生活环境、家庭文化和价值观。男女双方的婚姻关系可能是两个家庭的价值观碰撞、融合后的一种平衡。同时，两个原生家庭成员的自我教育能力也影响着男女双方的婚姻关系及其自我教育能力。

## （二）婚前男女与双方原生家庭间健康关系构建与管理的策略

婚姻本身处于动态发展过程中。在男女双方从准备仪式性的婚礼到真正完婚步入婚姻生活的过程中，双方父母对子女婚姻角色的期待往往从婚礼的参与度和家庭话语权两方面来实现。双方父母的支持性参与和对子女婚姻主体的尊重是实现子女婚姻幸福的重要因素。

### 1. 结婚准备——原生家庭的支持性参与

在中国传统文化影响下，双方父母在子女婚姻这件大事上的参与度较高，但并非所有的参与都具有积极意义。父母的参与可以分为支持性参与和破坏性参与。支持性参与主要是指事务性参与，父母为子女结婚做出建设性的积极投入，如帮忙邀请宾客、订酒席、给予子女适时的情感鼓励等。破坏性参与是指价值观的过度介入，如一些父母会根据以往经验设定女婿标准，对女婿要求过高，这样会给子女带来巨大的心理压力，影响其婚姻生活。

有些女方家长希望女儿找到一个在经济能力上远远超过自己家庭的女婿，认为这是婚姻幸福的前提。他们对女婿的个人性格、处事态度等进行考察，同时又希望女儿在男方家庭里拥有话语权。这两种矛盾的心理促使女方父母对女婿持有过高要求与期待。这种心理作用于女儿婚姻中，则是不考虑女儿与丈夫的相处状态，一味地以自己的立场和标准对男方百般挑剔。这种介入可能会影响女儿的婚后生活。

### 2. 婚姻过渡期——原生家庭间的包容与协商

原生家庭间权力的博弈是指双方父母都希望能在新婚子女的家庭事务和重大决策上拥有话语权，这充分体现在对新婚子女家庭事务的介入和对家庭重大事件的决定权上。英国社会学家吉登斯认为，权力在生成过程中有两种资源类型：一是权威性资源，或非物质性资源；二是配置性资源，或物质资源。① 有些父母认为婚前婚后都必须在对方家长面前体现出资源的优越性，才能巩固子女在整个家庭中的存在感和家庭地位。双方父母之间的权力争夺更多的是体现父母婚姻观与价值观的差异。

财产占有权是指对房屋等不动产的享有权与金钱等动产的支配权，如房产证上登记双方的名字，家庭收入与支出的掌控权等。在中国有句话“干得好不如嫁得好”，这句话背后是某些社会文化的消极影响。此观念导致一些成年女性将很多精力花在外在修饰及与异性的相处策略上，忽略自身的职业追求与工作努力。事实上，女性应积极努力接受良好教育，获得职业发展空间，凭借自身努力实现经济自由，与男性共同承担家庭责任，分享家庭经营的成果。

① ［英］安东尼·吉登斯著. 李康，李猛译. 社会的构成［M］. 北京：生活·读书·新知三联书店，1998：52—53.

家庭话语权是指原生家庭里的父母双方在子女结婚、生子、职业等事情上的决策权，以及女方在男方家庭中的地位与参与权和男方在女方家庭中获得的尊重权。成年子女与父母的关系状态对婚姻质量有很大的影响，紧张的代际关系是成年子女生活中很重要的一种压力来源。婚姻关系中的父母压力主要是指父母在多大程度上对自己的婚姻提出要求。对子女择偶和婚姻过多干涉的父母往往不考虑子女的婚姻幸福感，想当然地进行干预，这从根本上背离了现代婚姻的宗旨。在现代，婚姻是以男女爱情为基础的结合，是爱情的制度保障。

因此，在婚姻过渡期，双方原生家庭应以子女婚姻幸福为基本出发点，相互包容、体谅、支持，通过协商和对话，达到两个家庭间关系的相对平等、平和与平衡，为子女创造婚姻幸福提供前提和基础。

### 3. 父母要尊重并支持子女的婚姻选择

（1）双方父母放弃子女婚姻的非理性期待

有时，原生家庭中的父母通常将婚姻设想成自己最满意的样子，将女婿或儿媳的角色理想化，认为女婿或儿媳一定是最接近自己理想标准的人选。事实上，父母要认识到不同家庭的教养方式存在差别，别人永远培养不出完全符合自己要求的人，父母也无法将子女塑造成别人眼中完全满意的人。双方家长必须放弃对子女婚姻的非理性期待，给予子女更多理解与包容。

（2）接纳和成全子女的婚姻

在对待子女婚姻这件事情上，双方父母要实事求是，向对方父母告知家庭的真实情况。如中国传统式的家长（特别是现在的农村家长）普遍重视结婚的彩礼、婚礼的隆重程度等，认为这些都关乎着所谓的“面子”。“重彩礼”和“争面子”可能会使男女双方父母出现家庭利益上的冲突。因此，双方父母要根据双方家庭现实情况，对子女婚姻的事务性安排尽量达成一致，给予子女力所能及的支持。此外，原生家庭的父母应该接纳子女的婚姻选择，而不是武断地替之做决定。子女的婚姻是子女的自主选择，是子女与伴侣而不是与父母一起过日子。父母要相信子女作为成年人的婚姻选择，理性支持而不是横加干涉。

## 二、婚后男女与双方原生家庭间健康关系构建与管理的内容和策略

在中国，男女结婚通常被视作两个家庭的结合。新婚夫妻分别是父系和母系的主干家庭中派生出的分支，与原生家庭间的利益瓜葛和工具性支持是难以割舍的，尤其在家

庭生命周期的两端，即子女抚养和父母年老时期。即使在现代中国，无论在法律还是社会习俗层面，子女如未尽养亲孝亲义务，仍会受到社会舆论谴责，乃至法律的惩罚。因此，中国父母不仅将生儿育女当义务，还会为子女倾其所有，代际间的相互依赖和牵绊也成为惯习。所以，中国男女的婚姻关系与双方背后的两个家庭的关系非常密切。婚后男女如何处理双方原生家庭间的关系成为无法回避的话题。

## （一）双方父母相互包容和尊重

男女双方父母要相互包容和尊重。夫妻要努力创造幸福婚姻生活，并通过各种方式建立双方父母之间的情感连接，使得两个大家庭成员之间相互扶持，和谐相处。

### 1. 双方父母彼此包容与尊重

每个人的成长环境不同，对事物的看法会存在差异。原生家庭的父母虽然生活在大体相同年代，那个年代的时代特征和社会文化给予了他们同样的社会熏陶，在情感上更容易达成共鸣。即使具体生活环境不同，也应该为了子女幸福，寻找两个家庭价值观的共同点，营造互相尊重的家庭文化。

### 2. 将子女婚姻幸福作为终极追求目标

有些父母基于以往经验，将在婚姻生活中未能满足的情感及对理想婚姻的期待都付诸子女的婚姻上，这是父母对自己婚姻的期待在子女婚姻上的投射。

父母应该明白，每个人都是独一无二的。子女有自己的人生，不应也不可能复制父母的人生。子女在进行社会化的过程中，以自己的方式形成个人认知，对婚姻有自己独特的追求与期待，有能力经营好自己的人生。父母在子女婚姻问题上的介入应以子女幸福为最终目标，子女的幸福由自己去创造。父母应该给予子女足够的尊重和信任，让他们自己选择和承担幸福的苦与甜，因为这些经历别人无法替代。

### 3. 原生家庭间的情感联结

男女双方父母经常在结婚和重大事件发生时，才有交流和互动的机会。父母对子女婚姻的也是在子女的婚姻生活中显现出来。男女双方应该搭建双方父母良好沟通的平台，让双方父母有进一步的了解和互动。当以成年子女为纽带建立起双方父母之间的情感联结时，子女才能真正体会到被父母祝福和支持的婚姻的幸福。

## （二）父母对男女双方的角色期待

父母对子女的婚姻生活多满怀期待，他们辛苦养育的孩子有了自己的家庭，开始独立生活，这让父母深深感受到生命延续的美好。父母一方面希望子女早日成家，拥有安定的婚姻生活，另一方面对家庭中新人扮演好相应角色充满期待。

（1）儿媳角色的适应

因为爱一个男人，将原本毫无关系的两个家庭联系了起来。与自身无血缘关系的婆婆一家人，将因此与儿媳有了千丝万缕的关系，并逐步建立起亲密关系。女方步入婚姻，就开始扮演妻子、儿媳乃至母亲的多重角色。如何与婆婆的家庭处理关系，也成为一个新的课题。角色适应的关键是身处其中的男人——父母的儿子、妻子的丈夫，要平衡好妻子与母亲的关系。

（2）女婿角色的适应

男方一旦成家，就要扮演着丈夫、女婿乃至父亲的多重角色。俗话说："一个女婿半个儿"，女婿也要尽到"半个儿"的责任。如：日常生活中照应周到，逢年过节及时看望等。"丈母娘为了女儿疼女婿"，夫妻恩爱，勇于承担，处理好婚姻关系，是处理好与岳父和岳母关系的重要前提。

（3）夫妻对另一方原生家庭的期待

夫妻双方对原生家庭的父母充满期待。女方需要时间和精力去了解之前完全陌生的男方父母及他们的想法和行为方式。女方希望男方父母像丈夫一样包容和爱护自己，希望能在男方家庭里获得在自己父母家里同样的自由。

男方则希望能够在女方家人面前获得肯定与认可，并通过努力向女方父母证明自己有能力照顾好他们的女儿，力求在女方父母心目中留下美好的形象。这就使得男方心理上存在一定压力。男方希望女方父母能够给予自己充分的接纳和尊重，希望女方父母能够把自己当作亲生儿子一样对待，给予自己一定的时间去成长和提高。

## （三）婚后男女双方独立处理婚姻问题

婚后双方父母对子女婚姻生活事件的介入本身就是父母内心自身建立的权力虚设。父母应该清楚地认识到子女已经长大成人，能够独立处理和承担自己婚姻生活的诸多事务。父母应停止行使权威角色，让成年子女独立判断和抉择，实现婚姻自主。

### 1. 父母不在子女婚恋上行使权威

对于成年子女婚姻的干涉权是父母自身的虚假设定。父母不应在子女婚恋这件事情上行使父母的权威角色。青少年时期，子女在学业等重大选择面前都或多或少地受到父母的影响，这是由子女有限的阅历决定的。步入成年期，子女有独立的判断和决定权。在工作、婚姻等重大决策上，父母的意见可以作为参考。一方面，父母应该摆脱自己在子女婚姻问题上设定的权力感，调整好心态，扮演好父母的角色。另一方面，男女双方应该充分表达对婚姻的态度，向双方父母展示彼此对婚姻的信心，减少双方父母的介入，争取自己的婚姻幸福。

### 2. 实现成年子女的婚姻主体地位

男女结婚后，双方父母应该逐渐后退，让子女独立处理婚姻中的问题。只有真正脱离了父母的介入，男女双方才能更好地创造属于他们的幸福婚姻。

## （四）夫妻关系处理——家庭整体观

这里所指的夫妻关系，一方面是指原生家庭父母间的夫妻关系，一方面是指成年子女的夫妻关系。男女双方父母的夫妻关系状况会影响他们对于婚姻的判断与期待，影响他们的婚姻观和子女的教养方式，父母的价值观念和教养方式又塑造着子女的世界观、人生观与价值观。成年子女的夫妻关系也经常是其父母婚姻关系的缩影，他们对父母的婚姻模式耳濡目染，或多或少地将自己在父母身上看到的行为方式复制到自己的婚姻中去。父母婚姻关系对成年子女婚姻状态的影响程度依父母的介入程度和子女的认知独立程度而定。

### 1. 父母的夫妻关系

父母的夫妻关系影响子女的婚姻质量、婚姻稳定及婚姻满意度。父母对婚姻中生活事件、婚姻冲突等的处理方式，塑造着他们的婚姻模式，这种婚姻模式经代际传递而投射到子女的婚姻关系中。父母健康的夫妻关系可以很大程度地提升子女的幸福感，利于家庭健康发展。

（1）营造积极氛围，增加父母之间的亲密感情

很多成年人往往认为父母之间的感情不需再培养，其实不然。夫妻关系需要终身建设。成年子女因求学、工作等在空间上与父母分离，应鼓励父母继续培养亲密情感。男女双方对父母的照料和关心不应仅限于物质生活层面，更要注重满足父母精神层面的需要。可通过各种方式创造父母浪漫相处的空间，提升父母的夫妻关系亲密度。

（2）子女通过文化反哺促进父母自我成长

文化反哺是指在急速的文化变迁时代，年长一代向年轻一代进行广泛的文化吸收的过程。随着社会文化的变迁，新事物和新思想不断涌现。子女一代往往具有比父母更高的文化水平和对新事物的接受能力。子女将在新时代背景下的所学所得通过自己的方式传达给父母，帮助父母实现自我成长。

夫妻关系也是一种人际关系，夫妻双方的自我成长是增强亲密关系的动力。子女通过自己所学将新技术和新观念带给父母，满足父母适应新环境的需要，增加父母的社会参与感，提升自我认知，增加生活乐趣。

### 2. 成年子女的夫妻关系

子女以第三者的身份存在于父母的感情生活中，他们亲历过父母之间的矛盾与冲突，也感受着父母之间的甜蜜与幸福。父母良好的婚姻关系可以提高子女对婚姻的积极预期，

提升子女的婚姻幸福感。反之，则会影响子女对婚姻的选择和预期，降低婚姻对他们的吸引力。

成年子女的夫妻关系同样影响着双方父母的幸福感。成年子女对婚姻的经营状态依原生父母的影响程度而定，受父母影响较小的成年子女往往在婚姻问题上表现出更大的自主性。

成年子女应该有自己明确的婚姻选择和婚姻态度，尽量减少父母婚姻的消极影响，用自己的相处方式处理婚姻中的各种问题。成年子女对婚姻中情感问题的处理必须尊重自己的内心，独立处理夫妻关系中的问题。成年子女应该既有能力选择自己的婚姻，也有义务为婚姻负责，避免将第三者包括父母拉入到自己的夫妻关系问题处理中去。

## （五）婆媳关系处理

婆媳关系是以姻缘关系和血缘关系为中介结成的特殊关系。婆媳关系一无亲子关系所具有的稳定性，二无婚姻关系所具有的密切性，是由亲子关系和夫妻关系延伸而形成的。

婚姻是以爱情为基础的男女两性的结合，而爱情具有很强的排他性和占有性。在家庭内，婆婆是婚前丈夫感情最为亲近的女性，如果婆婆没有处理好自己的夫妻关系，可能将自己的情感都转移到儿子身上，婆媳关系会较难处理。男人进入婚姻后，那些已经将情感完全投入到儿子身上的母亲内心的失落感和情感的被剥夺感使得她们对儿媳百般挑剔。另外，婆媳之间的矛盾同时也体现在文化差异和经济利益的纠纷上。婆媳双方成长于不同的时代，有着不同的价值观和生活方式。消费理念和生活方式影响着婆媳之间对经济收支分配的态度差异，这种差异往往导致婆媳在生活相处过程中矛盾不断，甚至引发激烈冲突。

婆媳矛盾可以分为两个方面：一是母亲对于儿子婚后生活和情感的过度介入；二是妻子对婆婆的过度排斥和缺乏包容。母亲应该在儿子成婚以后慢慢后退。儿子作为独立的生命体，应该拥有属于自己的生命体验。母亲应该放手让儿子独自处理生命事务。

妻子则应该充分理解丈夫对母亲的特殊感情，感谢在自己未出现之前，婆婆对丈夫的照顾和呵护。同时包容婆婆，与婆婆充分交流和沟通，让婆婆相信自己对丈夫的关心和爱护。

## （六）稳妥处理与双方兄弟姐妹关系

家庭成员内部兄弟姐妹之间的关系处理对双方的家庭关系、夫妻婚姻关系也有影响，所以要处理好与双方直系亲属的关系。

兄弟姐妹是除父母之外与我们最为亲密的人，这种亲情和亲密感是无法在家庭外获得的。兄弟姐妹共同分享父母的关爱和呵护，也共同承担着对父母的赡养和照顾的责任与义务。兄弟姐妹处理好在赡养父母与经济利益上的分配关系，有助于家庭关系的稳定与和谐。

兄弟姐妹间在赡养父母的问题上宜早达成一致。我国《中华人民共和国民法典》关于赡养义务的规定是，子女作为赡养人，应当履行对老年人经济上供养、生活上照料和精神上慰藉的义务，照顾老年人的特殊需要。兄弟姐妹应该在如何履行赡养义务的问题上达成一致，解决父母的后顾之忧。兄弟姐妹融洽的关系是父母生活幸福的重要前提。

兄弟姐妹可以有恰当的精神和经济支持。在重大生活事件面前，兄弟姐妹根据自身家庭的经济情况，必要时给予其他兄弟姐妹经济上的帮助，是亲情的具体体现。兄弟姐妹间日常生活中的情感沟通与互动，有助于增强亲情。

此外，婚后男女双方原生家庭间关系的处理有一个非常重要的原则，那就是情绪控制与情感联结，这是营造和谐家庭关系的基本保障。

**相关链接**

### 情绪表达

情绪表达的功能：

1. 别人可以更了解你；
2. 可以更了解别人；
3. 情绪得到疏解并更真诚；
4. 彼此关系更牢固。

情绪表达的障碍：

1. 无法直接向对方表达感受，认为会让自己难堪；
2. 认为只要不说出自己感受就可以与对方维持和谐关系；
3. 相信只要自己不多说多想，不愉快会随时间消逝；
4. 相信别人“应该”知道自己感受，无须告诉他们。

有效表达情绪的原则：

1. 先察觉自己真正的感觉；
2. 选择适当的时机表达（空闲、平静、闲闷）；
3. 清楚具体地表达；
4.（行为 / 感觉）理由陈述的使用；
5. 表达正面情绪，也可增进良好关系。

（资料来源：沙莲香著. 社会心理学（第 4 版）[M]. 北京：中国人民大学出版社，2015：195—201.）

## （七）特殊原生家庭间健康关系的构建与管理

特殊情况的原生家庭包括的范围比较广，这里主要阐述同独生子女原生家庭和离异单亲原生家庭的健康关系维护。夫妻双方一方或两方是独生子女的原生家庭和夫妻双方一方或两方是单亲的原生家庭，夫妻双方婚后的原生家庭关系维护上有所不同。

### 1. 独生子女原生家庭关系构建与管理

当夫妻一方或双方都是独生子女时，原生家庭间的关系构建不同于普通家庭。因为独生子女父母对子女的婚姻要求可能更高，婚姻干涉也更多。独生子女本身也要面对更多的家庭责任和冲突风险。成年独生子女应该与父母保持适度亲密的互动，并在情感和经济上给予父母充分的支持与鼓励。

当男女双方都是独生子女时，他们可能要面对四位父母的直接干涉。这种家庭是矛盾冲突表现最直接和剧烈的家庭，因为双方父母的价值观及婚姻观直接作用于独生子女身上。一旦双方家庭的价值观差异过大，就会对独生子女的婚姻产生强烈的冲击。男女只有一方是独生子女家庭，这种情况双方家长直接作用于男女婚姻生活的影响相对较小，因为非独生一方的家长需要兼顾其他子女，单纯投入到一方的精力相对较少。

这类夫妻如何维护与双方父母的关系呢?

首先，要把握自己家庭生活的主动权，家庭中重要事务自己商量决定。只有处理好自己的家庭生活，双方家长才可能较少介入自己的家庭生活，也容易建立和谐关系。

其次，尽量减少双方父母的干涉。夫妻要有界限意识，尽量与双方父母的家庭保持适度距离。独生子女不独立，父母过度卷入子女家庭生活，是造成夫妻双方一方或两方是独生子女的原生家庭间关系难处的重要原因。

再次，独生子女父母要有自己的工作和生活圈，实现人格独立。父母要有自己的生活圈、朋友圈，过好自己的生活，不干涉子女的生活。

最后，夫妻与双方父母共同协商相互往来与相处规则。本着互相理解、互相支持、互相包容的原则，夫妻双方和父母们要一起商量有关两个家庭来往相关事宜。如法定节假日子女去哪家，谁来帮助照看孩子，两家老人如何配合等。

### 2. 离异单亲原生家庭健康关系构建与管理

20 世纪 80 年代以后，人们对婚姻有了新的认识，对离婚也有了比较宽容的态度。随着离婚率不断上升，社会上出现了很多因离异造成的单亲家庭。

离异单亲家庭子女成婚后，如何处理与单亲家庭父母的关系，以及如何处理单亲家庭的“亲家”关系也提上了日程。有些父母离异的成年人经历了父母的婚姻失败，更希望有个完整的家。当他们结婚后，有的父母可能选择减少对子女婚姻的干涉，给予子女足够的婚姻自由。也有的父母害怕子女遭受同样失败的婚姻，而对子女的婚姻介入过多。

一般来说，如果父母失败的婚姻在子女身上留下了阴影，那么常常会导致子女在婚姻问题上走向两个极端：第一是抗拒婚姻，认为只要不结婚，就永远不会受到这样的伤害；第二是过度依赖婚姻，尽最大努力保护自己的婚姻，害怕婚姻出一点问题。

结婚后，如何管理三个家庭之间的健康关系呢？

首先，男女双方尽量独立处理自己的家庭生活事务。夫妻双方要人格独立，心理上必须断乳，两人协商处理家庭生活中的各种事情。

其次，单亲父母必须要丰富和充实自己的生活。有些单亲父母对子女有更多的依恋，甚至有独占的欲望。因此，家长要进行心理调整，让自己的生活不断充实，多交朋友，或寻找新的伴侣。同时，亲家也可以多从心理、生活中多关心单亲“亲家”，创造相互支持的心理环境。

单亲父母切不可因为独自抚养子女而向子女要求特殊待遇，要树立单亲家庭也可以获得幸福的生活观念，不以弱势群体示人。

最后，单亲父母不要干涉子女婚姻生活。作为父母，要相信自己的痛苦经历不会在子女身上重现，子女有能力创造幸福的婚姻生活，会比自己做得更好。父母的过度担心和干预，只会对子女产生消极的心理暗示，不利于他们的婚姻幸福。

## 思考题

1. 请分析中国婆媳冲突的根源，阐述如何处理婆媳关系。
2. 婚后男女处理与双方父母关系的关键是什么？
3. 如果夫妻均为独生子女，如何处理与双方老人一起过年的事情？

# 第十章 婚姻前后男女与双方亲友间健康关系构建与管理

## 一、婚姻前后男女与双方亲属间健康关系构建与管理的内容和策略

亲友是“亲属”和“朋友”的简称。① 亲属关系是扩展的家庭关系，是依据血缘、姻缘及其他亲缘关系纽带缔结的家庭关系网络。亲属关系是一种圈层网络结构，内圈亲属是由具有赡养和继承关系的成员所建立相对独立的两个及以上单元家庭组成的家庭组织；次内圈亲属是由兄弟姐妹的家庭之间组成的亲属关系；外圈亲属则是由父系和母系的旁支亲属组成的亲属关系。②

“朋友”是指彼此有交情的人。③ 人际关系主要指个体与家人、朋友、同事等他人在交往互动中形成的一种社会关系。人是群体性、社会性动物，生存和生活都离不开家庭与社会。人际关系对个体的健康发展不仅具有生物学意义，更具有深刻的心理学、社会学意义。因为它是联结个体社会网络的桥梁，为人们压力调试、心理满足、维持幸福感提供支持，因此，个体与家人、朋友之间的人际关系非常重要。

当个体进入成年早期（18～40 岁），人生就进入了一个新的阶段，需要面临新的发展任务。著名心理学家埃里克森认为，成年早期的人进入了亲密对孤独的冲突阶段，在恋爱中建立真正亲密无间的关系，从而获得亲密感，否则将产生孤独感。恋爱之后，个体将与另外一个人组成新的家庭。在中国，与他人结合，并不是简单地与他本人相结合，

① 中国社科院语言研究所词典编辑室. 现代汉语词典［Z］. 北京：商务印书馆，2012.

② 国家卫生和计划生育委员会. 中国家庭发展报告 2014［M］. 北京：中国人口出版社，2014：67.

③ 中国社科院语言研究所词典编辑室. 现代汉语词典［Z］. 北京：商务印书馆，2012.

也不仅仅是与他（她）的生活习惯、兴趣爱好、人生观与价值观结合，而是与这个人的全部社会关系结合，包括他（她）的原生家庭、其他亲属和朋友。另外，有研究证实，人际关系满意程度与个体家庭幸福感呈现十分明显的正相关关系。因此，夫妻双方不仅需要管理自身的亲友关系，更重要的是建构与对方亲友的健康关系，最终形成小家与大家，夫妻与其亲友健康关系的良性互动和循环。

## （一）婚姻前后男女与双方亲属间健康关系构建与管理的内容

### 1. 社会变革与亲属关系发展

家庭是社会的细胞，社会大环境的变迁无不反映在家庭的方方面面。近几十年，我国社会经济、文化、科技不断发展，城市化进程快速推进。人们的生活方式发生巨大变革，生活节奏加快，贫富差距拉大，传统价值观受到了冲击。加之计划生育政策的实施，当代家庭的规模、结构类型和人员关系都发生了较大变化。因此，如何与社会新背景下的亲属构建健康关系成为需要解决的重要课题。

家庭类型主要有以下几种。一、核心家庭，是指已婚夫妇与未婚子女组成的家庭。家庭内只有三种关系，即夫妻关系、亲子关系和兄弟姐妹关系。二、主干家庭，是指一个家庭中有两代以上，而且每一代只有一对夫妇组成的家庭。代际层次可以是三代，也可以是四代、五代等。三、联合家庭，是指两个或两个以上兄弟姐妹各自组成家庭后依然共同生活，即有一个以上核心家庭联合而成的家庭。① 不同类型的家庭产生远近不同的亲属关系。

在生产力不足、住房条件紧张的年代，联合家庭很常见。随着社会的发展，家庭人员关系复杂、相处自由度低的联合家庭数量越来越少。于是，以大家族的宗亲血缘关系形成的家族生态圈逐渐减少。目前，核心家庭和主干家庭最常见。其中，核心家庭是当今社会的基本形态。由于大批农村劳动力涌向城市，留守儿童大量出现，“隔代家庭”也成了乡村独特的风景。美国社会学家帕森斯指出，核心家庭由于与扩大的亲属关系没有利益瓜葛，因此有益于工业化社会所需的职业流动和地域流动，并能从功能上满足其成员的情感需求和个性需要。② 因此，现代家庭成员之间互动频繁，感情亲密程度加深，凝聚力增强，个体的幸福感增加，家庭整体的发展更为顺利。

然而，随着经济不断发展，受教育水平提高，且抚育孩子成本较高，虽然“全面二孩”政策已实施，但女性生育意愿依然不高。由于生育率不高，独生子女家庭和少子女家庭的亲属网络的自然基础被大大削弱，不仅家庭亲属网络规模缩小，结构也变得更加

---

① 吴航. 家庭教育学基础［M］. 武汉：华中师范大学出版社，2014：67—68.

② Parsons，T. *The Kinship System of the Contemporary United States*［J］. American Anthropologist，1987，45（1）：22—38.

简单。[①] 例如家庭中兄弟姐妹急剧减少，意味着堂亲、表亲的家庭关系相应减少。

另外，城市化进程加快，大规模的人口流动和迁徙，导致人们家族观念式微。特别是遵循“城市工作、返乡探亲”的“候鸟化”生活轨迹的个体与家乡地理距离拉大，与亲属生活的交叉点越来越少，与亲属接触频率降低。同时，人口流动导致很多家族中亲属有的生活在农村，有的生活在城市。城市与农村的生活习惯、文化氛围差异较大，城市生活更注重隐私，亲属之间的心理距离进一步拉大，感情上日渐淡漠。另外，社会贫富差距日益显著，亲人之间的经济地位与社会阶层存在大量断层，共同语言减少，情感纽带被削弱。随着科技的发展，年轻人普遍能够较快地接受新鲜事物，而年长者面对新鲜事物适应速度较慢，代际关系之间的差异凸显。总之，有时感觉亲戚还是那些亲戚，但已经不是很亲密了。

尽管如此，中华民族始终注重传统习俗与伦理纲常，亲人之间天然存在的血缘关系无法割舍。亲情依然是人们与世界、与他人建立关系最原始、最坚韧的归宿，亲属网络还将长期稳定存在，亲戚关系仍是影响家庭发展方向与幸福程度的重要因素。

有媒体评论员曾说：“尽管亲戚关系有远近，可这种亲戚关系作为一种社会力量，在人际交往中的作用不可小觑。从某种程度上说，亲戚关系实际上是中国‘熟人社会’的一个缩影而已。”亲情能满足人们对亲密、安全、归属的需求，基本上囊括了马斯洛需要层次理论中人类需求的大部分内容。

### 2. 婚姻前后男女双方亲属关系的差异

结婚之前，人们与自身亲属血脉相承，感情紧密。但男女双方与对方亲属没有任何实质的联结，感情基础薄弱。两个家庭亲属间甚至互不相识，与陌生人无异。而结婚就像催化剂，亲属关系由单一的血缘连接变为血缘与姻缘共同构成，陌生人突然变成亲属，亲戚中血亲与姻亲同时存在。

虽然血亲与姻亲同属亲人，但以血缘为纽带和以婚姻为纽带所产生的联结仍然是大相径庭的。血亲之间是打断骨头连着筋，无论如何也改变不了生而为亲的现实；姻亲依靠婚姻存在与否而存在或消失，关系随着婚姻质量的变化而上下浮动，不甚稳定。血亲抚养、见证或陪伴个体一点一滴的成长，生活轨迹密切交织，关系牢不可破；姻亲是因着对自身亲人的爱而建立起来的关系，当夫妻遇到矛盾时，姻亲之间很难统一战线，反而更容易猜忌与戒备。血亲之间相处更坦然、更自如、更简单，不怕得罪，不怕争吵；姻亲关系需要花费精力经营。

婚姻前后男女双方亲属角色的差异不仅仅推动着个体人生的蜕变，更让两个家庭产生了奇妙的化学反应。男女个体需要进入、适应对方的家庭，从经营自身亲属关系发展到维护双方亲属和谐。钱锺书先生的《围城》里有这样一段描述：“婚姻就像一座围城，

① 国家卫生和计划生育委员会. 中国家庭发展报告 2014［M］. 北京：中国人口出版社，2014：70.

城外的人拼命想冲进来，城内的人拼命想冲出去。”在围城中的人通常会感到恋爱时明明很甜蜜，一旦进入婚姻却总是有种种不和谐，这是因为双方的家庭文化、人生观、价值观、风俗习惯不尽相同。两个人之间相互靠近，慢慢了解犹需时日。两个陌生家庭亲属之间设身处地理解对方也需时间。好在除了内圈亲属外，与双方其他亲属关系的构建没有夫妻关系经营那么重要。经过一定时间的磨合，男女双方去了解、适应对方家庭的文化、生活习惯。夫妻间运用良好的沟通模式，进行沟通，双方家庭亲属间宽容以待、理解接纳，感情的温度自然会提升，亲人的角色意识就会更加牢固，甚至形成新的互相支持的文化生态家族圈。这种和谐的大家族氛围，又进一步增进夫妻双方感情，促进家庭良性发展。

### 3. 婚姻前后男女双方亲属间关系构建与管理内容

血缘的远近、经济的往来和情感的疏密都影响着双方亲属和两个大家庭的关系融洽与否，三者都是构建亲属间关系的重要主题。

（1）血缘因素与亲属关系

除了姻缘外，血缘是亲属之所以成为亲属的最重要原因，也是维系亲属关系最天然、最原始、最牢固的纽带。血缘的远近在一定程度上决定着亲属感情的亲疏远近。例如内圈亲属关系——父母与子女、祖孙等是世界上最亲密的血缘关系。次内圈的叔侄、表亲关系较远，外圈的七大姑八大姨更为疏远。现实生活中，大部分个体与亲属的关系也确实依照血缘关系的亲疏远近分配着情感上的诉求和付出，父母与子女是无法撼动的亲人关系，有些人与七大姑八大姨可能互不相识、形同陌路。

血缘并不是唯一影响亲属关系的因素，地缘、物质、情感、社会地位、共同语言等也会在血缘的基础上发挥作用。在同一居住地的亲属、有共同生活追求的亲属、经济利益挂钩的亲属可能会忽略血缘的因素，来往更加密切。无论如何，以血缘关系为基础的亲属关系网络对每个小家庭的发展有深刻影响。

（2）经济因素与亲属关系

经济条件在一定程度上决定了人的资源、品质、社会地位和主观幸福感。物质要素是婚姻中最基本的要素，也是最重要的要素之一。婚姻的最终目的是建立家庭，家庭的维系需要通过一定的物质作为基础。只有具备一定的物质基础之后，婚姻才能稳定、发展以及长久。①因此，虽然血缘是决定亲属间交流频率、亲疏程度和家族地位的重要因素，但随着社会转型、阶层分化、物质生活改善、资源紧张并且分布不均，“经济利益”“互惠互利”原则也影响着亲属生态圈的强弱位置和关系远近。亲属间的财产分配、遗产继承和经济上的相互扶持成为左右关系亲疏远近的基石和双刃剑。

有学者认为，一个社会的家庭继承制是其家庭生活模式的核心，各社会中的家庭

① 陈讯. 婚姻价值的变革［M］. 北京：中国社会出版社，2014：128.

继承制会导致各社会成员采取不同的组合方式来处理彼此之间的关系。① 也就是说，家庭的财产继承结果影响着家庭的未来发展和家族成员之间的关系质量。特别是近十几年，中国房地产行业呈现跨越式崛起，房价节节攀升，普通家庭难以企及。房产资源的短缺和难获得性，导致是否在大城市拥有房产以及房产的多寡成为评价人们社会地位的重要指标。在面对难以凭一己之力获得房产的社会难题时，很多家庭通过遗产继承或者财产分配（父母的财产作为房屋的首付）获得房产。虽然兄友弟恭是中华民族传统美德，但根据马斯洛需要层次理论分析，在基本物质需求得不到满足的家庭中，原本没有或少有经济利益冲突的亲人为了利益，也会发生冲突，甚至为了抢夺经济资源、维护自身的利益而反目成仇。因此，父母和亲人如何分配财产成了很多家庭不得不面对的棘手问题。

**相关链接**

**《中华人民共和国民法典》（节选）**

**第一千一百二十七条 ［继承人的范围及继承顺序］** 遗产按照下列顺序继承：

（一）第一顺序：配偶、子女、父母。

（二）第二顺序：兄弟姐妹、祖父母、外祖父母。

继承开始后，由第一顺序继承人继承，第二顺序继承人不继承。没有第一顺序继承人继承的，由第二顺序继承人继承。

本编所称子女，包括婚生子女、非婚生子女、养子女和有扶养关系的继子女。

本编所称父母，包括生父母、养父母和有扶养关系的继父母。

本编所称兄弟姐妹，包括同父母的兄弟姐妹、同父异母或者同母异父的兄弟姐妹、养兄弟姐妹、有扶养关系的继兄弟姐妹。

**第一千一百二十八条 ［代位继承］** 被继承人的子女先于被继承人死亡的，由被继承人的子女的晚辈直系血亲代位继承。

被继承人的兄弟姐妹先于被继承人死亡的，由被继承人的兄弟姐妹的子女代位继承。

代位继承人一般只能继承被代位继承人有权继承的遗产份额。

**第一千一百二十九条 ［丧偶儿媳、女婿的继承权］** 丧偶儿媳对公婆，丧偶女婿对岳父母，尽了主要赡养义务的，作为第一顺序继承人。

① 翟学伟. 中国人社会行动的结构——个人主义和集体主义的终结［J］. 南京大学学报，1998（1）：123—130.

**第一千一百三十条 ［遗产分配规则］** 同一顺序继承人继承遗产的份额，一般应当均等。

对生活有特殊困难的缺乏劳动能力的继承人，分配遗产时，应当予以照顾。

对被继承人尽了主要扶养义务或者与被继承人共同生活的继承人，分配遗产时，可以多分。

有扶养能力和有扶养条件的继承人，不尽扶养义务的，分配遗产时，应当不分或者少分。

继承人协商同意的，也可以不均等。

……

**第一千一百三十三条 ［遗嘱继承和遗赠的一般规定］** 自然人可以依照本法规定立遗嘱处分个人财产，并可以指定遗嘱执行人。

自然人可以立遗嘱将个人财产指定由法定继承人的一人或者数人继承。

自然人可以立遗嘱将个人财产赠与国家、集体或者法定继承人以外的组织、个人。

除了遗产继承外，亲属之间经济上的往来还包括赠予财产、借还钱、共同投资等。亲属生态圈中处于社会较高阶层、经济条件好的群体对处于较低社会阶层、经济条件不好的群体提供经济上的支持，帮助他们渡过生活上的难关。当亲人之间存在着相同的事业或经济上的追求时，秉承着肥水不流外人田的理念，也可能共同投资、开办公司或拓宽业务范围等。通常，经济实力强、能为家族带来利益与资源的成员及其所在家庭影响力大，拥有更多的话语权，并与其他成员、家庭来往更密切。因此，是否能为、是否应为大家族提供经济利益以及如何进行利益的分配也成为每个家庭需要考虑的主题，如果处理得当，将会促进家庭关系稳定和谐发展。

（3）情感因素与亲属关系

虽然现代社会人们更加注重物质生活，亲属间物质交往影响了关系的质量，但情感往来仍然是维系亲属这种最牢固、最天然关系的重要途径。另外，社会公共物质资源极大丰富，亲属关系对资源的依赖程度相对降低，情感诉求提升。情感往来的频率、方式和质量，真诚、善意、关怀、知恩图报、守信重诺等品质，以及长幼有序、礼节周全、顾全体面等文化，依然是维护亲属关系的最好黏合剂。

由于城市化进程加快、人群大规模迁徙，很多家庭的亲属分散多地，情感往来失去了便利的土壤。但大部分中国人，特别是年长者，遵循传统大家庭的礼仪文化、与亲属间进行情感往来的需求依然强烈。受地区和城乡差异和贫富差距影响，不同地域亲属的生活习惯可能大相径庭。但毕竟同根同源，亲属间的基本文化习俗和礼仪习惯大体保持一致。随着相互交往增多亲属之间相互影响，文化差异也会日益缩小。

亲属间平日接触较少，但总有些特殊的时机可以聚到一起。其中，过年过节最大的意义就是重聚和纪念。如中国传统的春节、元宵节、中秋节等都承载着阖家团圆的美好愿景，催促着所有成员回到大家庭之中，走亲访友、发红包、叙情话旧。中国独特的饮食文化、酒文化、棋牌文化等都帮助家庭成员在吃喝玩乐中分享人生经历、社会信息和表达感情。如果亲属不幸生病，很多家庭成员会不远万里看望病人，表达关怀和祝愿；如果亲属学业有成，家庭成员会欢聚一堂，送去祝福；亲属间会共同参加旅游、唱歌、运动等娱乐活动。特别是人生最重要转折之一——嫁娶，全程需要亲戚的见证与参与，也为婚后新家庭与其亲戚间关系奠定了情感基础。

如今，科技的发展使得难以见面的亲属可以通过社交网络、通信传媒等方式维持情感往来，使亲情维系更加便捷。人们可以随时随地沟通、进行全方位互动。例如人们可以通过电话、微信、QQ、手机短信、微博等，能及时地了解对方的近况，见证对方的生活经历，给予建设性意见，这些工具削弱了地理距离带来的生疏感，使得亲属往来增多，感情温度上升。

## （二）婚姻前后男女与双方亲属间健康关系构建与管理策略

随着中国社会向市场经济转型日益深入，功利主义和个人本位的价值观影响力也增大。由于与“家本位”文化相联系的“责任伦理”是向下倾斜的，因此随着年轻一代步入婚龄并生儿育女，社会会教育他们，促使他们向家本位传统的回归。[①] 因此，无论年龄长幼，人们虽然感觉亲人数量变少、关系变淡，亲属关系温情犹在。中华民族“家本位”的文化理念依然深入人心。即使在互联网+时代，亲属间关系依然受到重视。如何管理男女双方亲属关系是每个家庭需要面临的一项任务，和谐亲属关系会促进每个家庭健康发展。

### 1. 积极维护关系，密切往来

中华民族本来十分注重封建礼制与纲常伦理，强调家本位。现代文明影响了中国人的家庭观念，家庭伦理受到一定冲击，亲人间情感略显淡漠。但深入中国人骨子里的亲情意识依然影响深远，黏合着已有疏离之势的家庭温情。当朋友因天各一方而渐行渐远，当同事因为利益纠葛而心生罅隙，亲人始终在身旁。因此，我们还需继承这些温暖美好的文化基因，维护亲属之间的联系，凝聚家庭力量。

---

① 中国人口宣传教育中心，瞭望周刊社，中国社会科学院人口与劳动经济研究所. 中国家庭幸福感热点问题调查报告［2010—2013 年］［M］. 北京：新华出版社，2014：251.

经营亲情，是很多人忽视但实际非常简单的事情。不必刻意化和程序化，只要肯花些时间和心思，随心而为，亲人之间就像是磁铁，会轻易贴合。逢年过节，即使在异地生活，大家也可拿出几天时间拜访亲戚，仅仅是一起吃饭、聊天，就足以表达对亲人的珍视。平日里没有常常见面的机会，可以打个问候的电话，发条问候的短信或微信，关注对方的微博、朋友圈动态。周末可以约上同一城市的亲属共同郊旅，或简单聚餐。亲人家有红白喜事，及时送上祝福或关心。当亲人遇到危难，或身体抱恙，或遭遇经济困境，适时适当地施以援手，让亲人感受到关键时刻见真情。

总之，每个人对亲密情感的渴求是一样的，与亲人相处，要以真心换真心，以行动促感情。这样，亲人的联系才会越来越紧密。

### 2. 确立夫妻关系第一的家庭关系格局

在传统中国家庭关系价值序列中，父母与子女的关系多重于夫妻关系，有时夫妻关系处于从属地位。大家族整体利益凌驾于个体或小家庭的利益之上，幸福感也是建立在大家族利益之上。随着时代发展以及女性对家庭经济贡献的增长，男女更加平等，以夫妻为轴心的家庭结构逐渐崛起。上海科学院社会学研究所研究员徐安琪发现，与传统意义上的直系家庭相比，纵向的亲子关系已经让位于横向的老少夫妇并行的双轴，长者为尊、家无二主的父权家长制已经失去了存在的基础，夫妻关系成了维系家庭的第一纽带。[①] 家庭结构和文化变革的背景下，人们处理双方亲属关系时，提倡积极联络、相互扶持、彼此尊重、适当采纳意见。更重要的是要有界限感。

婚姻前后，男女双方父母和亲人从自身的生活经验和价值观出发，对婚恋提出各种建议。在婚姻选择和家庭生活上，男女双方可适当听听亲人的想法和意见，但要有自己的主见，既不能委屈自己，更不能逆反或赌气草率结婚。

除了婚姻大事外，亲人可能在生活小事和生活习惯上插手成年男女生活。小到穿衣吃饭、旅游出行，大到工作选择、买房安家。如果成年男女一味听从，做决定时无法分清主次，婚姻质量会受影响。亲人少干涉夫妻的婚姻生活，做到家庭生活夫妻做主。

### 3. 尊重与适应双方家庭的文化和习惯

每个家庭的经济条件、文化背景、价值观和生活习惯都存在差异，特别是那些地理距离远、社会阶层差距大的家庭之间更是如此。如果男女不能尊重并适应对方的家庭文化和习惯，两个家庭难以互相接纳和融合，婚姻和家庭生活可能矛盾重重。因此，婚姻中的爱不仅是感情的融合，也包括习惯、家庭背景、思维乃至世界观、人生观等许多

① 徐安琪. 中国家庭幸福感热点问题调查报告［2010—2013 年］家庭结构与代际关系研究——以上海为例的实证分析［J］. 江苏社会科学，2001（2）：150—154.

内容的碰撞与磨合。① 更是两个家庭的生活习惯、思维方式、文化习俗等内容的碰撞与磨合。如果能够抛开成见、接纳对方、求同存异、宽容让步，两个家庭关系就会比较和谐。

男女双方与对方亲属相处，要尽快了解对方家庭的文化习俗，不要以自己家庭的价值观念评价对方家庭亲属的行为，尽量接受与适应对方家庭的生活习惯。如果确实很难融入对方家庭，要做到求同存异、互相理解，例如城市与农村卫生条件和习惯截然不同，到家后，城市人群基本都洗手、换鞋、换睡衣。农村人群则因常年辛苦劳作精力有限，再加上农村房屋的构造使其很难达到一尘不染，未必有这样的生活习惯。从小在城市长大的个体来到伴侣农村的家庭，不要面露嫌弃之色，只需遵循自己原有卫生习惯即可。而农村家庭也要尊重对方，最好事先打听对方的生活习惯，尽量做好相应准备。

另外，个体与对方以及双方家庭能够互相尊重与适应，最关键的因素是夫妻双方沟通顺畅。在个体进入对方家庭或双方家庭接触之前，要提前告知各自家庭的风俗文化和生活习惯，帮对方尽快适应自己的亲属圈。

### 4. 对双方亲属一视同仁

传统中国家庭的特征是男系继承、父系续族和从男居住，父母将依靠子女养老的期望主要寄托于儿子身上，而不是女儿。儿子是其所出生的家庭中的永久成员，一生都与其父母保持着一种契约式关系。相反，女儿却被视作她所出生家庭中的过客，在她结婚后，就开始承担夫家的责任。② 但是，自 20 世纪 90 年代以来，亲属网络和家庭关系逐渐出现双系化的趋势。尤其是城市家庭，在生活照料和情感慰藉上甚至开始倚重女系。在法律上，男系传承也失去相应的支持，男女拥有平等的继承权。可见，现代制度、法律和文化都倾向于全体家庭成员一律平等，不因性别差异而区别对待。因此，在婚姻中，应对男女双方亲属一视同仁。

夫妻在日常生活中一定要尽量公平，极力避免差别对待双方亲属，甚至可以多亲近、关照对方亲人。逢年过节，要分别回到双方老家，与双方亲人团聚。如果时间有限，也要做到交替进行，并且尽量做到次数和时长一致。在走亲访友过程中，给双方亲属买同样或价值相等的礼物。日常生活中，不忽视与任何一方亲属的往来和礼节，特别注意关注双方亲属的身体健康和心理需求。

---

① 单志艳. 发展教育学［M］. 北京：北京科学技术出版社，2016：179.

② 陶树果. 新生代来沪农民工家庭消费结构的二元性研究［D］. 中国优秀硕士学位论文全文数据库：华东师范大学，2008.

# 二、婚姻前后男女与双方朋友间健康关系构建与管理的内容和策略

## （一）婚姻前后男女与双方朋友间健康关系构建与管理的内容

人们不能选择亲属，但朋友是从千万人之中甄选出来的。朋友是平等的，无过多责任羁绊，相处更加坦然、轻松和自由。大部分朋友是由相似的兴趣爱好、共同的话语环境、契合的价值观、能产生共鸣的情感吸引到一起的，朋友之间更容易换位思考、相互接纳，给予共情与情感依赖。当人们遇到困难需要帮助时，远在天边的亲属鞭长莫及、爱莫能助，近在眼前的朋友一马当先、施以援手。朋友的概念拥有丰富的内涵和意义，朋友角色是社交舞台上的中流砥柱。

男女双方与朋友的良好关系会促进家庭的和谐发展，而家庭的和谐与稳定也反过来为友情的维护保驾护航。当个体交往的朋友是能够信任的、正直的、善良的，友谊是坚固的，朋友能在家庭出现矛盾时及时给予建设性意见，帮助家庭顺利解决问题，促进家庭和谐与发展。当夫妻关系与家庭关系积极稳定时，家庭成员会互相支持个体与朋友间的健康交往，并与其他家庭成员的朋友发生良性互动，形成可持续、健康发展的家庭朋友圈。

### 1. 新时代朋友的内涵

美国未来学家阿尔文·托夫勒在其《未来的冲击》一书中提出，“实际上，今天个人的大部分社会活动可以称为探索行为——一种锲而不舍的社会探索过程。在这个过程中，人们寻求新的朋友，取代那些或者不在眼前或者不再情趣相投的人。这种更换驱使着人们，尤其是有文化的人，走向城市，进入临时就业的模式。因为在一个专门化迅速发展的社会中，具有作为发展友谊之基础的共同兴趣和爱好的人们，要融为一体，绝非是一个简单的过程。”①

互联网时代，人们友谊关系也随之发生着广泛、深刻的变化。提倡大规模协作使得每个个体更像是社会中的一个小部件，只精于某些技能，却很难纵观全局。人与人之间需要以“契约精神”为主导，遵循理性交换的逻辑和原则，在合作与竞争中维持社会大机器的高速运转。科技革命和城市化的不断发展，使原来传统环境下个人交往和依恋的牢固性逐渐被居住地点和职业工作的变更等因素带来的高度社会流动性所打破。②交通

---

① ［美］托夫勒著，蔡伸章译．未来的冲击［M］．北京：中信出版社，2006：78.

② 温燕．大学生友谊质量及其与孤独感的关系研究［D］．中国优秀硕士学位论文全文数据库：南京师范大学，2014.

的便捷增加了人口流动的范围和频率，个体的社交范围不断扩展，朋友选择更加广泛和多样。技术的精细化、社会流行趋势的变化使得职业类型和热门职业不断更新，娱乐类型和休闲方式推陈出新，朋友间交往的内容和方式也受到影响。

在网络不发达的年代，熟人是朋友的重要来源，地域是影响友谊的重要因素。人们择邻居而交朋友、择同学而交朋友、择同事而交朋友。20 世纪 90 年代以来，全球互联网络迅速普及和深化，人际交往的发展变化周期越来越短。人际交往的方式从早期简易的电子邮件到虚拟聊天室，从朴素的 PC 端即时通信到开放的 BBS 社区论坛和博客，再从彼此熟悉的社交网络服务（SNS，Social Networking Services）社区到迅速崛起的自媒体，人际交往的内容也从苍白的文本逐渐向含有图像、音频和视频的多媒体扩展。① 从中国互联网信息中心发布的《第 46 次中国互联网发展状况统计报告》发现，截至 2020 年 6 月，我国网民规模达 9.40 亿，手机网民规模达 9.32 亿。农村网民规模为 2.85 亿，占网民整体的 30.4%。我国网民使用手机上网的比例达 99.2%。我国即时通信用户规模达 9.31 亿，手机即时通信用户规模达 9.30 亿。总之，互联网和即时通信虽然使得朋友间面对面的亲密交流机会减少，但扩展了人际交往的范围，使关系的维系和深化更加便利高效。地域因素对友谊的影响越来越薄弱，朋友之间逐渐形成熟人社交和陌生人社交相互交叉的网络结构。

### 2. 友谊的结构

美国心理学家哈塔普（Hartup）和史蒂芬（Stevens）于 1997 年提出了友谊关系的结构和维度模型（Structure and Dimension Model），将友谊关系分为表层结构（Surface Structure）和深层结构（Deep Structure）。表层结构是指个体在不同的年龄阶段，与朋友交往的方式和内容不同，友谊关系所面临的适应性发展任务也随之改变。成年个体的友谊关系与工作、社会活动和成就需要等关联密切。深层结构是指友谊关系中朋友双方的互惠性。这种互惠性是决定友谊关系本质的特征，也是友谊关系有别于其他人际关系的依据，并具有跨时间和跨情景的一致性。②

在强调友谊关系的人格适应功能时，哈塔普和史蒂芬也将友谊关系划分为有朋友、朋友的一致性和友谊质量三个维度。“有朋友”维度主要涉及是否拥有朋友、拥有朋友的数量、与朋友相处的时间以及朋友关系的持续时间等几个方面。“朋友的一致性”是指朋友之间的相似性，其形成的条件可以从外在和内在两个方面来分析，具体包括：①共同的生活背景，如居住地、家庭背景、阶层种族等；②相似的生理特征，如年龄、性别、长相、身高等；③相近的心理和行为特征，如能力、学识、性格、行为习惯等。影响“朋友的一致性”有两个重要因素：相互选择和相互社会化。相互选择是指相似性吸

---

① 宋江波. 微信朋友圈对人际交往的影响研究［D］. 中国优秀硕士学位论文全文数据库：广西大学，2014.

② Hartup，W. & Stevens，N.（1997）. *Friendships and Adaptation in the Life Course.* Psychological Bulletin，121，355—370.

引力，是友谊关系产生的动力性条件，主要表现为人们总是倾向于选择那些跟自己相似的人做朋友。相互社会化是指在朋友交往中，人们彼此相互影响、相互认同，从而渐渐在各方面趋于一致或相似。相互选择意味着相似性选择决定朋友关系，而相互社会化则认为朋友交往过程决定朋友的相似性。“友谊质量”这一维度可以根据朋友间交往的频率、特征和规律等概括出几种特质来进行考察。

### 3. 男女双方朋友关系在婚姻前后的差异

结婚是男女双方与朋友关系变化的一个明显分界点。婚姻前后，人们与朋友的交往频率、方式和亲密程度有很大差异。

婚前，人们以个体为单位建立、维护与经营友情。因没有伴侣的影响和生儿育女的负担，个体有根据自身意愿选择朋友的自由。在学习和工作之外，个体也有大量的业余时间和充沛的精力陪伴朋友，成为朋友的精神寄托，帮助朋友解决生活难题，见证朋友的成长。有些知心朋友甚至逐渐成为未婚人士的重要他人，为个体选择终身伴侣出谋划策，影响个体对未来伴侣和亲密关系的评价与态度，进而影响个体的婚姻走向。

婚后，个体与伴侣结为夫妻，于是生活中的所有事物都烙上了伴侣的印记，在做很多决定时都需要征求伴侣的意见。其中，个体的生活习惯、志趣、价值观、对友情重要性认知和对不同类型朋友的喜好倾向会与伴侣相互影响，进而影响个体对朋友的选择。个体与朋友相处的时间长短、频率、方式等大部分情况都需要告知伴侣，甚至事先需与伴侣商量，例如下班后聚会的时间和相聚对象应及时告知伴侣。另外，因婚后个体需要陪伴伴侣和儿女，再加上肩负养儿育女的家庭责任，在家庭和事业上投入的精力和时间自然增多，个体交友的数量减少，与朋友交往的次数和机会减少。尽管如此，知心朋友仍然扮演着个体情感和精神寄托的角色，影响着个体的生活态度、价值观和家庭的和谐发展。当个体与伴侣发生矛盾时，如果朋友从中劝慰，给予合理的建议，能够帮助个体维护家庭和谐，促进家庭发展。

婚后，因人生轨迹统一，夫妻双方的朋友圈相互交叉，不仅认识伴侣的朋友，甚至在相处中与伴侣的朋友成为知心好友。美国心理学家霍洛克研究指出，已婚成年男女的重要朋友类型即为家庭朋友，即配偶双方一起认识的朋友。于是，婚姻的缔结使得夫妻双方围绕着新家庭建立起新的朋友生态圈。

### 4. 特殊的朋友——红颜与蓝颜

很多人的生命中都存在过红颜或蓝颜知己，他们是一群特殊的朋友。蓝颜知己是指单身抑或恋爱中的女性有感情亲密的固定异性朋友，他们之间的关系比普通异性朋友更加亲密，互动频繁，但又不同于男女朋友之间的亲密交往。蓝颜知己的存在一般会早于男朋友的出现。

红颜知己，顾名思义，是指单身或者恋爱中的男性有互动频繁的固定女性朋友，他们之间的相处身份更多地被定义为哥们。

红颜或蓝颜通常在思想上高度契合，常被喻为精神伴侣，有时因灵魂的多次碰撞而感觉比至亲还亲。红颜或蓝颜能读懂对方的真正需求，从言语到心灵的沟通顺畅无碍，甚至不需要任何言语和动作，只需一个眼神、一个表情就能领会彼此的想法。红颜或蓝颜之间因为相互信任、包容和理解，彼此愿意分享和分担的内心感触甚至多于伴侣。例如当人们工作、生活中遇到困扰和挫折时，最想找的倾诉对象通常是红颜蓝颜，而对方会面带微笑，静静凝望，默默分担苦楚，聆听诉说，阅读心灵，让人们情绪上得到温暖的慰藉，之后共同分析，解决问题。他们善解人意，会用智慧一语点醒梦中人，会用鼓励和关切帮助人们振奋向上，会用精神陪伴让人们的心灵不再孤寂。个体与红颜或蓝颜之间虽然在情感上有着千丝万缕的联系，但双方并没有过多的索取与要求，关系更纯粹，相处更放松。

这种感情无关欲望，精神上的吸引远多于身体上的吸引。彼此看中的是对方的人品、才气、柔情与陪伴。双方都珍视这份感情，同时又不希望它掺有过多杂质。可以说这种感情很美，但需要彼此把握分寸和界限。

## （二）婚姻前后男女与双方朋友间健康关系构建与管理策略

### 1. 适度增加人脉，维护与经营友情

虽然家庭关系是社会关系的重中之重，但婚前婚后，伴侣之间都应留有适当的生活空间，保持一定的距离感，才能维持婚姻的新鲜感，保护个体的精神独立需求。与朋友相处，能开阔生活范围和眼界，使得人们在婚姻之外寻求一定的自主感。同时，朋友也是人们立足社会、安身立命的重要资源。因此，努力维护和经营友情对家庭的发展起到积极作用，它不仅是个体成长的助推剂，也可成为夫妻和家庭关系的调和剂。

选择朋友也是一门学问。应多认识有丰富经历、洞察世界的人，互相分享所见所感，能够扩大眼界和知识面。多接近品格高尚的人，他们更关注朋友累不累，更让人感到温暖。与朋友相处不能想占便宜，主动吃亏不仅会换来心灵上的平和，更会换来以心待心的友情。最重要的是，当朋友落难时，该出手时就出手。

虽然利益、兴趣、生活习惯等都是影响友情的重要因素，但真正能长久维持友情的是人们感情上的互通和心灵的交流。霍洛克指出，成年男女拥有的知己数量，要看其是否能够把兴趣、问题与希望向别人倾诉。当人们对别人敞开心扉的时候，就打开了另一个新的世界。其实，与他人相处，不仅是和他自身相处，更是和他的家庭教养方式、生活背景和价值观相处。因此，人们不能用自己的意志和标准去衡量、猜测他人的观点和需求，而应该站在对方立场去理解和接纳朋友，设身处地为对方考虑。如果对方与自己意见不一致，双方应相互理解、接纳和包容。所以，个体要敞开心扉、以诚相待、换位思考。

### 2. 男女及时加入对方朋友圈

婚前恋爱是婚姻的准备时期，大部分情侣都积极帮助对方融入自己的社会交往系统中，如原生家庭、亲属圈和朋友圈，为未来生活统一轨道做准备。是否被邀请并且顺利进入恋人朋友圈是审视与检验双方感情的重要契机和标准。但有些人并不主动制造机会，反而在恋人表达加入其朋友圈的愿望时推三阻四，并不愿恋人与朋友进行互动。这可能是个体认为自己的朋友圈与恋人气场不合，害怕恋人产生偏见从而影响情侣感情；也可能是个体认为双方感情还不牢固，还没准备好与对方一起生活；或者是个体还未真正认可对方。无论是哪种情况，个体都要积极寻找原因，主动与恋人沟通，彼此谅解，同时照顾到对方的情绪和需求，找到合理解决办法。

当恋爱到了谈婚论嫁的阶段，特别是步入婚姻之后，个体生活变成两个人共同生活，融入对方朋友圈是融入对方生活的重要一部分，是增进彼此感情亲密程度的润滑剂，是促进家庭和谐稳定不可或缺的环节。让对方的朋友认识自己、认可自己是伴侣承认并珍惜双方感情的重要一环，可增进双方情感。

另外，物以类聚，人以群分，个体在选择朋友时所看重的内容多显示出其自身的喜好、追求和价值观，个体与朋友相处的方式与状态彰显着其自身的需求和性格。因此，加入对方朋友圈能够帮助人们更深入地了解伴侣，从而磨合出双方最佳的相处方式。但加入过程不能操之过急。个体首先要尊重与认可伴侣的朋友，选择对方朋友中与自己具备共同爱好的开始接触。多创造与对方朋友相识和相处的机会，例如多聚餐、共同出游等。如果双方确实没有共同语言，彼此可保持距离、礼貌相待。

**相关链接**

#### 友谊关系的类型

美国社会心理学家纽科姆（Theodore Mead Newcomb）认为，友谊关系可以分为积极参与、冲突管理、任务活动和关系特征四种宽类型。每种宽类型又可以细分为若干窄类型。

1. 积极参与

朋友交往与非朋友交往相比，人们的共同活动和相处时间存在显著差异。这种显著差异又分为以下四种窄类型：（1）社会接触，包括共同学习和工作、共同娱乐、生活接触等；（2）交谈，即通过语言表达建立情感联系；（3）合作，即在社会责任基础上的合作、分享、帮助、给予、关注等；（4）积极情感表达，即通过微笑、注视、身体接触等形式表达社会一致性和亲和倾向的情感。

2. 冲突管理

在友谊关系中，就像在亲子关系、兄弟姐妹关系中一样，冲突的产生是不可避免的。因此，冲突的管理和矛盾的解决对友谊关系的维持和发展相当重要。根据冲突管理的过程，可以把它分为两个阶段：冲突引起和冲突解决。这两个阶段都可以看出朋友关系和非朋友关系的显著差异。

3. 任务活动

任务活动作为一个社会认知发展变量，在朋友关系中和非朋友关系之间也存在显著的差异。任务活动有两个窄类型：（1）任务交流，围绕任务或目标而进行的言语和非言语交流；（2）任务执行，即实际任务的操作过程。

4. 关系特征

如果上述三种类型是从客观行为水平考察友谊关系，那么关系特征类型就是从主观心理的水平考察友谊关系。关系特征类型可以分为六个窄类型：（1）相似性，包括活动、兴趣、价值、人格等方面的相似性；（2）平等性，包括共同参与、相互信任、相互影响等；（3）控制性，包括竞争、攻击行为、单向的要求和服从等；（4）相互喜欢，即彼此的情感联系和相互依恋；（5）亲近性，指朋友之间的自我暴露；（6）忠诚性，指彼此的联盟和相互支持。许多研究都显示，前三种类型可能是友谊关系和伙伴关系所共有的关系特征，而后三种类型则是友谊关系的独有的特征，是衡量友谊质量的关键指标。

（资料来源：陈建文，黄希庭. 友谊关系与人格适应 [J]. 心理科学进展，2000，8（3）：63—64.）

### 3. 家庭为重，朋友次之

在处理家人与朋友关系时，要时刻注重以家庭为核心，分清主次。例如不能因与朋友相聚而减少陪伴家人的时间，在作与朋友相关的重大决定时必须与家人商量。不能为了照顾朋友或维护在朋友圈中的面子而忽视家人的需求。当朋友的利益与家人的利益产生冲突时，要以家庭为重。

在经济上，人们一般会尽量做好收支平衡和理财，但遇到了经济难题而需要向朋友借钱或朋友向自己借钱时，如何平衡与处理朋友和家庭利益呢？

如果被借钱，个体要思考与朋友的亲疏关系、朋友的品性、借钱的缘由，以及自己的经济实力。如果朋友只是为了个人投资或对借钱缘由闪烁其词，而且长期不联络，甚至曾经有过借钱不还的行为，可以直接推掉，或者推荐对方办理信用卡。如果对方借钱缘由不充分，但人品可靠，可以考虑不如数全借，而是直接资助部分资金，不要求偿还，这样在不伤害感情的基础上也解决了问题。如果事关朋友及其家人的生死，如因重大疾病需住院、治疗，在自己力所能及的情况下尽量帮助朋友渡过难关。如果有能力、有信用偿还的密友为了生意周转而借钱，在与家人沟通过后，可以给予一定的帮助。如果是大额借款，而借钱的朋友有股票、定期存单等无法变现的资产，可以推荐其抵押贷款。抵押贷款能借到的资金多且利息不高，既解了燃眉之急，又在维护家庭利益的前提下不损害朋友关系。无论最终如何决定，个体在面临朋友借钱的问题上，要与家人坦诚沟通，认真听取家人的意见，不损害家庭的利益与感情。

关于借钱，因拒绝借钱而使朋友疏远甚至反成仇家的例子比比皆是。因此，开口之前首先要考虑自己是否还有可利用的资源，例如珠宝首饰、古董等物件，这些物件可以到当铺抵押，换取现金。如果确实没有其他可行的方式，借钱时也要考虑朋友的现状，要尽量向常联络、感情深厚且有经济实力的朋友借钱。借钱时为显尊重，沟通的载体最好是面谈或电话，短信、微信、QQ 等方式显得随意。同时，一定要阐述具体的借钱原因，如果针对个人投资或消费，朋友不同意也未必居心不善。借钱后要主动写具书面字据。如时间和条件不许可，可以用邮件、短信、微信等出示电子借据，说明本息归还的期限。还款之前，应适当问候朋友，甚至可以分批提前还款，让朋友安心。更重要的是，平时注意经营和维护友情，而非借钱时才想起对方。

### 4. 与异性朋友保持适当的距离

男人与女人之间可能存在纯洁友谊，异性友谊同样需要值得珍惜、尊重和经营。但处在婚姻中的男女应该明了感情的排他性和婚姻的稳定性。恋爱或婚前，个体与异性朋友如何相处是个人的权利和自由，他人无权干涉；但恋爱或婚后，为让伴侣安心，也防止异性友谊变质，维护婚姻和家庭生活的稳定，应该用理性和智慧处理异性友谊，与异性朋友保持适当距离。

保持适当的距离并非是指与异性朋友完全断绝关系，而是双方保持适当距离。一旦对方有困难，彼此仍然能够拔刀相助。

**思考题**

1. 维持婚后亲属之间的健康关系，要注意哪些方面？
2. 婚后男女如何把握与异性交往的度？
3. 你如何看待红颜知己或蓝颜知己？

# 第十一章
# 女性特殊时期夫妻关系构建与管理

进入婚姻之后，大多女性要经历怀孕、哺乳、绝经等特殊时期，每一时期都是对婚姻生活的考验。由于两性的生理差异，在妻子孕期、产期、哺乳期和绝经期等特殊时期，夫妻关系会面临新的挑战，因此处理好这些特殊时期的夫妻关系非常重要。

## 一、女性特殊时期夫妻关系构建与管理的内容

夫妻关系在妻子处于孕期、产期、哺乳期和绝经期等特殊时期不能像平常一样与丈夫进行性生活，夫妻生活需要进行暂时或长期的调整。因此，如何积极应对这些问题依然是夫妻面临的重要课题。

### （一）孕期夫妻关系构建与管理内容

和谐的性生活，是维持婚姻幸福、家庭美满所不可或缺的。从受孕那一天开始，随着胎儿的成长，女性生理与心理也会逐渐地产生同步变化。因此，夫妻容易因性生活的不协调而增加彼此之间的矛盾，甚至引发婚姻危机。这一时期，丈夫更应该体谅妻子。

这一时期夫妻关系构建与管理的重点内容是：

**1. 夫妻性生活的管理**

女性孕期如何进行性生活，应该有还是没有，特别是丈夫如何面对自己的生理需求……都是夫妻需面对的重要问题。

### 2. 妻子剧烈情绪变化的应对与管理

孕期，妻子的情绪变化很强烈，夫妻双方如何管理自己的情绪、应对别人的不良情绪、如何处理会影响夫妻情感，都是需要面对的问题。

### 3. 孕期夫妻情感管理

孕期一般发生在夫妻双方结婚时间不长时，是共同培育爱的结晶的一段时期。如何在夫妻情感热烈时适度节制，对双方都是一个考验。

## （二）产后及哺乳期夫妻关系构建与管理内容

由于孩子的降临，妻子忙于哺乳、换尿布等琐事，加之身体虚弱，经常会疲乏不已，对孩子的关注容易使她们对丈夫的关注相对减少。生育带来的伤痛也会使妻子对性的欲望变得淡漠，丈夫容易被冷落。

由于丈夫并没有机会经历像妻子怀孕、生产那样的过程，从而自然而然地进入为人父母的角色，因此在这一时期不仅仅性需求得不到宣泄，还要面对孩子的来临，所以丈夫的情绪引导与调节也很重要。

这一时期，夫妻关系构建与管理的主要内容是：

### 1. 夫妻性生活的管理

一般来说，夫妻至少在妻子产后两个月才能开始性生活，所以丈夫与妻子的关系处理、孩子对性生活的影响都需要双方逐步适应。

### 2. 家庭生活重新布局

孩子出生后，打破了以前比较轻松的二人世界，妻子将很多精力放在孩子身上，丈夫的情感失落、生活压力可能增加。增加了一个小生命，三人的生活如何安排，都是需要夫妻认真考虑的问题。

### 3. 夫妻情感的调适

孩子出生后，夫妻如何面对自己婚姻中角色的增加，不同角色之间的关系如何处理，婚姻关系中哪一对关系更重要，都是需要夫妻重新思考的问题。有些夫妻会在孩子哺乳期走到离婚的边缘，甚至离婚。

## （三）绝经期夫妻关系构建与管理内容

绝经期占妇女一生的1/4—1/3。处理好这一时期内的婚姻生活，对于妇女的身心健康和家庭幸福具有重要意义。绝大多数女性在45～55岁进入更年期。更年期女性的生理功能开始衰退，内分泌系统功能失调，同时出现一些症状。除病理现象外，还会伴有精神方面的异常。很多女性往往有忧虑、抑郁、烦恼、易怒、易激动、精神不集中等现象，有时甚至喜怒无常，多愁善感，多疑多虑，更年期阶段的生理变化也会影响夫妻关系。此时的夫妻多已结婚多年，可能会遭遇“中年危机”，婚姻生活面临着严峻考验。这一时期婚姻关系需要处理的问题主要有以下两个方面：

**1. 婚姻维持问题**

人到中年，经过岁月的洗礼，婚姻已经逐渐失去最初的激情与光芒，更多时候被生活的琐碎所遮掩和磨砺。对很多人来说，中年期是情感危机时期。中年男女面对工作与生活的双重压力，要思考如何才能保持婚姻中的情感鲜度，让婚姻之船历经岁月风雨后仍平稳行驶。

**2. 绝经期性生活的重新适应**

绝经期女性有的性欲减退，这种性冷漠或无性兴奋反应往往是由于丈夫缺乏性知识，不能满足妻子的要求。妻子虽勉强应付，但认为性交只是为了满足丈夫的性需求。也有人认为完成“育儿”的责任后，性爱是一项多余的事，对性生活的态度是“越短、越少、越好”，甚至感到厌烦，托辞逃避，拒绝丈夫的性要求。夫妻之间性欲差距增大，若处理不好生理变化和性行为的改变，则可能导致婚姻关系破裂。有的女性却正好相反，性欲增强，丈夫不知如何应对。这些问题都需要夫妻一起面对和解决。

## 二、女性特殊时期夫妻关系构建与管理的策略

### （一）孕期夫妻关系构建与管理策略

**1. 孕期夫妻仍然享受性爱乐趣**

女性怀孕时期，合适体位的性生活还是可以的。只是怀孕 13 周以前和怀孕 28 周以后不能同房，易导致流产或早产。相互爱抚等性爱方式可以弥补性生活的减少的缺憾，增加夫妻情感。到现在为止，仍然没有充分的证据显示性行为会引致孕妇早产、早期破水、出血或是感染。孕期科学、和谐的性生活，不但可以增加夫妻之间的亲密感，而且也是对怀孕期间的准妈妈一种最强而有力的情感保证。孕期通常是妻子依赖性最高，并且最需要丈夫关心的时候。如果忽略了这一点，可能会使婚姻生活遇冷。所以，丈夫要明了，妻子虽然是从“一个女人”到“两个生命”的女人，但是事实上，她对于性的感觉并未消失，甚至可说是最敏感。妻子不必太抑制性生活，而应该以最自然的方式进行。只是要动作轻柔、注意体位，并多增加接吻、爱抚等其他性爱方式。

**2. 丈夫要应对好妻子情绪的剧烈变化**

妊娠反应易引起孕妇情绪波动，相互理解沟通是维护孕期夫妻感情的关键。很多准

妈妈都说怀孕以后夫妻感情发生了一些变化，与双方生理、心理因素有关。怀孕以后，妻子身体激素水平发生很大变化，加之妊娠反应强烈，这些都会影响情绪。在这个过程中，妻子对将要做妈妈变得担心、焦虑，其实丈夫对将要做父亲也有心理压力。因此，此时彼此之间的理解、沟通变得尤为重要。

### 3. 相互理解与情绪自我调节

女性孕期，夫妻间的相互理解和情绪调节很重要。将为人父的丈夫要充分理解、爱护妻子和即将出世的孩子，使妻子安全度过妊娠期。妻子要体谅丈夫做爸爸的心理压力，夫妻间要相互理解、相互鼓励。

## （二）哺乳期夫妻关系构建与管理策略

这一时期夫妻之间的沟通理解非常重要，妻子要理解丈夫的性需要和不知所措的心情，丈夫要懂得妻子孕育新生命的艰辛。在互相支持、照顾新生儿的同时，双方共同克服性需求的差距尽量让对方得到满足。如丈夫可以通过自慰缓解性需要。妻子因为产后内分泌的变化类似绝经后的阴道环境，所以性生活切忌粗暴，避免发生阴道撕裂伤。哺乳期恢复性生活以后，夫妻要互相配合，采取有效且不影响泌乳及乳儿的避孕措施。哪怕是月经复潮前，也不能存侥幸心理。因为一旦产后短期内再次受孕而施行人工流产，不仅增加妻子痛苦，更损害身心健康，甚至日后因惧怕受孕，产生压抑情绪，影响性功能。

### 1. 哺乳期性生活的管理策略

哺乳期对婚姻是个严峻的考验。有些妻子长期对性不感兴趣或因照顾孩子过度忽略丈夫，使夫妻感情受到影响，严重者会导致婚外恋并进入关系恶化的恶性循环。

夫妻应积极沟通，共同处理好哺乳期性生活。哺乳期性生活的开始是要在子宫和产道完全恢复之后，大约在妻子产后两个月之后进行。产后首次性生活妻子可能会疼痛，丈夫应该温柔体贴，不要用力过猛或者过于刺激。尽可能地延长前戏时间，让妻子完全放松，才能成功完成首次性生活。

### 2. 积极应对“第三者”的加入

夫妻双方要积极面对孩子的出生，感谢孩子让婚姻生活增加了乐趣，让婚姻的内涵更加丰富。丈夫要对妻子暂时投入较多情感在孩子身上给予理解，并积极关心劳累的妻子。妻子无论多累，也记得体贴关心丈夫，以免其有被冷落的感受。夫妻要积极创造多个生命、多份生命阅历的幸福生活体验，享受生活给予的馈赠。

### 3. 建立夫妻的私密空间

有了孩子之后，有些妻子容易将自己的感情都投在孩子身上，从而忽视丈夫。特别是夫妻关系有问题的夫妻，妻子可能把所有的情感都放到孩子身上，这这对婚姻有害无益。无论家里添丁多少，夫妻关系的亲密度都不应受到影响。夫妻一定要拥有属于双方的独处空间，两人尽量抽出时间独处，进行情感或其他方面的沟通和交流。

## （三）绝经期夫妻关系构建与管理策略

绝经期经常伴随着中年危机，往往会造成婚姻危机。在中国，很多夫妻之间心灵沟通很少，甚至没有。所以，这期间夫妻关系的经营很重要。

### 1. 保持适度性生活，增进婚姻感情

绝经期妇女应保持适度性生活。绝经期后的性生活能反射性地作用于垂体的应激功能，使卵泡成熟并排出正常，分泌雌激素，让卵巢衰退的速度减退，推迟更年期或减轻更年期症状。性生活能提高夫妻亲密程度，平衡机体内外环境，促进身心健康，提升生活质量。

夫妻可以通过拥抱、抚摸等皮肤密切接触，来满足性生理和性心理的需求，促进情感，使夫妻更加恩爱、和谐。

### 2. 共同成长，实现心灵的相互滋养

婚姻伊始，夫妻在事业、学习间的差距不是太大。但随着时间推移，有些夫妻间的距离拉开了，共同语言减少了，成了仅余柴米的夫妻。因此，女性尽量不要牺牲自己的事业，用全部精力照顾丈夫和孩子。如果丈夫在事业上不断进步，妻子原地踏步，可能造成双方距离越来越大，进而引起双方感情的变化，乃至最后无话可谈。所以，夫妻应共同发展，共同进步。

除了家庭责任，中年以后维持婚姻的主要动力应该是，双方能互相滋养对方的心灵成长。虽然心灵探索的过程是一种比较艰难的过程，做出改变也非易事，但仍有许多人能够顺利跨越这些瓶颈。关键就在于是否具有成熟丰富的心灵，能否诚实地面对自己、面对人生，跨越风风雨雨，宁静、自信、踏实地学习，成长不断。

### 3. 给爱情补充营养，创造人生第二个春天

鲁迅先生有句名言："爱情必须时时更新、生长、创造。"这就是说和其他事物一样，爱情也是处于动态之中，是运动、变化、发展的，有生有死。中年夫妻要想延长情感的生命就要靠夫妻双方共同努力，不断给爱情补充营养，让爱情之花长久绽放。

另外，对子女、配偶要平均分配感情。很多女性，对子女从小学到中学，到大学，都投入了大部分精力，对丈夫的关心较少。时间若长，夫妻之间容易感情淡漠。所以，夫妻在闲暇时要经常沟通，分享生活感悟，不断增进感情。

**思考题：**

1. 孕期维护健康夫妻关系的重点是什么？
2. 女性绝经期，如何维护健康夫妻关系？
3. 如何处理女性特殊时期的家庭生活危机？

# 第十二章 和谐亲子关系构建与管理

亲子关系是指父母与子女之间的关系，它是个体来到世界上面对的第一个社会关系。教育专家孙云晓指出，亲子关系是影响家庭教育成败的最关键因素。① 亲子关系质量影响子女的身心健康、行为习惯、思维模式、人格发展等。亲子关系不和谐，影响个体其他社会关系质量。因此，构建积极健康的亲子关系对个体身心健康以及家庭和谐至关重要。

## 一、和谐亲子关系及特征

作为家庭中比较重要的一种关系，亲子关系具有极强的情感亲密性、血缘强迫性、长期渗透性，它直接影响孩子的身心健康与个性发展。良好的亲子关系能够有效地促进父母和孩子之间的沟通交流，促进孩子建立积极自我，形成健康人格。

### （一）亲子关系及发展

亲子关系，作为婚姻关系的衍生品，有着不同于其他社会关系的特点。除了法律的确认和保护外，亲子关系还作用于直系血缘关系中，它具有不可选择性。同时，亲子关系一经产生，就具有永久不可替代性。“亲子关系之间有着天然的骨肉联系，包含着生命延传的深刻内容。”② 亲子关系伴随着子女的诞生而产生，但绝对不会因为一方的死亡而终止。

---

① 孙云晓．亲子关系是影响家庭教育成败的最关键因素［J］．少年儿童研究，2015（8）：22—24.

② 关颖．社会学视野中的家庭教育［M］．天津：天津社会科学院出版社，2000.

作为家庭关系中的一员，每个人都在亲子关系中扮演了不同的角色，我们是父母的子女，是子女的父母，每个都脱离不了亲子关系。“即使是孤儿，也有过合法或者非法的父母。”① 因此，亲子关系也是最普遍的社会关系。

作为婚姻关系的衍生品，亲子关系与婚姻关系同样重要，影响着家庭建设和家庭发展。同时，亲子关系的发展也受到社会因素和家庭教育的影响。

受传统文化的影响，专制的亲子关系在早期的封建社会家庭中普遍盛行。父母或长辈有绝对的权威，他们将孩子视为自己的私有财产，孩子必须服从父母的权威，否则就会受到相应的惩罚。鲁迅在《我们现在怎样做父亲》一文中指出：“他们（指圣人之徒）以为父对于子，有绝对的权利和威严；若是老子说话，当然无所不可，儿子有话，却在未说之前早已错了……他们的误点便在长者本位与利己思想，权利思想很重，义务思想和责任心却很轻。以为父子关系，只需‘父兮生我’一件事，有着的全部，便应为长者所有。尤其堕落的，是因此责望报偿，以为幼者的全部，理应做长者的牺牲。”这种传统的亲子关系，强调了父母的绝对权威（尤其是父亲的权威），子女必须无条件服从，不然就会戴上“不孝”“忤逆”的帽子。

随着社会政治经济发展，以及文化交流的深入，西方亲子关系的观念传入中国。如“父母是子女的朋友”这种“现代化”的亲子模式把孩子和家长放在了相对平等的状态。如何在传统与现代、东方与西方文化融合的时代节点上，创造新型亲子关系，是理论工作者面对的课题。

我们要立足中华传统文化，创造性地借鉴西方亲子关系的理念，构建亲子关系新模式。家庭教育的目的是培养人共同生活、和谐生活、快乐生活的能力，是培养积极适应、主动发展，以及与自我和谐、与自然和谐、与社会和谐的人。因此，要以此为目标构建健康亲子关系。

## （二）和谐亲子关系的特征

父母和子女是亲子活动的参与者。和谐的亲子关系意味着父母和孩子之间能够相互理解、相互沟通、相互信任、相互尊重和相互关心。有研究指出理想的亲子关系应该具备以下特征②：

（1）父母能够对孩子表示尊重，给予孩子必需的帮助；

（2）父母能够设法了解孩子，能和孩子沟通；

（3）父母能采取民主的管教方式；

（4）父母之间感情和睦；

---

① 吴奇程，袁元. 家庭教育学［M］. 广州：广东高等教育出版社，2009：103.

② 李燕，吴维屏. 家庭教育学［M］. 杭州：浙江教育出版社，2009：282.

（5）父母对孩子有爱心；

（6）家庭气氛融洽；

（7）父母为孩子树立良好的榜样，言行如一，正直不虚伪。

和谐亲子关系的建立受父母、孩子和家庭内外等诸多因素的影响。家庭文化、家庭环境、父母身心状况，以及孩子身心状况都是影响亲子关系的重要因素。

## 二、和谐亲子关系构建与管理的策略

和谐亲子关系的构建，受到诸多内外因素的影响，包括社会因素、家庭因素和父母及子女的个人因素。家庭因素和个人因素是最主要的两个因素，构建和谐亲子关系应该从以下几个方面着手。

### （一）父母以身示范

在亲子关系的构建过程中虽然没有对受教者和施教者之间角色的明确划分，但是父母依然是亲子关系中最主要的影响者，子女在亲子关系中主要扮演被影响的角色。因此，在亲子关系的构建过程中，对家长的教育能力提出了更高的要求。美国学者戴维·刘易斯总结了教育孩子的 40 条原则，反映了现代儿童、青少年对父母角色的要求：

（1）对孩子提出的所有问题，都耐心、老实地回答；

（2）认真对待孩子提出的问题和看法；

（3）竖一个陈列架，让孩子在上面充分展示自己的作品；

（4）只要与孩子的创作活动有关系，不因孩子房间或者桌子很乱而责骂他；

（5）给孩子一个房间或房间的一部分，主要供孩子玩耍；

（6）向孩子说明，他们已经很可爱了，用不着再表现自己；

（7）让孩子做自己力所能及的事情；

（8）帮助孩子制订他的个人计划和完成计划的方法；

（9）带孩子到他感兴趣的地方玩；

（10）帮助孩子修改他们的作业；

（11）帮助孩子与来自不同社会文化阶层的孩子正常交往；

（12）家长养成合理的行为习惯，并留心让孩子学着去做；

（13）从来不对孩子说，他比别的孩子差；

（14）允许孩子参加计划家务和外出旅行的事情；

（15）向孩子提供书籍和材料，让孩子干自己喜欢的事情；
（16）教孩子与各种成年人自由交往；
（17）定期为孩子读点东西；
（18）让孩子从小养成读书的习惯；
（19）鼓励孩子编故事，去幻想；
（20）认真对待孩子的每个要求；
（21）每天都挤出时间和孩子单独在一起；
（22）不用辱骂来惩罚孩子；
（23）不能因为孩子犯了错误而戏弄他；
（24）表扬孩子会背诗、讲故事和唱歌曲；
（25）让孩子独立思考问题；
（26）详细制订试验计划，帮助孩子了解更多事情；
（27）允许孩子玩各种废弃物；
（28）鼓励孩子发现问题，随后解决这些问题；
（29）在孩子干的事情中，不断寻找值得赞许的地方；
（30）不要空洞地和不真诚地表扬孩子；
（31）诚实地评价自己对孩子的感情；
（32）不存在家长完全不能与孩子讨论的话题；
（33）让孩子有机会真正做决定；
（34）帮助孩子成为有个性的人；
（35）帮助孩子寻找值得注意的电视节目；
（36）发挥孩子积极发现自己才干的能力；
（37）不对孩子的失败表示失望，并对孩子说“我也不会干这个”；
（38）鼓励孩子尽量不依靠成年人；
（39）相信孩子的理智并信任他；
（40）让孩子独立完成他所谓的工作的基础部分，哪怕不会有积极的结果。

父亲和母亲要共同承担教育子女的任务，只是他们在孩子不同成长阶段的重要性不同。传统的教育模式，父亲是家庭中的绝对权威，在家庭中有绝对的领导权。随着社会的变迁和转型，母亲在教育中的重要性日益凸显，尤其是孩子小时候，母亲的关爱更加重要。随着孩子年龄的增长，从青少年期开始，父亲在孩子成长中逐渐发挥着重要的作用，包括价值观念、男性角色的示范作用。当然，当下很多家庭依然奉行“男主外，女主内”的家庭分工，父母要共同努力，提高自身素质，引领孩子健康成长。

相关链接

## 爱有更好的方法

父母对子女的爱是世界上最无私、最真挚的爱。这份爱非常的温暖而厚重，需要化解为行之有效的方法才能更好地帮助孩子成长。父母要学会使用这种方法，让孩子感受我们对他们的爱。

一是父母要学会使用描述性的语言，不要对孩子进行人身攻击，这个技巧被称为“不侮辱人地表达怒气”。《解放父母，解放孩子》这本书的两位作者在育儿的过程中，也曾经遇到过很多的困惑。她们的老师吉诺特博士告诉她们：“使用评价性的语言会阻碍孩子前进的脚步，描述性的语言才能够给孩子真正的自由。”也就是说，在跟孩子交流的过程中，我们不要简单去夸孩子做得好或者不好，而是要客观地描述你看到的和你感受到的。比如当我们看到孩子画了一幅画时，我们不要简单夸画得好，或者是画得很糟糕，而是应该描述画的内容，这会让孩子觉得你是真的在看他画的画，有时真棒、真好、真漂亮这样的字眼，并不能让孩子获得成就感，相反会给孩子造成限制和障碍。又比如说孩子把家里弄得很乱让我们感到愤怒时，会对孩子说：“说过多少次了，你总是这样，知不知道大人工作有多辛苦、多累。”孩子听到批评，第一反应是为自己的行为做出辩解而不是去解决他们制造的问题。当面对孩子把房间弄乱时，父母可以说：“看到家里这么乱，我真的很生气，真想把它们统统扔出去。”或者说：“玩具和书为什么在这里？它们不是应该放在书架上吗？”面对父母的愤怒，孩子就知道他们应该做什么了。对于孩子来说，这何尝不是一种帮助呢？

二是在与孩子进行交流时，要承认孩子的感受，并且尊重孩子的感受。父母要帮助孩子认识他们真实的感受，这种感受可能是正面的，也可能是负面的。比如说“你今天去参加朋友的派对了，你看起来很开心”“你最好的朋友转学了，你看上去很不高兴”。又或者当孩子抱怨你的菜做得太咸时，你会用简单语言说：“哦，看来你更喜欢清淡一点”，而不是牢骚和说教。父母的处事方式，会被孩子不自觉地模仿。我们使用温和的方式解决问题，孩子会耳濡目染，跟我们学会怎样做事、怎样做人。也就是说，我们的每一个细微的举动，都会影响着孩子品格的形成。

三是父母要学会倾听和承认孩子的感觉，但是却要对孩子的行为做出限制。很多时候，我们会忽略孩子的感受，比如说当孩子摔倒了，哭着对你说“妈妈，手很疼”，好一点的父母说“只是摔倒了而已，有那么疼吗?”，甚至有的父母会认为孩子娇气，因而会吼孩子“至于吗，不就是摔倒了吗?”，这会导致孩子不敢说出自己的感受，并且会压抑自己的感受。当这种事情变成孩子的一种习惯，那么当遇到困难的时候，孩子也会选择对父母缄口不言。倾听并对孩子的感觉做出反应，就是告诉孩子，我能理解你的感受，你有任何好的或者不好的感受都可以告诉我。这就引出一个与孩子交流的技巧——“感受可以承认，行动却受限制”。比如说睡前孩子想吃棒棒糖，我们可以这么说：“妈妈知道你很想在睡前吃根棒棒糖（承认孩子的感受），但是你已经刷牙了，睡前就不能吃东西了（限制孩子的行为）。”这样的回答一方面承认了孩子的感受，并且合理地对孩子的行为做出限制，孩子就不会因为你的拒绝变得情绪化，他们就不会那么生气，就会很乐意做出改变。

（资料来源：[美] 阿黛尔·法伯，[美] 伊莱恩·玛兹丽施著，孙璐译. 解放父母，解放孩子 [M]. 上海：上海社会科学出版社，2016.）

## （二）尊重孩子的独立人格

亲子关系是影响孩子发展至关重要的因素，孩子不仅需要父母的关爱和呵护，更需要父母的理解与尊重。孩子与父母的关系，对孩子来说是人与人关系的开始。教育孩子，首先要把孩子当成与自己人格平等的人。我国政府早已签署了《联合国儿童权利公约》，承认孩子生下来就是一个权利主体，他们拥有生存权、发展权、参与权和受保护权等四项基本的权利，与成年人是平等的。所以作为现代父母，应尊重孩子的权利，与孩子一起商量与其有关的事情。

## （三）加强亲子沟通

亲子沟通指父母与子女通过观点、情感或态度的交流，达到增进情感或解决问题等目的交往过程。亲子沟通和孩子的心理行为问题之间有着密切的关系。良好的沟通，可以促进孩子亲社会行为的发展，增进孩子对父母的信任。不良沟通，易造成孩子反社会性或非社会性行为。因此，创立良好亲子关系，亲子沟通是重要切入点，家长要把握好沟通的平等性、双向性、有效性原则。

在亲子沟通中，父母要做到以下几点：

（1）养成经常沟通的习惯。这对了解孩子是非常有益的。在经常性的沟通中能达到亲子间情感的交流。苏联著名教育实践家苏霍姆林斯基指出：“教孩子体验某种感情，这是教育工作中最困难的事。”父母应经常和孩子保持沟通，了解孩子的想法，帮助孩子排解成长中的困惑，引导孩子树立正确的世界观、人生观、价值观。

（2）鼓励表达。沟通是双向的，父母要鼓励孩子积极表达自己的想法、态度、情感等，在双向沟通中实现父母与孩子共同成长。

（3）学会倾听。孩子愿意与值得信赖的人交流、分享。父母要学会耐心倾听，这样既可了解孩子的想法，又可因势利导地引导孩子成长。倾听时，首先，要以关心的态度倾听。要以一种非裁决的、非评判的姿态倾听。其次，要使用简单的语句，如“噢”“是的”或者“有意思”等，来认同孩子的陈述。最后，通过说“说来听听”“我们讨论讨论”“我想听听你的想法”或者“我对你所说的很感兴趣”等，来鼓励孩子谈论更多内容。

**相关链接**

**既不批评也不表扬**

日本作家岸见一郎提出了“既不批评也不表扬”的育儿方式。他指出，教育的目的是赋予孩子面对人生和自我成长的动力，让孩子成为自立的人。

著名心理学家阿德勒指出：表扬不应该成为一种育儿方式。因为，表扬是一种有能力的人对没有能力的人做出的自上而下的评价。孩子对于评价也是会有自我分辨的，如果他只是做了力所能及的事就被表扬，他们是不会因为家长的表扬而感到高兴的，相反，他们会认为家长低估了自己的能力。并且，经常被表扬的孩子，会变得比较自负，自我优越感很强，很难接受反对的声音。当经历挫折和面对失败时，他们的挫败感会更强。

岸见一郎认为，孩子是一个独立个体，如果父母过度干涉孩子的生活，那么孩子就无法独立成长。特别是当孩子和父母观点不一致时，矛盾冲突就越发尖锐，造成的最直接后果就是破坏亲子关系，并且会引起一系列不良后果。最好的育儿方式应该建立在良好的亲子关系之上。父母应该站在孩子的角度，理解孩子的行为，尊重孩子的决定，学会放手，当孩子遇到很多人生课题时，试着让孩子自己去面对，让孩子学会为自己的人生做主。

（资料来源：［日］岸见一郎著，梁海棠译. 不管教的勇气——跟阿德勒学育儿［M］. 昆明：云南出版集团，晨光出版社，2017.）

## （四）重视发挥孩子的主体作用

亲子关系是一个双向互动的过程。在父母的行为影响孩子发展的同时，孩子也以自身的特点影响着父母的教育态度与行为。所以，要重视发挥孩子的主体作用。美国著名发展心理学家埃里克森认为，如果孩子的主体性发挥不好，就会影响该孩子某一成长阶段危机的解决，并危及其后几个阶段危机的解决。建设良好亲子关系不能忽视孩子的主体作用，孩子同样可影响父母的自我成长。

研究表明，孩子的相貌，对父母是否礼貌、体贴，以及孩子的气质，均可影响父母教养态度。在建设良好亲子关系过程中，父母要发挥孩子的主体作用，在亲子积极的双向互动、交互影响过程中，实现亲子共同成长。

## 思考题

1. 如何理解建设良好亲子关系要发挥孩子的主体作用？
2. 如何理解亲子关系是双向互动、交互影响的过程？
3. 建设良好亲子关系的关键是什么？

# 第十三章 问题家庭的重建与发展

一个家庭，家庭建设如果出问题，家庭教育难以成功，也会直接或间接影响他人与社会。每一个问题孩子背后，都有一个问题家庭。天津社科院研究员关颖对近年来天津市妇联系统受理的四级信访案件、天津市河北区法院婚姻家庭类案件进行调查分析发现，婚姻家庭权益类始终居各年度全部七大类案件之首，平均占比高达44.03%，是排在第二位的劳动和社会保障权利类的近一倍；在婚姻家庭权益类中，家庭纠纷、离婚投诉、家庭暴力的信访数在四个年度始终居前三位，平均百分比依次是37.18%、29.90%、16.73%[①]。问题家庭表现为夫妻冷战、家庭暴力、婚姻危机、家庭关系不良、婚外性行为等，不一而足。

深入剖析问题家庭的问题成因，着力进行家庭重建，建设一个温馨、和谐、幸福的家庭，是解决问题家庭问题的不二选择。

## 一、问题家庭及其表现

一个具有特定结构的家庭，所承载的家庭功能无法发挥，比如关系失衡、冲突频发、家庭成员之间界限模糊……就构成了问题家庭。我们从以下几个方面来进行阐述。

### （一）问题家庭的内涵

问题家庭是指那些家庭内外部关系不良，家庭规则运作僵硬、家庭成员之间界限不

① 关颖，陈佳佳. 我国家庭建设的瓶颈分析与社会支持——基于天津市婚姻家庭问题调查［J］. 理论与现代化，2016（2）.

清、个人低自我价值感的家庭。

无论是什么结构的家庭，包括核心家庭、主干家庭、单亲家庭，只要家庭成员之间关系良好，家庭氛围温馨，家庭的大部分功能发挥作用，就是一个正常家庭。反之，即使家庭结构健全，父母孩子均健在且身体健康，甚至经济非常宽裕，但家庭成员关系紧张、冲突不断，个人在家庭中感受不到温暖和价值感，这样的家庭依然算是问题家庭。

## （二）家庭功能与测量

家庭之所以在每个社会和文化中都存在并受到重视，是因为它有许多功能可以满足人类不同的需要。家庭功能是指家庭在社会生活中所起的作用，这种作用因国家和社会发展阶段而异。家庭的功能主要表现在保持家庭的完整性，满足家庭及其成员的需要，实现社会对家庭的期望等方面。所有家庭都有其特定的功能以满足个体需求、维护家庭，以及符合社会的期望。概括起来讲，主要有生育功能、保护功能、娱乐功能、教育功能、情感功能、经济功能、社会化功能等。

### 1. 生育功能

人类进入个体婚制以来，家庭一直是一个生育单位，是种族延续的保障。家庭最基本的功能就是生育功能。在农业社会，人多才能保证家庭兴旺，种族延续。传统中国，人们深信“多子多孙多福寿”，“不孝有三，无后为大”观念影响深远。

### 2. 保护功能

家庭可以保护家庭成员免受外界的侵害。在家庭成员生病、负伤、失业或年老时，其他家庭成员应给予精神、经济、物质的支持和照顾。家庭最重要的保护功能，是父母照顾并保护子女，特别是孩子幼小时。另外，中国开始步入老龄化社会，老人的照顾安养是家庭日益重要的保护功能。

### 3. 娱乐功能

休息与娱乐是家庭闲暇生活的表现。随着生活条件的改善，人们的休息和娱乐逐渐从单一型向多向型发展，日渐丰富多彩，家庭在这方面的功能也将日益增强。家庭是孩子人生首先学习休闲的场所。父母带孩子去博物馆、动物园，或和孩子一起玩游戏，孩子从中习得对娱乐的价值观。适度安排休闲生活，可促进家庭关系的亲密度。

### 4. 教育功能

家庭是对人进行教育的最基本场所，包括父母教育子女和家庭成员之间相互教育两个方面。其中，父母教育子女在家庭教育中占有重要的地位。家庭成员首先是在家庭中学习人类社会的规范、权利、义务和责任。现代社会的家庭教育功能不但没有减弱，反而不断加强。每个家庭都竭尽全力要将子女培养成合格或高素质的能适应社会的社会成员。

### 5. 情感功能

它是家庭精神生活的组成部分，是家庭生活幸福的基础。感情交流的密切程度是家庭生活幸福与否的标志。家庭情感包括夫妻情感、亲子情感、长辈与晚辈情感、兄弟姐妹情感等，具体表现为爱情、幸福感、信任感、美感等。

### 6. 经济功能

经济功能包括家庭中的生产、分配、交换、消费，它是家庭功能其他方面的物质基础。人类要生活，离不开一定的物质生活资料，如衣、食、住、用、行以及为此所必需的工具，也离不开一定的精神文化生活资料，如信仰、教育、艺术、娱乐等。人类社会对这些生活资料的获取，只有生产才能取得，但作为个人或一个家庭则可能是直接生产或通过交换取得。因此，家庭的经济功能包括生产功能、创收功能、消费与理财功能。

### 7. 社会化功能

家庭是社会的基本组织单位、基本经济单位、基本生活单位，因此，家庭的功能不可能脱离一定社会性质的限制，会受到社会发展阶段的制约。家庭必须依照社会的要求管理家庭成员的行为与表现，帮助子女完成社会化的进程，使家庭能在社会环境中发展其生活功能等。

为实现这些基本家庭功能，家庭系统必须完成一系列的任务，如满足个体在衣、食、住、行等方面的物质需要，适应并促进家庭及其成员的发展，应付和处理各种家庭突发事件等。

家庭功能是否健全，可以参考以下六个测量指标来回答：

（1）家人间的沟通方式：坦诚直接；

（2）家庭规则的运作：富有弹性；

（3）家人间的关系：界限较清楚；

（4）家庭气氛：欢笑、幽默而乐观；

（5）整个家和外界的关系：较易接受、相信新事物、新意见、新邻居；

（6）自我价值感：每个人觉得自己内心充满温情。

如果一个家庭的家庭功能失调，则以上部分或多个指标的回答必然为否。

## （三）家庭功能失调与问题家庭

当家庭结构或其他方面出现问题，家庭功能没有充分发挥，则家庭可能出现功能失调。怎样的家庭算是“功能失调”呢？心理学家罗伯特·比威尔斯（W. Robert Beavers）在 1982 年划分了三类家庭：健康家庭、中间家庭和失功能家庭。①

---

① W. Robert Beavers（1982）. Couples Therapy：A Non-Traditional Approach［J］. *International Journal of Group Psychotherapy*, 32（4）, pp. 556—557.

失功能家庭具有以下特点：不能有效应对压力和发展之间的矛盾，权力结构没有很好地区分。家庭成员之间存在混乱、无效的沟通，家庭成员之间的界限很有问题。家庭成员缺乏协商技能，家庭氛围比较压抑或者存在怀疑的氛围。失功能家庭又分为两种：

### 1. 失功能向心型家庭

家庭与外界间的界限极其僵硬；家庭成员被期望拥有相同的想法和思维；孩子几乎接收不到清楚的信息，很多信息都很模糊；父母总是替孩子说话；家庭成员不能体验或者表达个性。

### 2. 失功能离心型家庭

家庭与外界间的界限混乱不堪，家庭成员的构成经常不清楚；家庭成员间的交往充满竞争、取笑和永远得不到解决的矛盾；家庭成员的交往很有限，以至于长大后，即使非常需要家庭也很少返回寻求家庭的帮助；家长经常通过威胁进行惩罚，但是效果不佳；家庭成员间对对方沟通的尝试不予理睬，也缺乏同情心；家庭成员之间经常表达敌意，但却很难公开承认孤独和情绪不快。

当家庭功能失调，且未能重新整合，则会产生问题家庭。在现代中国，问题家庭的表现既有中国文化特点，也有鲜明的时代特点。

## （四）问题家庭的主要表现

家庭是孩子的第一所学校，理应是孩子成长的温暖港湾。但是现实的家庭各有不同。健康家庭的人们和睦相处，相互关心。问题家庭则家庭成员冷漠无情，甚至彼此间充满敌意。问题家庭的家庭文化、家庭功能、家庭关系、教养方式等都会出现不同程度的问题。主要表现为：

### 1. 不良文化氛围

每个家庭的历史演变、经济状况，尤其是家庭主要成员的文化程度、道德修养、审美情趣、性格特征、思维品质、生活方式不同，形成了各个家庭独特的文化氛围，其优劣程度存在着显著差异。法国著名教育家卢梭在谈到家庭教育的问题时说：“家庭生活的乐趣是抵抗坏风气的毒害的最好良剂。”作为孩子生活、学习的最初学校——家庭，其文化氛围主要是以潜移默化的心理暗示和熏陶的方式给孩子成长以巨大影响。

不良的家庭文化主要表现在：

一是家庭主要成员不能和睦相处。他们经常争吵，甚至大打出手。孩子经常处在吵闹、打骂、责难的环境中，造成意志脆弱、胆小怕事、情绪低落、缺乏自信，久而久之可能会引发精神与心理疾病。

二是家庭气氛冷漠。虽然没有争吵，但是缺少家庭应有的亲情与温暖。整个家庭生活笼罩在阴影中。长此下去，会给孩子带来难以弥补的心理创伤。孩子易性格孤僻、自卑感强、自尊心低下、自控能力差。

长期生活在良好的家庭文化氛围中的孩子，心情愉快，兴趣广泛，性格开朗，喜欢交际，他们的生理发育良好，生活规律有序。相反，长期生活在不良家庭文化氛围中的孩子往往会过度焦虑、心情压抑、自我封闭、思维不灵活，甚至会存在心理障碍，身体发育也受影响。

## 2. 家庭内外关系失衡

问题家庭成员的家庭内外关系不良，家庭中的夫妻关系、亲子关系、婆媳关系，家庭成员的亲戚关系、同事关系均有不同程度的不良表现。

（1）家庭内部关系不良

问题家庭经常充斥着吵骂、指责、揭短、厮打，或者家庭成员关系冷漠。孩子没有欢乐，享受不到父爱、母爱和家庭的温暖，有的仅是恐惧、忧虑、无趣和失望。

① 夫妻关系不良。两个人通过婚姻和法律的形式组建起来的小家庭是夫妻关系的基本形式。在当代社会，各种来自内部与外部因素的作用，使夫妻关系经常受到现实的考验。如柴米油盐和琐碎的生活小事会消磨掉最初的激情，爱情会慢慢变为亲情。夫妻关系不良表现为：一是互不沟通。因为担心争吵而害怕谈论敏感问题，遇事闷在心里，不善使用夫妻交流技巧，都只能增加误解，导致问题越来越严重。二是不善于倾听。在问题婚姻中，夫妻通常缺乏相互间的有效倾听，只听片言只语最容易导致“跑题”和夫妻争吵。三是相互指责。在争吵不断、怨恨堆积的不幸福婚姻中，夫妻往往会相互责备，而不会对自己的行为承担责任。四是缺少鼓励。很多关系不良的夫妻都存在“下班回家互不理睬”“为对方做了什么事却没有一句赞美”等问题，一旦这些需求被忽略，人容易产生隔阂感、孤独感。

② 亲子关系不良。亲子关系即父母与子女的关系，是家庭关系中的重要内容。最常见的表现就是亲子关系在发展阶段上的适应困难，如有的父母与婴幼儿时期的孩子能和谐共处，但孩子进入青春期后亲子之间的隔阂越来越深。青春期孩子所出现的逆反、自闭、网瘾、厌学、早恋等都与亲子关系不良有直接关系。亲子关系不良主要表现在：一是亲子关系界限不清晰，关系过度密切。家长过度保护、过度干涉，抑制孩子自主性发展。家长越界，管了不应该管的事情，干涉了孩子自己应该处理的事情。还有，家长与孩子的关系过于密切，母亲与儿子关系胜过与丈夫的关系（或者父亲与女儿关系过于密切），表现为母亲把本应该放在丈夫身上的情感转移到了儿子身上，这样都易造成孩子的生存能力差，过分依恋父母。这样环境下成长的孩子长大后很难真正成熟，易出现不适应社会的情况。二是亲子关系疏离或冷漠。这样的家庭首先表现为家庭关系不良，父母与子女之间缺少应有的温暖。父母不管孩子，放任孩子自己成长，或者对孩子不理不问，这种冷暴力对孩子的伤害更大。这样的亲子关系容易导致孩子成长过程中情感缺失，长大后出现精神与心理疾病或犯罪的可能性较大。

③ 婆媳关系不良。中国家庭成员的界限经常不是很清晰。即使双方父母不与成家后的子女一起住，也经常来往密切。如帮子女照顾孩子，暂时性住在一起，或者有些家庭是儿子的父母与儿子一家住在一起。因此，经常出现代际关系不良，最典型的是婆媳关系不良。一是双方接纳不良。婆媳原来各自生活在不同的家庭之中，各有自己的生活背景、生活习性。婆媳在一起生活后，必须有一个逐步了解、相互适应的过程。如果适应不良，彼此不能接纳，便会关系紧张，矛盾丛生。二是“利益”冲突。婆婆和儿媳都在与对方争夺一个男人，把男人当作利益争夺的焦点，结果造成关系不良，冲突不断。这也通常表现为儿子或丈夫的调和不良，没有平衡好两个女人的关系。

（2）家庭外部关系不佳

一些家庭与双方亲戚、邻里以及同事关系处理不好，或与外界关系紧张，或不与外界交往。很多情况下，家庭对外关系也是家庭成员处理人际关系的一种表现。所以，很多家庭对内关系处理不好，对外关系也处理不好。

### 3. 家庭功能发挥不良

家庭是一个系统。在这个系统中，每个家庭成员都承担特定的角色和功能，慢慢就形成了特有的家庭关系系统。

当父母教育方式不适应孩子的发展状况，不良教育方式导致了不良亲子互动状态，不良亲子互动状态又形成了不良家庭关系系统。不良的家庭关系系统主要表现为家庭成员界限不清、关系错位，家庭功能发挥不良。

根据功能、代际的不同，家庭中各个系统之间有边界。边界的功能在于确定次系统内成员之间，次系统之间成员的角色、分工和权利义务的关系等。如果次系统间的边界是模糊的，家庭成员的角色和分工就会混乱。如果一个家庭里的妻子与丈夫缺乏最起码的交流沟通，那么导致母亲将感情寄托在子女身上，母亲与孩子间关系过度密切，丈夫则被排斥在家庭之外，夫妻关系表现为疏离。这种家庭状况在中国相当普遍，父亲将精力主要放在工作上，不太关注孩子；母亲以家庭为重心，是家庭教育的主要承担者。如果母亲与孩子间的纠缠更强劲，则与丈夫的关系会更疏离，甚至会由病态家庭发展为分裂家庭。

每一个成员在家庭中都会担当一定的角色，甚至集多个角色于一身。不同的角色要承担完成不同的责任和义务。在正常的家庭中，每个成员都应该能够明确其在家庭中的角色期待，并能胜任角色。但有些家庭显然存在严重的角色错位和分工不明确问题。如果一个家庭中夫妻间的沟通不是双方面对面直接进行，而是通过第三者来取代夫妻间的交流，或者通过对第三者的不满来发泄夫妻间的不满，就表现为家庭关系错位。比如有些家庭的老人（如孩子的奶奶）过度介入儿子家庭生活，成为三代同堂家庭的权威，并在某种程度上将妻子排除在家庭系统之外，导致夫妻关系不良。父亲应当承担的抚育子女和关爱妻子的责任被弱化，祖辈对孙辈过度溺爱导致孩子成长出现问题。由于个人角色错位、责任分工混乱和权力架构不当，这样家庭的家庭关系和孩子成长都易出现问题。

此外，有些家庭则由于父母性格过于软弱或者过分溺爱，导致子女支配长辈。这样，子女学习社会规范缺乏足够的权威引导，子女正常的社会化进程受阻而产生不能很好适应社会的情况。

### 4. 父母教养方式问题

问题家庭经常表现为父母教养方式存在严重问题。主要表现为以下几种：

（1）简单粗暴型

很多问题家庭的家长文化水平较低，对子女的期望却很高。当孩子犯错时，多采用打骂、体罚的方式进行教育。这样不仅使孩子身心遭受创伤，还加深了子女与父母之间的隔阂，甚至激发孩子强烈的逆反心理，致使孩子到社会上寻找同情与温暖。由于缺乏必要的自控能力与鉴别是非能力，孩子易受不良人群的拉拢腐蚀，成为问题少年甚或走向犯罪。

（2）娇宠溺爱型

这种类型的父母视孩子为掌上明珠而百般宠爱，对孩子提出的任何要求一概满足。久而久之，子女易养成骄横任性、唯我独尊、不求上进的不良习性，难以承受生活的挫折与磨炼。一旦遇到外界不良刺激，或者退缩不前，或者走向极端。

（3）自由放任型

父母的自由放任型教养方式又可分为两种：一种是伪民主型。父母虽然比较关注子女，但是混淆了放任与民主的区别。认为自己是民主型的教育，所以不管孩子做什么，都让孩子自己决定，其后果也让孩子自己负担。这样的父母误以为自己教育孩子的方式最科学，可是却忽略了一点，孩子还没有全面具备理性思考的智力以及知识，更无力完全承担错误引发的严重后果。另一种是漠不关心型。不管子女做什么、想什么，都采取不闻不问的态度。这是父母对待孩子最糟的方式。未成年孩子还没有成熟的判断力，社会价值观也没有成形，需要成人的成长引导。这样的孩子进入社会之后容易出问题，甚至走上犯罪的道路。

同时，一个家庭以亲子关系为中心，夫妻关系成陪衬，老人过度干涉，只重物质生活，放弃自我成长，只关注孩子学习，就在制造着包含“问题孩子”和“问题大人”的“问题家庭”。

## 二、问题家庭的重建

一个家庭出现了问题，必须面对问题，走上家庭重建之路。问题家庭的重建，主要从以下几个方面进行。

## （一）价值重建

“价值不是事物存在本身，而是事物对人的意义。”① 家庭的核心价值是家庭对于人、社会及其自身发展特有的意义。家庭核心价值是家庭文化命脉，家庭伦理精神的根本，家庭道德的脊梁。家庭关系的维系、家庭文化的薪火相传、家庭伦理精神的自觉及家庭遵循道德地生活，都依托于特定的家庭核心价值。②

中华家庭文化具有一种基于婚姻血缘关系而形成的共生、共存的文化特质，家庭的核心价值实质上就是这种家庭文化特质浓缩而成的内核。因此，在互联网时代，家庭的价值包括以下方面：

### 1. 孝道

孝道是中华孝道文化的现代传承。“‘孝道’可以说是中国文化的一个‘核心价值’。”③ 李泽厚认为，“儒家既不以男女、夫妇，也不以神灵，而始终抓住‘亲子’这一环作为核心或根本，这即是‘孝—仁’。”④ 中国传统家庭孝道文化具有深厚的价值理念和复杂的制度礼仪，既博大精深又良莠并存，但敬亲、奉养、居常、侍疾、继志、立身、谏诤和善终等，将修身养性、融合家庭、报国敬业和凝聚社会等永恒价值都融于其中。诸如《礼记・祭义》“孝有三，大孝尊亲，其次弗辱，其下能养”的递进性，“孝道的伦理精神实质概括为这么四个字：爱、敬、忠、顺”⑤ 的要义，都是孝道文化的民族基因，具有塑造现代家庭和社会文化的借鉴价值。

### 2. 关爱

讲孝道也就意味着需要关爱，有孝心也必然意味着有爱心，因为“孝道不仅是一种伦理义务，它首先是基于爱而产生的积极性的义务，不是强勉出来的”⑥，而且父慈子孝、夫妻恩爱和兄友弟恭是相互的。家庭关爱是一种“外人”无法替代的特殊爱护。现代家庭的关爱，既要家庭关爱的现代弘扬，又要克服中华传统家庭本位和熟人社会的狭隘关爱，避免“家庭关系网”的局限。学会通过关爱增强亲情，并延伸到能与家庭以外的人很好相处，让家庭关爱延伸并提升到社会大爱的境界。

### 3. 情感

情感是家庭动力和活力的总开关。“情本体是人类学历史本体论所讲中国传统作为乐感文化的核心。……此‘亲情’是情感，也是情境。它们作为人间关系和人生活动的具体状态，被儒家认为是人道甚至天道之所生发。”⑦ 在一个家庭中，“情是维系伦理关系的

---

① 李德顺. 关于价值与核心价值［J］. 学术研究，2007（12）.
② 漆仲明. 现代家庭核心价值研究［J］. 山东社会科学，2015（2）：38—44.
③ 姜广辉. 儒家经学中的十二大价值观念——中国经典文化价值观念的现代解读［J］. 哲学研究，2009（7）.
④ 李泽厚. 哲学纲要［M］. 北京：北京大学出版社，2011：52.
⑤⑥ 肖群忠. 谈孝德［J］. 中国德育，2014（12）.
⑦ 李泽厚. 哲学纲要［M］. 北京：北京大学出版社，2011：40—41.

核心，‘家和万事兴’，和生于情”①。和谐融洽的家庭气氛，亲密的家人关系，适度的情感交流，是家庭文化和家庭关系非常重要的基调。小之于家，大之于国，有了家庭情感的涵养，才能培养出情感深沉、重情重义，具有家国情怀的人。

#### 4. 民主

“民主”就是“在一个社会共同体或群体内部，人们就公共事务平等地进行商议、选择和决策的方式”②。实现家庭民主是中国走向现代社会的必由之路。现代中国，“家庭民主”建设的使命还任重道远。实现家庭民主，就是要克服家长制、大男子主义、大女子主义、家庭暴力、家庭虐待等，要求家庭成员人格独立、男女平等、老幼平等。爱孩子有度，尽孝不盲从，家庭成员相互尊重，家庭事务共商共议，亲戚平等互助等。家庭民主是建设社会民主的前提条件，有了家庭民主平等，才能培养出具备现代精神的人，才能更好地建设法治社会。

#### 5. 责任

责任就是应做的分内事、应尽的义务。家庭责任主要是家人因家庭角色、现实能力、历史环境和民族文化而在家庭生活中应做的分内事。古人云“结亲如结义”，一语道破了责任是家庭关系建立的根本实质所在。尽管中国家庭传统面临时代冲击而需与时俱进，但家庭文化的特质和市场化环境决定了责任是现代家庭核心价值之一。现代家庭生活需要明确个人角色，每一个家庭成员都应自觉履行敬老育幼、忠诚婚姻、睦邻乐群、社会担当等责任。

#### 6. 利他

利他是人类古往今来社会性生存的“通行证”。家庭生活是一种伦常性的共生关系，家庭内部只有男女分工、老少协作，奉献牺牲和自觉利他，才能增进亲情，避免纠纷和责任推诿。“家庭利他”源自家庭成员因角色、能力及目标不同，需要家人间分工合作、相互关爱和价值交换，达到提升自我价值、满足家人需求、家人能力互补、情感达到共鸣、调适相互关系和缔造家庭幸福。“家庭利他”就意味着家庭成员要有自觉自愿地奉献付出甚至是牺牲，为了家庭集体利益或家人而甘愿做出个人放弃与超越本分的贡献。

### （二）文化重建

家庭文化是一个家庭世代承续过程中形成和发展起来的较为稳定的生活方式、生活作风、传统习惯、家庭道德规范以及为人处世之道等。它是建立在家庭物质生活基础上的家庭精神生活和伦理生活的文化体现，既包括家庭的衣、食、住、行等物质生活所体

---

① 韦政通. 伦理思想的突破［M］. 北京：中国人民大学出版社，2005：7.

② 孙伟平. 人本、公正、民主：中国特色社会主义核心价值理念［C］. 马克思主义哲学论丛，北京：社会科学文献出版社，2014，10（1）：177.

现的文化色彩，也包括文化生活、爱情生活、伦理道德等所体现的精神品质和文化色彩。家庭文化从某种意义上说，是一种浸润文化。不同家庭出来的孩子各不相同，因为每个家庭的文化氛围不同。比如书香门第之家，孩子多有儒雅气质，农民的孩子大多比较淳朴。

问题家庭必须重建家庭文化，家庭环境的文化生成、家庭秩序的文化厘定、家庭生活方式的文化引领、权利与义务的文化规定、家风家训的文化传承乃至家庭价值观念，都以和谐、关爱为基本原则，让良好的家庭文化熏染和影响家庭中每一个成员。内外关系和谐的家庭可以促进家庭成员身心健康成长。和谐家庭并不意味着家庭中没有矛盾，而是家庭成员在差异化生存与生活中实现互动成长，共生发展的文化过程。

强化优良家庭文化的宣传浸润作用，让每个家庭形成不断传承的文化积淀；同时，不断强化家庭成员的自我约束力，这也包括形成良好家风。家风是一个家族或家庭的“名片”。对于一个家族或家庭来说，能够拥有一张真正的“名片”是件非常光荣的事。家风不是自然形成的，好的家风都是由家族的人或者说家庭的人努力营造而形成的，其中可能付出了几代人的心血。

#### 1. 建设夫妻关系和谐的家庭文化是基础

爱情与婚姻不仅仅是两相情悦、两个生理生命结合造就新的生理生命的传宗接代过程，也是双方家庭文化互相渗透与融合的文化成长过程。

传统的中国家庭，重生育功能不重夫妻情感，所以，母子关系几乎重于夫妻关系。对于一个母亲而言，儿子是她最重要的情感寄托，丈夫最多排在第二位。这样一来，儿子一旦结婚，做母亲的将失去自己最重要的情感寄托，她们或者把精力投入到与儿媳的一场无休止的争夺战中，或者在宠爱孙子中得到新的安慰。孩子在父母关系和长幼关系失谐中畸形成长，很容易出现问题。

一对男女，从相识到相知，从相知到相爱，从相爱到婚姻，从婚姻到生育，双方的夫妻关系奠定一个家庭未来亲子关系、婆媳关系、兄弟姐妹关系的基础。夫妻关系和谐了，家庭中其他关系就迎刃而解了。夫妻关系的和谐在于爱情的继续成长，只要爱情能继续成长，婚姻质量就会不断提升，家庭关系就容易走向和谐。

美国著名心理学家弗洛姆认为，亲子关系是“分”的关系，夫妻关系是“合”的关系。所谓“分”，就是以真爱帮助孩子走向独立，而不是以爱的理由控制孩子，溺爱孩子。所谓“合”，就是夫妻双方都要提升爱的能力，在性格磨合和双方家文化融合中实现共同成长，而非想着改变或取悦对方。

从人性的角度来看，性行为、爱情、婚姻三者是两性关系的三种形式。性行为是人的生物性，遵循快乐原则；婚姻是人的社会性，遵循现实原则；爱情是人的精神性，遵循理想原则。爱情既是一种生理需要，也是一种审美情感。爱情的审美好感进一步发展，两情相悦就会变为心心相印和性格互补，在志趣、情感、价值观上会出现越来越多的契合点。男女双方的结合不仅仅是男女个人的结合，也是双方家庭文化的融合。男女来自不同的家庭文化氛围，既可能产生冲突，也造就了文化融合的机会。如果在爱情婚姻道路上能把婆家文化与娘家文化融合，不仅能造就新的家庭文化，也让所有家人得到一次新的成长契机。显然，婚姻不是爱情的坟墓，爱情越有层次，婚姻越能和谐。只停留在性爱阶段的婚姻很难和谐持久。爱情发展到婚姻，要把激情式爱情升华为亲情式爱情。

### 2. 建设亲子关系和谐的家庭文化是动力

亲子关系是家庭关系中最为稳固的关系，因为它具有不可解除性。现代夫妻关系的稳定性正受到越来越有力的冲击，亲子关系因其血缘关系而不可替代。同时，亲子关系一经产生，就具有永久性，任何外力也无法改变。家庭是孩子学会具体人际交往形式和技巧的第一个社会群体。父母对孩子采取热情、温暖、尊重抑或冷漠、急躁与轻视的态度，直接影响到他们今后与人的交往。孩子的道德品质与家庭中的亲子交往方式有直接关系，人的许多重要的品质，如同情心、自尊心、独立性等，在许多方面都取决于父母与孩子良好的相互关系。父母与孩子之间缺乏爱，缺乏精神上的亲近，常常是孩子身心异常发展的根源。

天下父母没有不爱自己孩子的，但爱是一门需要学习的艺术。仅把孩子当作自己的私有物去溺爱或控制，是一种“高级的自私”；仅以本能的爱去对待孩子那不过是“老母鸡”的水平。和谐家庭的亲子教育应当是以人为本的智慧教育，向孩子学习，与孩子共同成长，才是和谐的亲子关系。

我国教育改革家魏书生曾说：“一个好人的身后，必有一位好长辈给过他终身受益的教诲；一个坏人的背后，也往往有一位不称职的长辈给过他一辈子都难以摆脱的误导。”家长要本着对孩子一生负责的态度，不断学习，科学教子、智慧教子。

父母要做孩子成长的心灵导师和成长引路人。当孩子向前走时，给孩子一个正确的方向；当孩子受伤时，给予情感支持和心灵安慰；当孩子迷茫时，给予一定的引导；当孩子想独立时，让孩子自己去闯。

对于父母来说，孩子出生给了自己第二次人生成长的机会。与孩子相处，为孩子人生伴行的过程，既是孩子学习成长的过程，也是大人学习成长的过程。

### 3. 建设尊老敬老的家庭文化是根基

对于儿女来说，真正的孝敬不仅仅是从物质上对老人的照顾，更重要的是陪伴老人实现人生第三次成长。这既是对老人的大孝，也是向老人学习而提升人生生命力的机会。

如果能创造条件帮助老人继续学习和成长，就可以使他们在反思中让丰富的人生阅历点石成金。不要以为老人和我们有代沟，就难以沟通；不要以为老人只能为儿孙服务而没有自己的幸福人生。当老人们进入“悟”的敏感期后，继续学习和成长，就可以为家庭的和谐建设做出新贡献。良好家风的传承，会影响几代人乃至十几代人的成长和发展，而老人“乐行、乐思、乐学”的形象，也会影响全家人的精神风貌，促进着文化的积极传承。这不仅仅是个人和家庭的小事，也会对社会和谐产生重要影响。

**4. 建设邻里和睦的家庭文化是保障**

中国老百姓有一句俗话叫“远亲不如近邻”，这说明邻里之间互帮互助、礼尚往来一直是我们的优良传统。虽然现在人们的居住环境改变了，邻里之间的交往接触比过去少了，但是邻里之间仍然应该保持互相体谅、互相谦让、和睦相处的优良传统。要主动承担公共责任，营造宽松友善的邻里关系。

**5. 失独或单亲家庭的文化重建**

在中国，有些家庭因为各种原因，成为单亲或失独家庭。据统计，离异造成的单亲家庭比例逐年上升。自 20 世纪 80 年代以来，单亲家庭形成的原因从丧偶为主转变为离异为主。如，1982 年北京市单亲家庭中离异型单亲家庭比例占比不到 10%，但 2000 年比例上升到了 70%。[①] 关于失独家庭，有人口学家 2013 年预测，中国失独家庭未来将达到 1000 万，中国每年新增失独家庭 7.6 万个。

失独或单亲家庭，如何建立新的家庭文化？

对于完整或不完整的家庭，强调个体的独立都是非常重要的前提。家庭要创造人格独立、精神自主、互相关爱、温暖和谐的家庭文化，要改变传统中国人没有真正的自我的情况，推进个体走向人格独立。

对于失独家庭问题的解决，也需要从文化层面上考虑。传统的中国家庭非常看重家庭的生育功能，传宗接代是与家族延续相关的重大事情，所以有“不孝有三，无后为大”之说。在中西方融合的文化背景下，可能首先要解决文化冲突问题。孩子既是自己的，也是社会的。孩子成大后，必然要走向社会，与父母渐行渐远。养育孩子，就是学会享受与孩子共同成长的快乐，也要学习与孩子慢慢分离。每个人都是独立的个体，无论谁离开自己，自己都能够生活得很好。用独立和分离来解释父母与孩子的亲子关系，创造一个人人独立、分离必然的家庭文化，就可以适度缓解父母失去孩子的悲伤。

对于单亲家庭，让不与孩子同住的一方尽量与孩子多接触。更重要的是，学会创造更多与成人接触的机会，来弥补父母一方不在的空白。如孩子与母亲同住，则尽量创造机会，让父亲与孩子接触。母亲也可以为孩子找一个替代爸爸形象的男性，例如孩子的舅舅、叔叔、爷爷、外公或者妈妈的男性朋友等，帮助孩子了解男性及其品质。

## （三）教育重建

问题家庭的教育重建既包括家长自我教育，也包括家长引导孩子成长方式的重建。

---

① 国家卫生和计划生育委员会. 中国家庭发展报告 2014［M］. 北京：中国人口出版社，2014：40—41.

### 1. 实现家长的自我成长

《三字经》里言“养不教，父之过”，父母是孩子的第一任老师，父母对孩子的教育非常重要。父母自身的学习态度，家庭营造的学习氛围，很大程度上直接影响到子女的学习态度、习惯。生活即教育，父母生活的界限，就是孩子受教育的界限。我们随时随地都在以自己的态度和表现，为孩子示范我们希望在他们身上看到的品行和教养。

首先，家长要学会自我反省。孔子说“吾日三省吾身”“爱人不亲，反其仁；治人不治，反其治；礼人不答，反其敬。行有不得者，皆反求诸已；其身正，而天下归之”。

一个善于自我反省的人，往往能够发现自己的优点和缺点，并能扬长避短，发挥自己的潜能；一个不善于自我反省的人，会不断犯同样错误，自我教育和教育孩子的能力得不到提升。家长要经常问自己：我的家庭关系好不好，我的夫妻相处方式好不好，我的工作和生活平衡好了吗，我教育孩子的方式对不对，孩子出问题是我哪里引导得不好……经常自省，自己就会不断努力进步。

其次，家长要自我接纳。家长要学会接纳自己的全部——所有优点和缺点，因为接纳自己是无条件接纳孩子的前提。

再次，家长要自我完善。家长要保持开放的心态和终身学习的热情，不断学习、不断进步。家长一定要有自己的生活和爱好，不必为孩子成长而牺牲自己。自省、学习、践行，都是为了负起自己对生命的责任。父母先做更好的自己，才能更好地影响孩子。

最后，家长自我成长与改善婚姻、家庭关系相结合。夫妻要不断提升自己的婚姻质量，实现夫妻和睦，家庭内外关系和谐。

### 2. 实现家长科学育子

首先，提升父亲对孩子的影响力。父亲参与教育成长，一是可以帮助孩子确定自己的性别角色。父亲可以帮助男孩与男性角色认同，帮助女孩了解异性特征。模仿是孩子性别角色认同的基本途径。父亲提供一种男人的基本模式。孩子从父亲身上开始懂得男人应该怎样待人接物和处理问题。二是帮助孩子形成积极的个性品质。父亲通常通过运动，与孩子玩耍，做一些较剧烈的、冒险性的活动等方式育儿。常与父亲接触的孩子，显示出勇敢、强悍、意志坚强等特征，有更强的生命激情。三是促进孩子的认知发展。美国耶鲁大学一项研究表明，由男人带大的孩子，智商更高些，他们在学校能取得更好的成绩，在社会上更容易成功。父亲与孩子一起玩，孩子可以学到更丰富的知识，更广泛地认识自然、社会，从而提高孩子认知技能、成就动机和自信心。因此，无论工作多忙，父亲应该每天至少拿出 20 ～ 30 分钟来陪伴孩子，哪怕只是给孩子讲故事，和孩子一起搭积木，或者和孩子通电话。

其次，弱化祖辈对孙辈的影响。三代同堂与两代人这两类家庭，在家庭结构、教养态度和方式上都不尽相同，三代人家庭比两代人家庭在教育子女上有更多弱点，祖辈对孙辈偏重养育，父母对子女更注重教育。年轻的父母更容易接受新的教育观念，使用更科学的育儿方式。

最后，谨记科学育人 30 条：

（1）每天花半个小时和孩子交流；

（2）要哪壶开了提哪壶，不要揭孩子的伤疤；

（3）严肃指出孩子的错误；

（4）要多和孩子一起笑：因为笑声能让孩子更加热爱生活，引导孩子积极、轻松、愉快地看待事物；

（5）不要把父母未曾实现的理想强加在孩子身上；

（6）可以对孩子进行适当惩罚；

（7）教会孩子微笑，优雅地面对生活的一切，微笑面对人生；

（8）要常换位思考孩子所做、所想。思考：假如是我做的话，我将会怎样？

（9）给孩子一定的空间和自由，同时给一定的压力和责任；

（10）不说孩子比别的孩子差；

（11）不要当众批评和嘲笑孩子；

（12）给孩子自主选择的机会和权利；

（13）孩子在青春期适度逆反是必要的，这是孩子有独立“自我”的重要标志；

（14）随时关注孩子的进步，并让孩子知道自己在进步；

（15）多和孩子沟通，做孩子的朋友；

（16）不要给孩子贴上“笨”的标签；

（17）家长要耐心地倾听孩子的烦恼；

（18）鼓励孩子与各种年龄的人自由交往；

（19）给孩子留出真正的“玩”的时间和空间，教会孩子玩；

（20）夫妻实在要吵架，请一定要记住：避开孩子；

（21）着重对孩子进行生活能力和行为习惯的培养；

（22）父母要孝敬自己的双亲，让孩子觉得家中充满了爱，同时父母也是他们值得学习的榜样；

（23）父母之间要互相谦让，相互谅解；

（24）不要过度关注孩子，以免孩子以后以自我为中心；

（25）不能孩子要什么给什么，让孩子知道“劳动与所得、权利与义务”的关系；

（26）家长用自己的学习上进影响孩子；

（27）教会孩子学习时抵抗各种干扰（如大人看电视）；

（28）不要逼孩子学他们不喜欢的东西，孩子学的东西至少不讨厌；

（29）不要因为孩子的成绩不好而责骂孩子，而是和孩子一起分析原因，寻找解决办法；

（30）不要过于关注孩子学习成绩，以免造成孩子学习紧张，压力增大。

总之，问题家庭之问题既是挑战，也是家庭改变的契机。抓住问题的核心和本质，积极努力改变，依然可以建设一个和谐温馨、美好快乐的家庭!

## （四）功能重建

家庭系统本身是有内在稳定行事规则的多层次、多维度系统，按自身形成的交往和情感模式运行。只有当家庭的各项功能相互配合并维持良好时，家庭整体健康发展与个体健康发展才能实现。

考察一个家庭功能是否完备，可以从以下几个方面来考察：一是家庭成员是否有良好沟通；二是家庭成员解决问题能力强弱；三是家庭成员的角色分工是否明晰，各家庭子系统，如亲子关系系统、夫妻关系系统是否边界清楚；四是家庭成员的情感反应如何；五是家庭成员是否具备较强的情绪与行为自制力。

在家庭功能重建过程中，应通过家庭成员的学习以及来自外界的支持，促进家庭成员良好沟通，清晰界定家庭各人以及各子系统的边界，提高家庭成员的凝聚力和解决问题的能力，使家庭形成一个良好运转的动态系统。在这一系统中，家庭成员间积极地相互作用、相互影响。当家庭完成各种日常生活任务时，家庭成员会一起应对。在完成任务的过程中，家庭成员之间的亲密度和情感凝聚力提升，家庭及其成员都得到发展。如果发生一些家庭变动，如家庭成员自身状况发生改变、家庭组成发生改变，即家庭要完成危机任务，家庭旧的平衡被打破，家庭系统要迅速应对变化并进行适当调整，形成新的家庭系统平衡。

**相关链接**

### 家庭沟通的原则和秘诀

沟通的原则：

1. 非语言的沟通（行动）往往比语言的沟通更有力；
2. 重要的就强调，不重要的就忽略；
3. 尽可能表达好的而确实的沟通；
4. 沟通时要清楚、具体；
5. 言辞要切实际、合理；
6. 以言语表达来验证你的每一个假设；
7. 承认每件事都可以有多方面的看法；
8. 承认家人对你观察入微；
9. 不要使好言的讨论变成恶意的争吵；

10. 坦诚面对自己的感受；
11. 不要用不当的沟通技巧，如吵架；
12. 沟通造成的效果比本意重要；
13. 接受一切感觉并试着去了解；
14. 委婉、体贴而有礼的尊重对方及其感受；
15. 不要说教或训话，最好用发问的方式；
16. 不要找借口；
17. 不要唠叨、叫骂、发牢骚；
18. 当幽默时且幽默，当严肃时要严肃；
19. 学会倾听；
20. 不要玩恶意的游戏。

沟通的秘诀：

1. 自助助人；
2. 抉择的自由；
3. 安全感；
4. 满足需要的延后；
5. 评估情绪真实面的能力；
6. 深切持久的情绪关系；
7. 从经验中学习；
8. 积极热衷于生活；
9. 接受他人；
10. 信心。

（资料来源：S·沃尔鲁斯著，郑慧玲译．家庭沟通［M］．台北：狮谷出版公司，1981：120.）

**思考题：**

1. 如何理解问题家庭？
2. 问题家庭重建的关键是什么？
3. 谈谈文化重建在家庭重建中的地位与作用。

# 主要参考文献


一、著作

1. 北京妇女理论研究会. 新家庭文化概论［M］. 北京：人民出版社，2016.

2. 卞孝萱，卞歧编. 郑板桥全集（增补本）［M］. 南京：凤凰出版社，2012.

3. 陈讯. 婚姻价值的变革［M］. 北京：中国社会出版社，2014.

4. 邓立勋. 曾国藩自述（上）［M］. 海口：海南出版社，1996.

5. 邓云生点校. 曾国藩全集·家书，卷一［M］. 长沙：岳麓书社，1990.

6. 关颖. 社会学视野中的家庭教育［M］. 天津：天津社会科学院出版社，2000.

7. 国家卫生和计划生育委员会. 中国家庭发展报告 2014［M］. 北京：中国人口出版社，2014.

8. 雷洁琼. 改革以来中国农村婚姻家庭的新变化［M］. 北京：北京大学出版社，1994.

9. 李觏. 王国轩校点. 李觏集［M］. 中华书局，1981.

10. 李燕，吴维屏. 家庭教育学［M］. 杭州：浙江教育出版社，2009.

11. 李泽厚. 哲学纲要［M］. 北京：北京大学出版社，2011.

12. 李泽厚. 中国古代思想史论［M］. 北京：生活·读书·新知三联书店，2008.

13. 廉江林氏族谱理事会. 廉江林氏族谱（文献卷）［M］. 香港：香港文学报社出版公司，2009.

14. 林立柽，林伟功. 林瀚暨廉江林氏先贤文选［M］. 福州：福建省姓氏源流研究会林氏委员会，1997.

15. 沙莲香. 社会心理学（第 4 版）［M］. 北京：中国人民大学出版社，2015.

16. 单志艳. 发展教育学［M］. 北京：北京科学技术出版社，2016.

17. 孙伟平. 人本、公正、民主：中国特色社会主义核心价值理念［M］. 马克思主义哲学论丛，北京：社会科学文献出版社，2014.10（1）.

18.［美］托夫勒著，蔡伸章译. 未来的冲击［M］. 北京：中信出版社，2006.

19. 汪卫东. 低阻抗意念导入疗法——"TIP 技术"的理论与实践［M］. 北京：人民卫生出版社，2011.

20. 汪卫东. 发展治疗学——基于异常发展的心理治疗理论体系［M］. 北京：人民卫生出版社，2011.

21. 王庆新. 百姓法律顾问丛书：家庭财产纠纷［M］. 北京：中国检察出版社，2012.

22. 王阳明. 静心录之八·外集二.

23. 韦政通. 伦理思想的突破［M］. 北京：中国人民大学出版社，2005.

24. 吴奇程，袁元. 家庭教育学［M］. 广州：广东高等教育出版社，2009.

25. 许倬云. 中国古代文化的特质［M］. 厦门：鹭江出版社，2016.

26. 俞国良. 社会心理学［M］. 北京：北京师范大学出版社，2006.

27. 曾国藩. 曾国藩家训［M］. 长沙：岳麓书社，1999.

28. 曾国藩. 曾文正公家书［M］. 呼和浩特：内蒙古人民出版社，2000.

29. 中国人口宣传教育中心，瞭望周刊社，中国社会科学院人口与劳动经济研究所. 中国家庭幸福感热点问题调查报告［2010—2013 年］［M］. 北京：新华出版社，2014.

## 二、译著

1.［美］阿黛尔·法伯，［美］伊莱恩·玛兹丽施著，孙璐译. 解放父母，解放孩子［M］. 上海：上海社会科学出版社，2016.

2.［美］罗兰·米勒著，王伟平译. 亲密关系［M］. 北京：人民邮电出版社，2015.

3.［日］岸见一郎著，梁海棠译. 不管教的勇气——跟阿德勒学育儿［M］. 昆明：云南出版集团，晨光出版社，2017.

4.［美］史蒂芬·柯维著，李耘译. 高效能家庭的 7 个习惯［M］. 长沙：湖南文艺出版社，2016.

5.［英］安东尼·吉登斯著，李康，李猛译. 社会的构成［M］. 北京：生活·读书·新知三联书店，1998.

## 三、论文

1. 北京市人口计划生育协会. 搭建公共服务体系提高家庭发展能力［J］. 人口与计划生育，2013（4）.

2. 陈建文，黄希庭. 友谊关系与人格适应［J］. 心理科学进展，2000，8（3）.

3. 关颖，陈佳佳. 我国家庭建设的瓶颈分析与社会支持——基于天津市婚姻家庭问题调查［J］. 理论与现代化，2016（2）.

4. 胡湛，彭希哲. 家庭变迁背景下的中国家庭政策［J］. 人口研究，2012（3）.

5. 姜广辉. 儒家经学中的十二大价值观念——中国经典文化价值观念的现代解读

[ J ]. 哲学研究，2009（7）.

6. 孔芳. 家庭教育新理念——从西方家庭治疗理论谈起［J］. 山东理工大学学报（社会科学版），2012（3）.

7. 李德顺. 关于价值与核心价值［J］. 学术研究，2007（12）.

8. 李双. “罗密欧与朱丽叶”效应［J］. 心理与健康，2007（8）：47—48.

9. 刘继同，左芙蓉. 和谐社会处境下和谐家庭建设与中国特色家庭福利政策框架［J］. 南京社会科学，2011（6）.

10. 刘中一. 我国现阶段家庭福利政策的选择——基于提高家庭发展能力的思考［J］. 党政干部学刊，2011（8）.

11. 穆光宗. 优化家庭发展的思考［J］. 国是论丛，2016（2）.

12. 漆仲明. 现代家庭核心价值研究［J］. 山东社会科学，2015（2）.

13. 上海市闵行区人口和计划生育委员会课题组. 家庭发展能力建设的实践探索与指标体系建设［J］. 上海党史与党建，2013（3）.

14. 孙云晓. 亲子关系是影响家庭教育成败的最关键因素［J］. 少年儿童研究，2015（8）.

15. 王跃生. 制度变革、社会转型与中国家庭变动——以农村经验为基础的分析［J］. 开放时代，2009（3）.

16. 吴帆，李建民. 家庭发展能力建设的政策路径分析［J］. 人口研究，2012（7）.

17. 吴飞. 论“过日子”［J］. 社会学研究，2007（6）.

18. 肖群忠. 谈孝德［J］. 中国德育，2014（12）.

19. 徐安琪. 择偶标准：五十年变迁及其原因分析［J］. 社会学研究，2000（6）.

20. 徐安琪. 中国家庭幸福感热点问题调查报告［2010—2013 年］家庭结构与代际关系研究——以上海为例的实证分析［J］. 江苏社会科学，2001（2）.

21. 杨善华，孙飞宇. “社会底蕴”：田野经验与思考［J］. 社会学. 2015（1）.

22. 翟学伟. 中国人社会行动的结构——个人主义和集体主义的终结［J］. 南京大学学报，1998（1）.

23. 张文馨. 从个体关照到提升家庭整体发展能力：我国家庭发展政策研究综述［J］. 湖北经济学院学报，2013，11（4）.

24. 毕素雅. 微信传播对人际关系的影响研究［D］. 中国优秀硕士学位论文全文数据库：辽宁大学，2015.

25. 韩娇. 社会工作方法在提升单亲母子家庭发展能力中的应用研究［D］. 苏州大学，2013.

26. 宋江波. 微信朋友圈对人际交往的影响研究［D］. 中国优秀硕士学位论文全文数据库：广西大学，2014.

27. 陶树果. 新生代来沪农民工家庭消费结构的二元性研究［D］. 中国优秀硕士学位论文全文数据库：华东师范大学，2008.

28. 魏慧静. 家庭发展能力测度及其影响因素［D］. 河北大学，2014.

29. 温燕. 大学生友谊质量及其与孤独感的关系研究［D］. 中国优秀硕士学位论文全文数据库：南京师范大学，2014.

30. 杨丽霞. 小学高年级儿童社会退缩与家庭功能、同伴关系的相关研究［D］. 江西师范大学，2008.

31. 石智雷. 对家庭发展能力的理论思考［N］. 中国人口报，2013（3）.

32. 中国社科院语言研究所词典编辑室. 现代汉语词典［Z］. 北京：商务印书馆，2012.

33. 李光业. 家庭之民本化［J］. 妇女杂志，1921（2）.

34. 中华人民共和国民政部. 2016 年社会服务发展统计公报. 2017-8-3.

# 后　记

《家庭发展学》在众多同人和朋友的支持下，终于付梓。家庭发展学作为一门新的学科，虽然有我们多年的理论和实践研究积累作为支撑，但仍有许多不完善之处，我们怀着一颗忐忑的心，准备接受学界的批评和指正！

本书由汪卫东教授提出总体框架，各章节写作分工完成。各章撰写者分别为：第一章单志艳、贾惠雯、汪卫东，第二章刘巧利，第三章孙建辉，第四章单志艳，第五章李天天，第六章李慧芳，第七章单志艳，第八章李天天，第九章李慧芳，第十章陈晓莉，第十一章单志艳，第十二章贾惠雯，第十三、十四章单志艳。整本书由单志艳统稿，汪卫东审校定稿。

感谢首都师范大学教师教育学院田国秀院长对本书写作给予的诸多支持！全书在写作和出版过程中也得到了很多人的支持与帮助，在此一并致谢！